国家社会科学基金项目"价值共创视角下区块链产业生态系统的构建机制与演化路径研究"（项目号：20BGL293）研究成果
浙江省哲学社会科学实验室研究成果
杭州电子科技大学数据科学与智能决策实验中心研究成果

价值共创视角下
区块链产业生态系统的
构建机制与演化路径研究

张　慧◎著

中国财经出版传媒集团

经济科学出版社
Economic Science Press

·北　京·

图书在版编目（CIP）数据

价值共创视角下区块链产业生态系统的构建机制与演化路径研究/张慧著． -- 北京：经济科学出版社，2024.9

ISBN 978 - 7 - 5218 - 5853 - 2

Ⅰ.①价…　Ⅱ.①张…　Ⅲ.①区块链技术 - 产业发展 - 生态系统 - 研究 - 中国 - 2021　Ⅳ.①F713.361.3

中国国家版本馆 CIP 数据核字（2024）第 083895 号

责任编辑：周国强　张　燕
责任校对：杨　海
责任印制：张佳裕

价值共创视角下区块链产业生态系统的构建机制与演化路径研究

张　慧　著

经济科学出版社出版、发行　新华书店经销

社址：北京市海淀区阜成路甲 28 号　邮编：100142

总编部电话：010 - 88191217　发行部电话：010 - 88191522

网址：www.esp.com.cn

电子邮箱：esp@esp.com.cn

天猫网店：经济科学出版社旗舰店

网址：http://jjkxcbs.tmall.com

固安华明印业有限公司印装

710 × 1000　16 开　19 印张　280000 字

2024 年 9 月第 1 版　2024 年 9 月第 1 次印刷

ISBN 978 - 7 - 5218 - 5853 - 2　定价：96.00 元

前　言

　　数字经济时代下构建基于价值共创共享的区块链产业生态系统，业已成为我国各地区提升数字经济经营能力和产业创新发展的重要战略举措。习近平总书记在中央政治局第十八次集体学习中强调，要把区块链作为核心技术自主创新的重要突破口，明确主攻方向，加大投入力度，着力攻克一批关键核心技术，加快推动区块链技术和产业创新发展。[①] 区块链是发展价值互联网的重要基础设施，正在引领着世界范围内新一轮产业变革和技术变革。作为战略性新兴产业，我国区块链产业发展呈现粗放式和不平衡态势，例如区块链基础设施尚未完善、区块链平台性能不足、区块链关键技术急需突破、区块链仅在部分行业得

[①] 《把区块链作为核心技术自主创新重要突破口　加快推动区块链技术和产业创新发展》，载《人民日报》2019年10月26日，第1版。

以小规模应用，且区块链产业分散式发展导致了上下游衔接不畅，资源、功能等的重复与不足并存，使得产业生态系统难以发挥协同效应。因此，深入研究价值共创视角下区块链产业生态系统的构建与运行机制，剖析区块链产业生态系统价值共创的实现机制、绩效评价和演化路径，助推我国区块链核心支撑技术的提升以及区块链与其他产业的创新融合发展，是值得深入研究和探索的重要命题。

本书基于价值共创的研究视角，以区块链产业生态系统为研究对象，重点研究价值共创下区块链产业生态系统的构建模式、实现机制、绩效评价和演化路径，并在此基础上提出相应的对策建议。本书的具体研究目的如下：（1）探索价值共创视角下区块链产业生态系统的构建模式、动力体系与实现机制；（2）构建基于价值共创视角下区块链产业生态系统的绩效评价体系，并对各省份区块链产业生态系统的绩效水平进行评估；（3）剖析价值共创视角下区块链产业生态系统自组织演化路径和机制。

本书的主要内容如下：（1）理论基础与相关研究进展。通过对产业生态系统的内涵与构成、产业生态系统的演化机理、产业生态系统的绩效评价、价值共创理论、区块链产业生态系统相关研究、相关理论基础等文献的详细回顾，为本书关键概念和理论框架的确定奠定基础。（2）价值共创视角下区块链产业生态系统的构建与运行机理。基于我国区块链产业生态系统的发展现状与形成动因以及价值共创视角下区块链产业生态系统的特征分析，从价值共创视角构建了分层网络模式下的区块链产业生态系统的结构模型。（3）区块链产业生态系统价值共创行为的驱动因素与实现机制。本书从区块链产业生态系统的内生和外生动力出发，构建了区块链产业生态系统价值共创影响因素分析框架，通过有序 Probit 模型对三个种群相关的企业问卷调查数据进行实证分析，再运用系统动力学方法，对服务层、融合层和中枢层的价值共创行为进行模拟仿真分析，明晰区块链产业生态系统价值共创行为的实现机制。（4）区块链产业生态系统绩效评价指标体系的构建与实证研究。本书运用相关分析和鉴别能力分析等方法构建了五维度 17 个细分指标的价值共创视角下区块链产业生态系统的绩效评价指标体系；然后采用熵权 TOPSIS 法构建了价值共创视角下区块链产业生态系统的绩效评价模型，并对我国 15 个省份的区块链产业生态系统绩效水平表现进行了实证分析。(5) 价值共创视角下区块链产业生态系统的协同演化机制研究。本书基于价值共创理论，采用 Logistic 方程和哈肯模型等方法实证分析了价值共创视角下区块链产业生态系统的共生演化、价值共创视角下区块链产业生态系统的演化路径和价值共创视角下区块链产业生态系统演化动力机制；并采用复合系统协同度模型测度了价值共创视角下区块链产业生态系统的演化协同度。

　　基于以上研究工作，本书得出主要结论如下：(1) 区块链产业生态系统价值共创行为的驱动因素可分为内生动力因素和外生动力因素，内生动力和外生动力都能够正向影响区块链产业生态系统的价值共创，且外生动力和内生动力两者之间存在互补效应。(2) 构建了包括区块链技术生产主体、技术应用主体、技术扩展主体、产业服务主体和产业环境绩效在内的五维度 17 个细分指标的价值共创视角下的区块链产业生态系统绩效评价指标体系。(3) 我国各省份区块链产业的发展水平有较大差异，存在区域发展不平衡的问题，受环境和政策影响波动明显；广东和北京区块链产业生态系统整体绩效水平位于我国前列，且与其他省市有较大差距。(4) 区块链产业生态系统价值主体间共生关系呈现出从独立共存模式、竞争模式、寄生模式、偏利共生模式向互利共生模式的转化，随着系统内成员间竞合关系和资源利用情况的变化，各类价值主体的最大规模和增长率随着系数的变化而变化。(5) 区块链产业生态系统价值主体之间形成了"资源要素集聚—要素交互整合—主体协同进化"的价值共创视角下区块链产业生态系统的演化路径。(6) 技术创新是我国区块链产业生态系统演化发展的决定因素；当前我国区块链产业演化发展的市场驱动力不足；政府补助对区块链产业生态系统演化发展影响程度降低；企业研发投入与政府补助之间具有协同作用，两者的协同有助于推动区块链产业生态系统健康有序演化。（7）我国区块链产业生态系统发展水平持续提升，但仍处于较低水平，政策驱动效应明显；区块链产业生态系统各子系统有序度水平差距较大，我国区块链产业生态系统整体处于调和状态，尚未形成协同效应。

本书的学术价值如下：（1）构建分层网络模式的价值共创视角下区块链产业生态系统的结构框架，为区块链产业生态系统的研究奠定理论基础。（2）剖析了区块链产业生态系统价值共创行为驱动因素和实现机制的内在机理，通过定性与定量相结合的方式探索了独特的内外部动力因素体系和互动关系的内在机制。（3）探索了价值共创视角下区块链产业生态系统的评价体系和演化机制，构建价值共创视角下的绩效评价体系，剖析价值共创视角下区块链产业生态系统自组织演化机制。

本书的应用价值如下：（1）探索区块链产业生态系统协同发展的路径体系，为区块链产业生态系统利益相关者的决策行为提供了有效参考依据。（2）构建价值共创视角下区块链产业生态系统的治理体系，为政府部门加快区块链产业良性发展的监管制度和治理方式提供建议，为区块链产业生态系统的发展营造良好的制度环境。

本书的创新点如下：（1）研究视角独特。本书是以区块链产业为研究对象，从价值共创的视角探讨区块链产业生态系统的构建模式、实现机制、绩效评价和演化机理，以此构建主体适配、产业协同的区块链生态系统，实现研究视角创新。（2）学术观点创新。本书构建了分层网络模式的区块链产业生态系统框架，分析了动态视角下的区块链产业生态系统实现机制，探索了分层分类下的区块链产业生态系统绩效评价及自组织下的区块链产业生态系统演化机理，构建了完善的价值共创视角下的区块链产业生态系统的理论体系。（3）研究方法多样。研究方法上体现多样性，本书除了一般的定性研究外，注重定量统计方法、哈肯模型分析、系统动力学建模、Logistic 模型、Probit 模型等多种方法来研究区块链产业生态系统的构建、评价与演化机制。

目　　录

第 1 章

绪 论

1.1　研究背景与意义

1.1.1　研究背景

习近平总书记在中央政治局第十八次集体
学习时强调，"区块链技术的集成应用在新的
技术革新和产业变革中起着重要作用。要以区
块链作为核心技术自主创新的重要突破口，明
确主攻方向，加大投入力度，着力攻克一批关
键核心技术，加快推动区块链技术和产业创新

发展"①。近几年，区块链技术由加密货币推动者演变为一种去中心化模式下交易、维护与分享数据的创新结构。全球各大国正在加速布局区块链技术，区块链的应用范围已经扩展到数字金融、智能制造、物联网、供应链管理和数字资产交易等诸多领域。区块链作为互联网新兴技术进一步突破了信息不对称问题，使得市场交易去中心化得以实现，继而带来了交易效率的提高和社会成本的降低。

区块链产业是新兴的数字技术产业之一，以其去中心化、开放性、P2P对等网络以及共识机制的特点优势而备受各国企业与政府关注。如今区块链已经成为优化产业格局、实现企业转型升级和环境可持续的重要途径与方式，我国政府也在战略层面上对区块链进行了布局并写入了"十四五"规划纲要。各级政府积极响应和配合，引导区块链技术和实体产业的融合发展，加速推动了区块链产业生态化的发展进程。在国家政策方针的指导和基础技术突破以及产业应用领域要求日益提高等因素的驱动下，中国区块链产业规模保持快速增长，区块链产业生态已初具规模。但在区块链产业发展中也面临很多问题，大部分区块链企业发展经营时缺少稳定的上下游企业、配套机构和其他相关主体支持，产业发展环境不健全。与此同时，区块链技术也在其与行业融合过程中呈现出显著的"排异反应"，区块链技术的"闯入"给区域原有的产业结构和开发运营模式带来了一定的影响，还导致产业政策制度、市场结构和产业环境等方面发生了变化。若不及时进行调整和引导，不但会冲击原有产业生态系统的价值传递稳定性，甚至会导致整个区块链产业的价值创造效率下降。良性发展的产业应能有效利用内外部条件，提升资源利用效率，并推动产业协同完善和产业链健全发展，以实现产业价值共创，并最终使产业生态健康发展。

价值共创作为一种价值创造的新范式，是价值主体对原有相对封闭的运

---

① 把区块链作为核心技术自主创新重要突破口，加快推动区块链技术和产业创新发展［N］．人民日报，2019－10－26（01）．

作模式进行调整，开放交互边界，实现各层次主体间的价值互动，通过协同和资源整合而共同创造价值的动态过程。伴随着数字经济时代的到来，区块链、大数据、人工智能、5G 等新兴技术的兴起为产业的深度融合发展与价值创造提供了良好的外部环境，能够协助完善开放、高效的价值交换网络，使得系统内多元价值主体能够在开放式的交互协同过程中对价值创造和价值传递等环节产生良好影响，进而更好地促进主体价值共识达成及系统多维价值共生，为产业经济的高质量发展增添了强劲的价值动力。产业生态系统协同演化则在数字化赋能的驱动下得到进一步加速，进而使得系统共同创造价值由交换价值转向社会价值。以往关于价值共创的研究，视角多集中于企业与消费者之间的双向互动。但随着网络经济的进一步发展与复杂化，研究重心逐渐延展到了更广泛多元的服务生态系统视角以及多个社会经济参与者间的互动。价值活动载体也从单一价值链延伸至多元价值网，变得更为注重内部价值链接以及互补性要素的整合协同。协同规则成为维系价值网络中各主体之间互动关系的关键。价值主体之间则演变为更为复杂的、动态耦合的网络交互关系，通过资源集成、共享、模块分解和创新协同，共同完成价值共创过程。在与产业生态环境有效协调的同时，实现更高水平的协同发展，进而驱动系统实现从无序到有序的动态演化和由低级到高级的协同进化。

当前学术界关于产业生态系统和价值共创的交互研究日益增多且细化。从生态系统层面对价值共创问题进行研究，也更契合当前复杂多元环境的变化，更符合理论与实践发展的需要。但鲜有学者将上述理论与区块链产业进行结合研究。从已有文献来看，目前学界对区块链的研究多集中于区块链技术本身及其应用于产业发展的底层机理上，部分研究则专注于探究区块链技术的特定应用领域。而围绕区块链产业整体层面的研究还相对较少，缺乏对区块链产业协同发展、价值创造机制的宏观把控。已有相关产业层面的研究主要集中在区块链产业治理、运行机理等方面，多以定性研究为主。主要从静态、中微观视角出发对区块链产业进行研究，缺乏定量分析和更深入的系统理论分析支撑，忽视了区块链产业生态系统自我持续的、复杂的协同演化过程和主体间价值获取的基础关系。本书基于价值共创理论，探索区块链产业生态系统的构建机制、评价体系与协同演化过程，并通过实证研究深入揭示我国区块链产业生态系统的绩效水平、演化机制和协同发展现状，力求把握我国区块链产业生态系统发展演化趋势，以期对进一步拓展区块链产业价值的深度与广度、促进产业协同发展提供一定的指导意见。

1.1.2　研究意义

作为战略性新兴产业，我国区块链产业发展呈现粗放式和不平衡态势，使得产业生态系统难以发挥协同效应。因此，深入研究价值共创视角下区块链产业生态系统的构建模式与机制，探索区块链产业生态系统价值共创的实现机制和演化路径，具有重要的理论及现实意义。

1.1.2.1　理论意义

（1）有助于丰富区块链产业生态系统的理论体系。本书基于产业生态系统理论、共生理论、协同论、演化论等理论，运用问卷调查、统计分析、系统动力学、哈肯模型等多种研究方法，力求揭示区块链产业生态系统的构建、运行、评价和演化机理，有助于进一步完善区块链产业生态系统的理论体系。

（2）为产业生态系统的研究提供了新的研究视角。本书是以区块链产业为研究对象，从价值共创的视角探讨区块链产业生态系统的构建模式、实现机制、绩效评价和演化机理，以此构建主体适配、产业协同的区块链生态系统，实现了研究视角的创新。

（3）构建了完善的价值共创下的区块链产业生态系统的理论体系。本书构建了分层网络模式的区块链产业生态系统框架，分析了动态视角下的区块链产业生态系统实现机制，探索了分层分类下的区块链产业生态系统绩效评价及自组织下的区块链产业生态系统演化机理，构建了较为完善的价值共创下的区块链产业生态系统的理论体系。

1.1.2.2 现实意义

（1）为区块链产业生态系统利益相关者的决策行为提供理论基础和决策依据。本书探索并验证了区块链产业生态系统价值共创行为的驱动因素与实现机制，利用 2018～2020 年的省份数据对我国区块链产业生态系统的绩效进行了评价分析，利用 2015～2020 年的区块链企业面板数据探讨了区块链产业生态系统的协同演化机制，探索了区块链产业生态系统协同发展的路径体系，为区块链产业生态系统利益相关者的决策行为提供了有效参考依据。

（2）为政府部门加快区块链产业良性发展提供决策依据。本书为政府部门优化区块链创新生态系统总体规划和布局，为政府部门加快区块链产业良性发展的监管制度和治理方式提出建议，为区块链产业生态系统的发展营造良好的制度环境提供依据。

1.2 研究目的与问题

在产业生态系统和价值共创的研究议题上，区块链产业生态系统的研究是一个新显现的课题，但相关的实证研究与深入的理论研究也都比较匮乏。基于以往文献，本书将把产业生态系统理论与区块链研究和价值共创理论相结合，以价值共创视角下区块链产业生态系统的构建机制与演化路径为研究对象，重点研究价值共创下区块链产业生态系统的构建模式、实现机制、绩效评价和演化路径，并在此基础上提出针对企业和政府的对策建议。本书的具体研究目的如下：（1）探索价值共创视角下区块链产业生态系统的构建模式、动力体系与实现机制；（2）构建基于价值共创下区块链产业生态系统绩效评价体系，并对各省份区块链产业生态系统的绩效水平进行评估；（3）剖析价值共创下区块链产业生态系统自组织演化路径和机制。

在此研究目的下，本书探讨的主要问题如下：（1）价值共创视角下区块链产业生态系统的构成要素是什么？如何构建价值共创视角下区块链产业生态系统的结构模型？（2）如何促进区块链产业生态系统的价值共创行为？其驱动因素和内在机理是怎么样的？（3）如何构建价值共创下区块链产业生态系统的绩效评价指标体系？如何评价价值共创下区块链产业生态系统的绩效评价水平？（4）价值共创下区块链产业生态系统的共生演化机理如何？演化路径是什么？演化动力机制如何？如何测度价值共创下区块链产业生态系统的演化协同度？

1.3　研究思路与技术路线

首先，基于区块链产业生态系统快速发展的背景，本书从产业生态系统的内涵与构成、产业生态系统的演化机理、产业生态系统的绩效评价、价值共创、区块链产业生态系统等方面对与项目相关的理论基础和研究进展进行了系统的概括和综述；其次，在相关研究的基础上，构建了价值共创视角下区块链产业生态系统的结构模型，分析了其运行机理，为本书的后续研究奠定了理论基础框架；最后，针对价值共创下区块链产业生态系统的驱动因素与实现机制、价值共创下区块链产业生态系统的评价体系的构建、价值共创下区块链产业生态系统的演化机理三个方面进行了理论探索与实证研究，并在研究结论基础上提出了对策建议。总之，本书按照"问题提出—理论探索—数据收集与实证分析—提出对策建议"展开研究，本书的技术路线如图 1.1 所示。

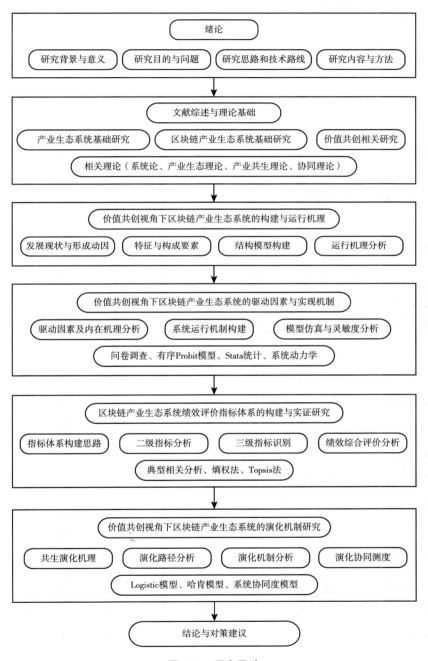

图 1.1   研究思路

1.4 研究内容与方法

1.4.1 研究内容

本书的结构安排如下所述。

第1章，绪论。明确本书的研究背景与意义、研究目的与问题、研究对象和方法等。

第2章，理论基础与相关研究进展。通过对产业生态系统的内涵与构成、产业生态系统的演化机理、产业生态系统的绩效评价、价值共创理论、区块链产业生态系统相关研究、相关理论基础等文献的详细回顾，为本书关键概念和理论框架的确定奠定基础。

第3章，价值共创视角下区块链产业生态系统的构建与运行机理。通过对我国区块链产业生态系统的发展现状与形成动因以及价值共创视角下区块链产业生态系统的特征分析，从构建主体和价值层次两方面构建了价值共创视角下区块链产业生态系统的结构模型。

第4章，区块链产业生态系统价值共创行为的驱动因素与实现机制。本章从区块链产业生态系统的内生和外生动力出发，构建了区块链产业生态系统价值共创影响因素分析框架，通过有序 Probit 模型对与三个种群相关的企业问卷调查数据进行实证分析，再基于运用系统动力学方法，对服务层、融合层和中枢层的价值共创行为进行数值仿真分析，明晰其实现机制。

第5章，区块链产业生态系统绩效评价指标体系的构建与实证研究。本章运用相关分析和鉴别能力分析等方法构建了五维度的价值共创下区块链产业生态系统的绩效评价指标体系；然后采用熵权法和 TOPSIS 法构建了价值共创视角下区块链产业生态系统的绩效评价模型，并对我国 15 个省份的区块链产业生态系统绩效水平表现进行了实证分析。

第 6 章，价值共创视角下区块链产业生态系统的演化机制研究。本章基于价值共创理论，采用 Logistic 方程和哈肯模型等方法实证分析了价值共创视角下区块链产业生态系统的共生演化、价值共创视角下区块链产业生态系统的演化路径和价值共创视角下区块链产业生态系统演化动力机制；并采用复合系统协同度模型测度了价值共创视角下区块链产业生态系统的演化协同度。

第 7 章，结语。总结本书的主要研究结论和局限性，并指出未来的研究方向。

1.4.2　研究方法

本书的主要研究方法如下所述。

（1）文献研究法。

综合运用生态学理论、生态系统理论、共生理论、价值共创理论、自组织理论、协同论等理论思想，通过国内外的文献分析，为整体的理论框架设计、各专题研究的理论分析和实证研究提供支持。

（2）问卷调查法。

针对区块链产业生态系统价值共创行为的影响因素，在文献研究和案例分析基础上编制调查问卷初稿，通过与学术界和企业界专家讨论对其进行修订，再进一步通过预测试对题项进行改进和完善，形成最终调查问卷，问卷发放对象主要为区块链企业。

（3）有序 Probit 模型分析法。

通过 Stata 统计软件，使用有序 Probit 模型处理离散样本数据，对影响区块链产业生态系统价值共创行为的因素进行实证研究，检验变量之间的关系并验证假设。

（4）系统动力学模型分析。

利用建模软件 Vensim PLE 绘制出区块链产业生态系统价值共创行为驱动因素与实现机制的因果反馈图，构建系统动力学模型，并进行仿真验证。

（5）熵权法和 TOPSIS 法。

采用熵权法和 TOPSIS 法构建价值共创视角下区块链产业生态系统的绩效评价模型，并对我国 15 个省份在 2018～2020 年的区块链产业生态系统绩效水平表现进行了比较分析。

（6）Logistic 模型、哈肯模型和系统协同度模型。

运用 Logistic 模型分析了价值共创视角下区块链产业生态系统的共生演化和价值共创视角下区块链产业生态系统的演化路径；运用哈肯模型序参量的识别方法，分析了价值共创视角下区块链产业生态系统的演化机理；运用系统协同度模型测度了价值共创视角下区块链产业生态系统的演化协同度。

1.5　主要贡献

本书的主要贡献如下所述。

（1）构建分层网络模式的价值共创视角下区块链产业生态系统框架。

依据区块链产业特点和价值共创理论，从构建主体和价值层次两方面构建了区块链产业生态系统。区块链产业生态系统的构建主体为：企业主导 + 政府扶持、政府主导 + 企业配合、市场主导 + 创新推动；区块链产业生态系统的价值层次为：价值中枢层、价值融合层和价值服务层。价值共创视角下区块链产业生态系统内的技术生产主体、技术扩展主体、技术应用主体、产业服务种群及产业环境等要素通过信息反馈和价值转换共同构成区块链产业生态系统的结构模型。本框架为区块链产业生态系统的研究奠定了基础。

（2）剖析区块链产业生态系统价值共创行为实现机制的内在机理。

从价值共创的动力来源角度，将区块链产业生态系统价值共创的驱动因素分为内生动力因素和外生动力因素两大方面，构建了区块链产业生态系统价值共创行为影响因素的分析框架，通过有序 Probit 模型和 Stata 统计分析，发现并验证了影响区块链产业生态系统价值共创行为的关键影响因素；运用系统动力学方法，构建了内生动力和外生动力因素、区块链产业生态系统和价值共创互动关系的系统动力学模型，并运用 Vensim PLE 软件进行仿真和灵敏度分析，剖析了区块链产业生态系统价值共创行为独特的内外部动力因素体系和互动关系的内在机制。

（3）构建了价值共创视角下区块链产业生态系统的评价体系。

基于区块链产业生态系统的特点和绩效评价指标体系的构建原则，从区块链技术生产主体绩效、区块链技术扩展主体绩效、区块链技术应用主体绩效、区块链产业服务主体绩效和区块链产业环境绩效五个方面提出并验证了五维度 17 个细分指标的绩效评价体系；并采用熵权法和 TOPSIS 法构建了价值共创下区块链产业生态系统的绩效评价模型，对我国 15 个省份在 2018 ~ 2020 年的区块链产业生态系统绩效水平表现进行了评价分析。

（4）探索了价值共创视角下区块链产业生态系统的演化机制。

基于价值共创理论，采用 Logistic 方程、哈肯模型和复合系统协同度模型等方法从价值共创视角下区块链产业生态系统的共生演化机制、价值共创视角下区块链产业生态系统的演化路径、价值共创视角下区块链产业生态系统演化动力机制和价值共创视角下区块链产业生态系统的演化协同度四个方面深刻剖析了价值共创视角下区块链产业生态系统的演化机制。

第 2 章

理论基础与相关研究进展

2.1 产业生态系统的内涵与构成

2.1.1 产业生态系统的内涵

在产业生态系统的相关研究中，弗劳什和高乐普乐斯（Frosch and Gallopoulos，1989）的研究被认为是产业生态系统和产业生态学研究的开端，他们的文章《制造业的战略》被视为奠基之作。在该文中，弗劳什和高乐普乐斯指出，传统的工业活动在制造过程中消耗大量原材料，同时还会产生大量废物，这种传统的运作方式浪费资源，因此需要转变为一体化的生产模式，即产业生态系统。之后不久，埃伦费尔德和格特勒（Ehrenfeld and Gertler，1997）在卡伦堡工业园区的研究中表明，产业生态系统的理论具有广泛的应用前景，并且得到了有力的证明。

产业生态系统是由与某一特定产业发展密切相关的利益相关方组成的集合体，它们通过相互作用和紧密联系构建了一个复杂的传递网络。在产业支撑要素和外部环境的影响下，这个系统涉及各种有机的活动，包括产业研发、生产和应用等（李晓华和刘峰，2013）。目前学界对产业生态系统内涵的研究存在多种观点，主要包括两个方面：（1）一种观点是强调生产过程的循环性。例如，格特勒（Gertler，1995）提出，产业生态系统可以利用生产过程中的废弃物来实现额外的收益，这一观点强调预防环境污染，通过在每个流程中进行剩余能源再利用实现清洁生产；布恩斯、巴斯和兰伯特（Boons，Baas and Lambert，1999）指出，产业生态系统是由企业之间的共生关系构成的系统组织，具体实现方式包括但不限于集中处理废物、交换多余能量和共享企业设备；李佳（2022）认为，在产业生态系统中，种群之间一定存在反馈机制，这样才能实现物质的循环。（2）另一种观点则强调产业生态系统的核心在于利益相关方之间的互动与合作，通过各种资源的流动与转换，共同创造价值。例如，弗劳什和高乐普乐斯（1989）等认为，经济生态系统由生产者、消费者、相关中介机构和环境共同构成，具备与自然生态系统类似的生态特征，并通过能量和信息的相互反馈在整个系统成员之间进行交流；刘刚、张泠然和殷建瓴（2020）提出，产业生态系统中存在核心企业，可以通过提高核心企业的产品效益来引导系统中其他企业创造更多的价值，使得行业能够得到更好的发展；李晓华和刘峰（2013）认为，在研发、生产的过程中，各要素之间是合作与依存的关系，最后把产品送到使用者的手中，从而达到创造价值、分享利润的目的；杨秀云、李敏和李扬子（2021）对数字文化产业生态系统进行了界定，将其视为数字技术支持下的多个市场主体和主体之间相互联系的网络，这些主体包括用户、数字平台、数字文化企业、创意阶层、相关政府部门等。区块链产业发展依赖于区块链技术创新，对于自然资源的依赖较少，因此本书在定义产业生态系统的概念时，从第二种角度，强调各产业主体间的要素流动和价值创造，认为产业生态系统是企业之间以环境为依托通过物质循环和能量流动相互连接，实现系统共同的发展目标和自身利益整合协同，以保障产业可持续发展和结构、功能完善的有机整体。

2.1.2 产业生态系统的构成与特征

目前学界对产业生态系统的构成研究主要从以下两个方面展开：（1）从产业生态系统内部成员间的位置和关系出发。艾伦比和库珀（Allenby and Cooper，1994）认为，资源获取者、产品制造者、产品消费者和废弃物处理者四者共同组成了产业生态系统；布恩斯、巴斯和兰伯特（1999）则着重强调企业间的共生关系，认为产业生态系统包括集中处理废弃物、交换多余能量、共享企业设备等环节；曹海霞（2018）认为，传统的产业生态学主要关注企业内部和工业系统内部的合作共生，以实现更大的经济效益和环境效益。这种研究侧重于探讨清洁生产、循环经济和生态产业等方面的内容，以推动产业的可持续发展和环保目标的实现。杨秀云、李敏和李扬子（2021）在研究数字文化产业生态系统结构时，根据对应"内容生产—传播推广—消费体验"的全产业链条，将数字文化产业生态系统划分为内容生产平台、产品推广网络、消费体验场景三个部分；弗兰斯曼（Fransman，2009）构建出的通信系统生态模型包含四个方面，分别是设备供应商、网络运营商、程序开发者和终端用户。（2）从生态学的角度考虑构成产业生态系统的生物系统和环境系统。例如，阿德纳（Adner，2006）以产业网络和格局为基础，通过仿真构建能够反映产品受环境影响的生态系统模型；李晓华和刘峰（2013）指出，创新、生产和应用三个子系统以及给予系统支持的环境要素共同构成了产业生态系统；左文明和丘心心（2022）把工业互联网产业生态系统分为内部因素和外部环境，内部因素包括平台企业、合作企业和客户企业等，外部环境包括技术环境、经济环境和政策环境等。随着产业生态系统理论的发展，目前的研究大多使用第二个维度，既包含生态系统成员的内在联系，又包含环境与成员之间的联系，本书同样从第二个维度解释产业生态系统的构成，强调系统内主体之间、主体与环境之间的资源流动和依存关系。本书认为目前为止，国内外学者对产业生态系统特征的研究主要有两个切入点：（1）一些学者以生态系统的特性为切入点进行探讨。约瑟夫（Joseph，2010）指出，产业系统具有类似生命体的特征，类似于自然界中的生物体，进而解释了产业中的生态现象，强调了产业生态系统的动态性、适应性和互动性，将其与自然生态系统相联系；南比森和巴伦（Nambisan and Baron，2013）指出，产业生态系统的特征为开放、协同性，系统中的主体展开跨组织的合作，可以让资源在更多的要素之间流动，从而提高了创新效率；翟丽丽、刘晓珊和杨彩霞（2023）提出，大数据产业生态系统具有开放性、非线性、复杂性、动态演化性、随机涨落性等特征。（2）部分学者还以生态系统的功能为切入点，研究了产业生态系统的特征。科尔霍宁（Korhonen，2001）在生态系统的框架下对产业生态园进行了分析，并指出产业生态系统具有高效的经济特征和可持续性。布林格、奥恩哈默尔和戈梅林格尔（Bullinger，Auernhammer and Gomeringer，2004）认为，企业之间可以通过互相影响的方式达到协同进化的目的，对于带动中小企业的发展具有重要影响。张雪梅（2009）指出，产业生态系统是基于产业生态学原理和知识经济规律构建的一种网络化生态经济系统。这种系统具有符合生态系统承载能力的特点，同时拥有高效的经济过程和和谐的生态功能。陈畴镛、胡枭峰和周青（2010）等认为，区域技术创新生态系统具有自组织性、开放性和多样性等生物特性。李晓华和刘峰（2013）认为，战略性新兴产业的培育与发展，不能只支持产业的某一方面，而是要构建一个完整而协调的产业生态系统。许冠南、王丽明和周源

（2021）指出，产业创新生态系统具有多样性、动态性和协同进化性等类似
自然生态系统的特征。在该系统内部，企业之间存在多重互动关系，既有竞
争，也有合作。对产业生态系统的基本特征进行总结，我们可以发现产业生
态系统的基本特征包括多样性、共生性、自组织性、演化性和协同性等（见
表 2.1）。这些特征意味着系统中的各个成员相互依赖，存在多样化的组成和
功能，能够自主调整和适应环境变化，以及通过协同合作实现共同目标。

表 2.1 　　　　　　　　　　　　产业生态系统的特征

特征	相关学者
多样性	Korhonen，2001；陈畴镛等，2010；刘晓莉等，2020；李佳，2022
共生性	Nambisan，2013；曹海霞，2018；刘晓莉，2020
自组织性	刘晓莉，2020；Liu & Chen，2020；杜爽，2021
演化性	Bullinger，2004；李晓华，2013；曹海霞，2018；杜爽，2021
协同性	Joseph，2010；李晓华，2013；许冠男，2021

2.1.3　产业生态系统的应用研究

在学术界对产业可持续发展日益重视的背景下，以产业生态系统视角为
基础的应用研究日益增加，其所涵盖的行业范围也越来越广，包括物流业、
体育业、高新技术产业和农业产业等。郭燕青和何地（2017）以新能源汽车
产业为案例，从产业创新生态系统的网络化组织特征出发，对产业创新生态
系统进行了详细研究。李妍（2018）从产业生态系统角度，采用系统思维方
法，提出了五因素模型来评价制造业产业安全。周钟、熊焰和张林刚
（2020）选择大数据产业为对象，通过分析新技术研发到应用过程中的主体
与资源要素，结合资源供给匹配和政产学研融合的观点，构建了面向新兴技

术产业应用的生态系统框架。张利庠和罗千峰（2023）基于产业生态系统理论，深入探讨了中国生猪种业高质量发展的理论内涵，并从资源禀赋、技术创新及应用、机制模式和风险约束四个方面对该产业的发展情况进行了探讨。于滨铜和王志刚（2023）基于社会生态系统构建出农业产业的生态系统理论框架，分析了在系统发展不同阶段关系和契约治理机制的相对变化，以及它们对系统演化的影响。胡宁宁和侯冠宇（2023）以"创新主体—资源输入—外部环境"为切入点，采用必要条件分析和模糊集定性比较分析方法，探究了区域产业生态系统对我国高新技术产业创新绩效的影响路径。由以上分析可以看出，产业生态系统适用于各行各业的研究，而且在分析某一产业时可将其与其他产业进行组合形成一个新的产业生态系统。在研究过程中，针对不同的研究对象和研究内容，采用的方法也不尽相同。

2.2 产业生态系统的演化机理

2.2.1 产业生态系统的演化机制

阿德纳和卡普尔（Adner and Kapoor，2016）将生态系统内的成员定义为一组存在互动关系并共同创造价值的行为者。塞尔格耶夫和扎内洛（Sergeeva and Zanello，2018）认为，生态系统的演化路径轨迹由成员间的互动关系（竞争、合作等）决定。竞争是指各主体争夺同一资源要素的行动；合作是各主体对各类资源进行整合利用和合理分工的一种行为。生态系统内部的成员关系是动态的，阿德纳和卡普尔（2010）的研究结果表明，合作和竞争的关系具有不确定性，是朝着不可预知的方向演变，但是适度竞争、整体合作协同的共生关系将会对产业生态的发展起到促进作用，有利于系统向更高层次演化。博施（Bosch，2015）研究证实，企业间合作关系的深浅程度、竞争性资源相对数量的变动状况对系统演化起重要作用。于滨铜和王志刚（2023）结合实际案例分析，发现生态系统内部关系总体呈现出关系治理逐渐减弱、契约治理逐渐增强的特质。学者们运用不同的研究理论，对生态系统中成员之间的竞争与合作关系进行了深入的分析，并从三个视角对生态系统的演化展开探讨（见表2.2）。

表2.2　　　　　　　　　　产业生态系统的演化机制

分类	内涵	区别	相关学者
自组织演化	符合自组织条件（开放性、非平衡性、随机涨落性和非线性）的产业生态系统会伴随着外部环境的改变而发生演化	重点阐述成员间的无序动态变化与系统在时间、空间、构成和要素分配上自发地形成有序结构的变化	Tsujimto，2018；王玲俊，2020
共生演化	物种间基于技术互补、资源互助构建持续的合作关系，在资源合作交换中促进群体演化。物种间的共生关系主要包括：寄生共存、竞争共存、偏利共生和互利共生	重点阐述系统中各成员间的竞争与合作的关系程度如何影响系统的发展过程与趋势	欧忠辉等，2017；Angela，2016
协同演化	两个相互依存、相互影响的主体，主体A会因为主体B的某些因素而产生变化，同样的，主体B针对主体A相同因素变化的影响而产生相同的变化	重点阐述系统演化所要实现的最终演化模式，即系统主体之间存在着一种持续的因果关系，通过选择对自身发展更有利的方法，经过长时间的演化互动，获得协同演化的最终结果	Ehrlich，1964；熊晓炼等，2021

2.2.1.1　自组织演化的相关研究

津本、加治川和富田（Tsujimoto，Kajikawa and Tomita，2018）认为，在自组织演化的视角下，生态系统的结构是通过自我组织或管理设计的。闫晓勇、李烨和王刘伟（2023）研究认为，创新生态系统的自组织条件依赖于核心企业和政府的努力。曾国屏、苟尤钊和刘磊（2013）认为，科技创新的序参量是影响创新生态系统演化的主要因素，且其具备不断演化、不断自我超越的能力。张晶（2014）从系统动力学的角度分析协同创新投入和科技创新投入对自组织演化的促进作用。王玲俊（2020）以我国光伏产业链系统作为对象，发现其在自组织演化进程中受到自身驱动力、内生推动力、外生拉动力和联合驱动力等要素的综合影响。

2.2.1.2 共生演化的相关研究

庞博慧（2012）对产业共生模式进行了实证分析，通过计算产业共生系数，得出两者之间的共生演化模式为寄生、互利共生等。欧忠辉、朱祖平和夏敏（2017）建立了不同情境下的创新生态系统模型，并对其均衡点和稳定条件进行分析，实现了不同情境下创新生态系统共生演化的模拟仿真。安吉拉、瓦斯凯和安德烈斯（Angela，Vasquez and Andres，2016）研究生态系统中多物种（两个或更多）的共存关系（恶性共生、竞争共生、偏利共生和互利关系），在这类关系的维持下，物种持续地选择有利于进化和影响其他物种的方式，来改变或者强化与其他物种之间的关系。欧忠辉、朱祖平和夏敏（2017）认为，生态系统主体间的共生关系会直接导致系统在不同方向上的演化，而互利共生则是最优的进化方向。张影、高长元和王京（2022）引入三方跨界创新主体建立跨界创新联盟生态系统的共生演化模型，对三个主体间的共生模式进行仿真分析。

2.2.1.3 协同演化的相关研究

埃利希和雷文（Ehrlich and Raven，1964）阐述了"协同演化"概念来自生物学领域，用于解释物种间的持续互动和共同进化现象，后被引用于管理学领域中。李煜华、武晓锋和胡瑶瑛（2014）构建了战略性新兴产业创新生态系统的协同创新模型，认为协同演化的核心是系统内共生单元、共生模式和共生环境的协同优化以及关键要素组成的共生界面的协同效率。荣、胡和林（Rong，Hu and Lin，2015）提出多样化的行为者通过互动、支持行为创造共生与协同效应，进而超越未参与者的价值水平。赵喜洋、石磊和余谦（2017）认为，技术创新和商业模式创新是创新系统之间维持协同演化的保障。张欣钰（2018）对两个产业的共生模式进行分析，结果表明，两者间的关系正由寄生向互利共生转变。戈麦斯（Gomes，2018）认为，不断变化的两个共生单元，在生态系统中为了形成更大的共生主体而进行交互，最终的目的是推动整体生态系统向协同共生状态发展。熊晓炼和樊健（2021）基于系统的层次划分，对金融生态系统内不同层面的协同水平差异进行实证分析。

2.2.1.4　小结

自组织演化关注于分析一个随机涨落的开放系统在非平衡的状态下通过系统内成员无序的动态变化，使系统在时间、空间、构成和要素分配上自发地形成有序结构。戈麦斯（Gomes，2018）认为，共生演化侧重于解释系统内成员竞争和合作的关系程度对系统发展过程、趋势的影响。约翰尼斯、克里斯蒂安和乌斯奇（Johannes，Christian and Uschi，2015）认为，协同则是系统演化所要实现的最终演化模式，可理解为系统主体之间存在着一种持续的因果关系，通过选择对自身发展更有利的方法，在长期的演化交互作用下，实现协同演化的最终结果。

区块链产业生态系统符合自组织演化的基本特点，该系统中的成员会在一定程度上进行自发的变化，成员之间的关系会持续不断发展，最终形成相互影响、相互作用的共生单元。共生单元在区块链产业生态系统间通过产业要素资源流动、产品信息的动态反馈、区块链技术的研发和应用，从独立发展到共生演化。在激烈的市场竞争中，区块链产业生态系统通过共生演化占据一席之地。因此，本书主要从共生关系和序参量识别两个方面对区块链产业生态系统的演化机制进行定量分析。

2.2.2 产业生态系统演化过程与阶段

2.2.2.1 产业生态系统的演化过程

产业生态系统演化具有开放性、非线性和自组织性的特点，子系统之间的相互作用促进了整体系统的发展。格雷德尔和艾伦比（Graedel and Allenby，2004）对产业生态系统进行仿真模拟，得出产业生态系统的演变由低级到高级三个阶段的演化过程组成。系统演化是一个与其内部成员活动密切相关的、复杂的动态过程。摩尔（Moore，1999）提出，在全阶段的演化过程中，首先，由生态系统内部成员定义共同的价值主张，确定合作模式。其次，在竞争水平提高后，开始定义领导力、生态系统治理制度，要求领先的生产者必须通过塑造关键客户、供应商的未来方向和投资来扩大控制权。最后，德海伊尔、马基宁和罗兰（Dedehayir，Mkinen and Roland，2018）提出，当成熟的生态系统面对新兴生态系统和来自创新的威胁时，就会出现最后一个阶段，即自我更新或者死亡。刘浩和原毅军（2010）认为，产业生态系统是一个由简单到复杂、由点到链再到网的立体演化过程。冯志军和陈伟（2013）指出，生态系统演化是产业集群重新分配角色、资源的往复过程，在一定状态下保持一段时间进而过渡到下一个状态。吴雷等（2014）构建Logistic 方程模型，对产业生态系统的动态演化过程进行模拟，其过程曲线呈"S"形演化。费利西奥、阿马拉尔、埃斯波斯托和加巴雷尔（Felicio，Amaral，Esposto and Gabarrell，2016）运用共生指数、环境动量两个指标，对产业共生系统的演化过程进行检验。张、郑和布莱恩（Zhang，Zheng and Brian，2017）从社会网络的角度，对产业共生系统演化运作过程中对系统内资源流动的趋势及变化所造成的影响展开分析。而部分学者从内部着手，寻找内在动因，刘刚、张泠然和殷建瓴（2020）通过案例研究的方式，论证了龙头企业、消费者、经营主体三方秉持的价值主张在产业生态系统演化过程中具有内在动力的作用。阿鲁纳、米克勒和洛科苏（Arouna，Michler and Loko-ssou，2021）研究表明，产业生态系统演化的重要内因是系统内部的企业家精神和发展方式的路径依赖。莫拉夫斯卡、莱维茨基和维利奇科（Moravska，Levytskyy and Velychko，2022）提出，产业生态系统可持续演化的一个重要动力是管理制度创新。单蒙蒙、尤建新和邵鲁宁（2017）通过对该系统的协同演化过程的分析，发现系统内部的资金、信息、能量、价值等要素的交换与转移，使得该系统的共同演化达到一个新的高度。金晟（2018）探讨了两个行业间的协同演化达到平衡对称状态的条件，并分析内外环境的改变对平衡对称状态的影响。史竹琴（2017）指出，科技型中小企业创新生态系统中的各个价值主体，是建立在合作共生基础上的，依靠创新物质、能量和信息流动方式，来实现系统的动态平衡。总的来说，产业生态系统的演化过程是一个从无序发展到有序、从简单进阶到复杂、从初级转变到高级的变化过程，演化过程中会受到内部和外部因素的共同影响，只有对变化做出相应的协调才能保证产业生态系统向更高层次演化。

2.2.2.2 产业生态系统的演化阶段

学者们依据生态系统的演化过程，将其分为不同的阶段。产业生态系统的演化过程，所涉及的行业、所需的时间以及发展的程度，受环境条件和政策等外界因素的影响。当前，对生态系统演化阶段的研究主要集中在以下两个层面：（1）基于各主体要素的依存模式。摩尔（1999）认为，创新生态系统的演变可以分为四个主要阶段（出生、扩张、领导力和自我更新或死亡）。颜永才（2013）认为，产业集群创新生态系统在外部环境的作用下，会经历形成、发育、成长三个阶段。陈衍泰、孟媛媛和张露嘉（2015）以我国的电动汽车行业为研究对象，对其进行实证研究，将单一产业生态系统的演化阶段分为价值创造和价值获取两个阶段。涂振洲和顾新（2013）以不同创新主体之间异质性知识的流动为依据，将创新知识的演化过程分为共享获取、创新发展、优势形成三个阶段；李其玮、顾新和赵长轶（2018）在此基础上又将优势形成演化分为生命周期、生态进化和混沌共生三个阶段。于滨铜和王志刚（2023）以农业产业生态系统为主体，把产业生态系统分为了发展初期、发展中期、发展成熟期阶段。（2）基于产品、企业、系统的生命周期过程。切尔托夫和埃伦费尔德（Chertow and Ehrenfeld，2012）的研究对产业生态系统的萌芽、成长和获取三个阶段的演化过程进行了总结，并建立了一个非连续演化模型。布恩斯、切尔托夫和帕克（Boons，Chertow and Park，2017）把产业生态系统划分为自行组织、组织边界变化、第三方推进、协同学习、试点促进、政府计划和集群生态化七个演化阶段，并对每一个阶段的主体和演化状态进行了归纳，得出它们各自具有的阶段特征。吕鲲（2019）结合生命周期理论，构建了一汽红旗创新生态系统的四阶段演化模型，分别为形成期、成长期、成熟期以及衰退期。贝尼特斯、内斯托尔和亚历杭德罗（Benitez，Néstor and Alejandro，2020）基于工业 4.0 背景，结合 6C 框架（上下游、配置、能力、合作、构建和变化）将生命周期划分成三大阶段——出生、扩张、领导力阶段。基于以上研究，本书主要从生命周期视角考虑产业生态系统的形成、成长、成熟和衰退（进化）过程。

2.3 产业生态系统的绩效评价

2.3.1 产业生态系统绩效评价的内涵

"绩效"这个概念最早由美国管理学者于 20 世纪 70 年代提出，它也被称为"效果"或者"业绩"，最初这个概念主要应用于项目管理、企业管理和人力资源管理等领域。曲超（2020）认为，绩效包括效率、产品与服务的质量和数量等。陆庆平（2003）指出，经济合作与发展组织曾提出，绩效是指在一项活动中实际获得与目标值的对比，这种对比关系可以帮助衡量活动的成效和效果。目前学界对于产业生态系统的绩效相关研究还相对较少，但根据已有的研究可以发现，在不同的系统中绩效评价的任务是存在差异的。贝克尔和格哈特（Becker and Gerhart，1996）指出，每一个生态系统的绩效评价指标体系都是基于系统目标而构建的，但不同的生态系统中绩效评价的指标是不一样的。哈拉赫米（Halachmi，2003）指出，绩效评价可以帮助管理者从不同的角度去理解生态系统绩效实现的差距。此外，即使在同一个产业生态系统中，不同的评价对象也可能具有不同的评价指标，主要分为两类：（1）针对整个产业生态系统的总体绩效评价。例如，樊俊杰（2018）在构建城市物流产业集群生态系统绩效评价指标体系时，考虑了产业环境度、产业集群度、产业活跃度和产业恢复度四个一级指标；徐雪松、刘人春和杨胜杰（2017）在评价中国矿业生态系统时，根据产业链的构成将中国矿业生态系统划分为五个层次，并从这五个层次来评价其共生绩效。（2）针对特定某一产业生态系统进行绩效评价。例如，白玉娟和于丽英（2019）从"生产者""分解者""消费者"和"无机环境"四个维度对科技金融生态系统的绩效进行评价；胡登峰、冯楠和黄紫微（2021）以新能源汽车产业作为研究对象，并以比亚迪和江淮两家企业作为案例，就汽车产业内部如何衍生发展新能源汽车产业创新子系统，并成为一个独立系统展开研究，探索创新生态系统自身发展动因及其发展过程。

绩效是一种多维度的变量，在进行绩效评估时，应根据不同的维度和影响因素，得出不同的绩效评价指标体系。目前学界对绩效含义的界定主要从三个方面进行讨论：（1）以结果为导向的观点认为绩效指的是产出。例如，贝马丁和凯恩（Bemadin and Kane，1993）认为，固定的时间限度内主体行为所产生的结果就是绩效；阿姆斯特朗和巴伦（Armstrong and Baron，1998）

指出，在一段时间内研究对象产生的结果的总和即是绩效；帕西和乌塞（Paci and Usai，1999）在评价创新绩效时，使用的是创新产出这一变量；关和陈（Guan and Chen，2012）在评价新生态系统绩效时采用了 DEA-CCR 模型，主要从技术产出和经济产出两个方面进行分析，通过对技术和经济产出的量化分析，可以揭示创新生态系统的潜在优势和改进空间，为进一步提升系统的绩效提供有力的指导。（2）以过程为导向的观点认为绩效是过程或行为。博尔曼和莫托维德洛（Borman and Motowidlo，1993）将任务绩效视为与特定任务活动相关的组织规定的行为，对组织效率有显著的影响；艾伦和格里菲斯（Allen and Griffeth，1999）指出，主体行为的结果可能由于受到其他因素的影响无法被完整反映出来，因此应该考察主体为实现结果所采取的行为总和；菲尔宾（Philbin，2008）与马格苏迪、达菲尔德和威尔逊（Maghsoudi，Duffield and Wilson，2015）在衡量创新生态系统的绩效时引入了科技投入创新这一指标；苏屹、安晓丽和雷家骕（2018）基于区域创新生态系统，探究了创新研发投入对创新生态系统绩效的影响。（3）第三种观点认为绩效包括研究对象的产出和过程两个部分。例如，莫瑟、舒勒和丰克（Moser，Schuler and Funke，1999）以及曼森等（Manson et al.，2002）提出将过程和结果综合起来，就是研究对象的绩效；罗通多和萨基特（Rotundo and Sackett，2002）指出，绩效是绩效量、绩效质和努力程度的综合；王雷（2022）指出，绩效包括两个层面——强调产出结果的绩效和强调行为过程的绩效，前者指特定时间内某项工作或活动所产生的产出，后者指与企业目标相关可测量的行为过程；潘（Phan，2016）在构建绩效评价指标时既考虑了投入的资源又考虑了系统的产出。

2.3.2 产业生态系统绩效评价的指标体系

随着国内外学界对绩效评价的研究不断增加，评价对象已经不再局限于单一的产业,多产业的复杂生态系统已经成为绩效评价对象。同时,绩效评价的方法也日益丰富多样,不再局限于传统的财务指标。与之相应地,专家学者们逐渐将注意力转向构建综合评价指标体系上。目前学界对生态系统绩效评价的研究主要从两个维度展开:(1)考虑绩效评价的影响因素。已有研究表明,资金投入、技术创新等因素对科技型企业生态系统的绩效水平具有显著影响,它们是提升绩效的关键因素。曾贤刚(2018)指出,水务产业市场绩效受多种因素影响,包括市场结构、市场行为、水资源状况、当地财政状况等;胡俊南(2023)等利用层次分析法和熵值法,并结合绿色技术创新模型,从发展趋势、行业差异和地区差异三个维度构建江西省新兴企业的绿色技术创新绩效评价体系。(2)构建绩效评价指标体系。部分学者在构建绩效评价指标体系时主要从系统成员及系统环境两个角度进行。例如,马育军、黄贤金和肖思思(2007)从生态、环境两个角度选取生态系统服务价值、生态绿当量、人均生态足迹赤字(或盈余)和环境质量综合指数4个指标来对生态环境质量进行绩效评价;邓淇中(2011)将区域金融生态系统分为两个部分,并分别从这两个部分对金融生态系统进行绩效评价,即生态环境和生态主体;刘文光、赵涛和边伟军(2013)以区域科技创业生态系统为基础,从生态支撑环境和生态主体两个角度建立了相应的评价体系;王亚男、王宏起和李永华(2016)从行业人才资源和人力资源内外生态环境两个方面构建了评价体系,用于评估区域战略性新兴行业人力资源生态系统;张玉喜和张倩(2018)在研究金融生态系统时将其分为内部生态系统和外部环境系统,并建立了相应的评价指标体系;王淑英、常乐、张水娟和王文坡(2019)从生态群落、生态资源和生态环境三个角度对创新生态系统进行绩效评价,并运用空间杜宾模型分析创新企业的绩效;任声策和胡迟(2019)以创业生态系统要素构成框架为基础,构建了评价指标体系,并对区域创业生态系统的运作绩效进行了分析评价;陈向东和刘志春(2014)将科技园区作为研究对象,建立了科技园区创业生态系统评价框架,并运用主成分分析法对53家国家科技园区进行绩效评价；陈章旺和黄惠燕（2020）以我国 29 个区域级众创空间为例，从投入和产出两个角度对众创空间的绩效进行评价，并使用因子分析法提取出了运营能力、发展能力等四个主因子。

综上所述，对于生态系统绩效评价指标的构建，学者大多结合生态系统中的要素构成从系统主体和系统环境两个维度进行分析，进而根据影响生态系统绩效评价的相关因素，从过程、结果或者过程和结果相结合中选择两个维度的细分指标。针对某一产业生态系统的具体评价指标的选择要结合产业特征视具体情况而定。

2.3.3 产业生态系统绩效常用的评价方法

2.3.3.1 层次分析法

层次分析法是一种用于处理复杂系统问题的方法，其步骤可以简单概括如下：先将复杂系统分解为各个子系统和层次结构，通过主观判断确定各个子目标的重要性，并为其赋予相应的权重，再建立指标间的两两比较矩阵，利用计算方法（如特征向量法），对比较矩阵进行一致性检验和权重计算，得出各指标的权重。将得到的权重应用于每个子目标，得到每个子目标的相对重要性排序，最后综合各个子目标的排序结果，得出对整个复杂系统的重要性排序方式，以描述系统的整体功能和特性。例如，程臻和薛惠锋（2019）梳理了国防科技战略的相关理论研究，提取出对一些国防科技战略有效性评价的指标，使用模糊层次分析法建立了一套完善的国防科技战略有效性评价指标体系。刘健和王小菲（2022）运用层次分析法对专家数据进行分析，对图书馆网站评价的重点指标开展量化研究和权重计算，构建出高校图书馆用户满意度的评价指标体系，并得出高校图书馆网站的友好性和用户的参与性对提升用户满意度至关重要的结论。

层次分析法的优点在于，能够将复杂的系统问题进行结构化和量化处理，通过主观判断和计算方法得出相对权重和排序结果。它能够提供一种系统化的方法，帮助决策者在面对复杂问题时做出明智的决策。它的缺点是受主观影响大，而且如果判断矩阵的层级过多，各层的指标信息很容易相互矛盾，不能实现一致性的结果。

2.3.3.2 数据包络分析法

数据包络分析（DEA）是一种用于分析个体效率的非参数方法。其步骤可以简要概括如下：首先，确定评价指标，即用于衡量评估对象绩效的输入和输出变量。其次，构建数据包络模型，通过寻找最优权衡方式，使评估对象的输入最小化且输出最大化。在构建模型时，考虑评估对象的约束条件，以确保资源利用的合理性，再利用数据包络模型对评估对象进行效率评价，比较其输入和输出之间的差距，并确定最佳绩效水平，针对未达到最佳绩效的评估对象，提出改进方案和优化建议，以提高效率和绩效。最后，通过效率前沿分析，绘制出表现最佳的评估对象形成的边界线，以识别潜在的最佳实践对象。任杰、董佳歆和姜楠（2021）以小米手机的社交网络营销数据为样本，采用数据包络模型提出小米手机网络营销的绩效评级体系。根据他们的结论可以发现，发布内容频率对小米手机绩效产生很明显的正向影响。

数据包络分析法的优点在于，它是一种非参数方法，能够客观评价评估对象的绩效，考虑多个指标，发现改进潜力和最佳实践。然而，DEA对异常值敏感，不考虑时间动态性，指标选择和权重设定较主观，并且在处理大规模数据时计算复杂度较高。

2.3.3.3 模糊综合评价法

模糊综合评价法是一种综合评价方法，可以应用于复杂的决策问题中。该方法基于模糊集合理论，通过模糊数学的运算，将模糊的、不确定的评价信息转化为定量的评价结果。其步骤包括确定评价指标，构建评价模型，确定评价等级和权重，进行模糊运算、解模糊化，以及综合评价和决策。首先，确定评价对象的关键指标，根据这些指标构建模糊综合评价模型；其次，确定指标的评价等级和权重以进行模糊运算，将各指标的模糊集合并为一个综合评价结果，对综合评价结果进行解模糊化处理；最后，根据解模糊化后的结果进行综合评价和决策。李元和邓琪钰（2019）通过分析长春市失能人员医疗照护保险制度的时间数据，采用模糊综合评价法验证了老年长期照护保险制度在长春市取得的效果，为我国和地方政府建立老年长期照护保险制度提供借鉴。

模糊综合评价法的优点在于，能够处理信息不确定和模糊性，适用于复杂问题的综合评估。它可以综合考虑多个评价指标，帮助做出全面合理的评价和决策。它的缺点在于，容易受主观性因素影响，计算过程较为复杂且对数据要求较高。综合来说，模糊综合评价法在处理模糊问题上有优势，但需要注意主观性和数据准确性。根据具体情况选择合适的评价方法。

2.3.3.4 熵权法

熵权法是一种基于信息熵理论的权重确定方法。蔡文飞和王汉斌（2013）指出，它是通过计算各指标的信息熵值来评估其对决策结果的贡献程度，从而确定权重的相对大小。该方法先要计算每个指标的信息熵，衡量其信息含量和差异程度，然后根据信息熵值计算指标的权重，信息熵越大的指标对决策结果的影响越大，权重越小，最后将各指标的权重归一化，以确保权重之和为 1。王娜和李杰（2023）以高校图书馆问答型机器人为研究对象，基于信息系统成功模型，并结合用户体验的相关指标构建 FAQ 问答系统用户满意度评价指标体系。根据问卷的调查结果，并结合熵权法和层次分析法来确定指标的权重。

熵权法的优点在于，能够客观地评估指标的重要性，避免了主观因素对权重的影响。它基于信息熵理论，能够处理信息不确定和模糊性，适用于多指标决策和评价问题。而且熵权法计算相对简单，易于实施。熵权法的缺点主要有以下方面：首先，它要求数据的质量较高，对数据的准确性和完整性有一定要求；其次，熵权法没有考虑指标之间的相互关系和相关性，可能忽略了某些重要的关联性。此外，任杰、萱佳歆和姜楠（2021）指出，熵权法在样本量较小或指标之间相关性较高时可能不够稳定和可靠。

2.3.4 常用绩效评价方法比较

在实际的产业生态系统绩效评价过程中，每种评价方法都具有独特的优点和局限性。这意味着每种方法都有其适用的情况和限制（见表2.3），这就需要我们针对不同的情况来选取不同的评价方法或几种方法相结合。

表2.3　　　　　　　　　各模型方法比较

方法	适用范围	优点	缺点
层次分析法	多指标、多层次、多方案的系统	具有整体性；定性与定量结合	具有主观性；难以满足一致性要求
DEA法	多投入多产出的同类型单位	受主观性影响小；适用范围普遍	只能判断相对效率
模糊综合评价法	受多因素影响的事物	结果明晰；信息丰富	计算复杂；主观性较强
熵权法	资料齐全、数据完备的数值型样本	可信度高	对样本数据要求高

综合分析以上方法可以发现，这些方法都很难同时处理评价过程中的模糊性和随机性。而区域产业生态系统绩效评价过程存在评价的模糊性和随机性。所以说，想要有效地进行产业生态系统绩效评价工作，就必须构

建科学的绩效评价方法。因此本书综合利用层次分析法和熵权法得出了指标权重，再用 TOPSIS 法将所有指标的评价值合成在一起，将每个指标代表的评价对象的各个方面综合考虑进行对比分析，以便得到对整体的综合评价结果。

2.4 区块链产业生态系统相关研究

2.4.1 区块链与区块链产业生态系统

2.4.1.1 区块链

区块链技术源于 2008 年由中本聪发布的《比特币：一种点对点电子现金系统》一文，后中本聪认为其可用于无中心金融机构的网上交易，是一种基于哈希算法的工作量证明链（薛立德，2021）。2013 年末，以太坊（Ethereum）创立者们发布白皮书，其中 Ethereum 项目将智能合约引入区块链，为区块链在其他领域的应用提供了契机。刘昌用（2019）指出，对于区块链的定义各有不同，可以是一个存储着各种数据的信息集合体，也可以是一个保证合作方履行约定的管理方法，还可以是一个由生物种族构建的一种表现方式状态。代闯闯、栾海晶和杨雪莹（2021）指出，区块链是一个区块序列，它像传统的分类账系统一样保存交易列表，其中块由块头和块体组成，块体由正在发生的事务组成。张亮、刘百祥和张如意（2019）认为，区块链是一种以货币形式对一切经济交易进行记账的方法或制度，是一个处理数据分组交换的网络协定，从金融角度也可以是增加单位时间工作量的制度。宋伫阳和徐海水（2019）指出，区块链在不同视角下定义不同，既可看作基于时间戳的块链结构，也可看作一种透明的数据库。蔡晓晴、邓尧和张亮（2021）提出，区块链技术的数据存储载体是数据库，通信载体是 P2P 网络，依靠加密技术来决定产权并保护个人隐私，依靠分布式体系的共识架构来保证其一致性，其目的在于建立一种价值交易体系，并认为将区块链理解为特殊的数据库，能够使区块链摆脱局限适用于其他领域。邹轶君（2021）对与区块链有关的标准与定义进行了归纳，并将其视为一种以分散方式进行的、由数字化记录组成、极难篡改的数字账本系统。曾诗钦、霍如和黄韬（2020）认为，区块链是一种分布式账本技术，依赖智能合约等逻辑控制函数发展而成的完整存储系统。朱晓武和魏文石（2021）认为，区块链是一种结合链表结构、加密算法、点对点传播和分布式计算等多种技术，通过建立共识机制来确保各个节点数据的完整性和一致性，从而实现数据的难篡改和易追溯，并在个人间构建信任机制，以实现点对点的价值转换。

国内外学者对区块链的技术特点进行了总结，认为区块链是一种可以使数据通过协议在多个独立计算机中组成的网络间共享的软件技术，具有去中心化（邢春晓和张桂刚，2018）、分布式对等结构（王劲松、杨唯正和赵泽宁，2022）、公开透明（宋立丰、祁大伟和宋远方，2019）、信息不可篡改（Ma and June，2016）、高匿名性（Dirk，Baur and Ki，2018）等特征。

2.4.1.2 区块链产业生态系统

随着区块链的兴起，区块链技术被引入各个领域，人们开始尝试将其应用于医疗、金融及物流等领域。当前学者们对区块链产业的研究主要集中于区块链的相关技术在某一特定领域的应用。耶尔马克（Yermack，2015）讨论了如何将区块链技术应用到公司管理系统中，从多个角度提高公司的收益。王昱、盛暘和薛星群（2022）研究发现，在跨境贸易、数字货币、网络安全、风险防控以及互联网金融等方面，都存在着区块链技术的应用。龚强、班铭媛和张一林（2021）研究表明，在中国供应链金融中，区块链技术相比于中心式信息系统来说，不仅可以加强信息资源共享，还可以加强企业信息安全保障与授权分享，这对突破传统供应链中公司间的信息孤岛问题、提高供应商间的信息传递具有积极意义。门格尔坎普、诺特海森和比尔（Mengelkamp，Notheisen and Beer，2018）为能源生产商和用户能够在无中心机构的情景下进行能源贸易，建立了一个分布式平台。瓦齐德、达斯和奥德卢（Wazid，Das and Odelu，2018）利用区块链自身主体对等、数据传输安全、透明性高和篡改难度极高等特点，在物联网中引入区块链技术，可以解决物联网中的"信息孤岛"问题。在国家政策引导、区块链关键技术和应用领域需求的持续驱动之下，企业数量快速增加，区块链行业得到快速发展，区块链产业生态逐步形成（工信部，2018）。

相比于区块链相关研究，现有文献中对区块链产业生态系统的研究相对较少，主要集中在界定区块链产业生态系统的概念以及针对区块链产业生态系统的问题，提出建设性的观点。其中林艳和张晴晴（2019）根据区块链技术创新的主要特征，提出中国区块链技术创新生态系统是由一定范围内的企业、高等学校、金融机构、应用机构及技术中介等多个技术创新活动的主体联合形成，参与者之间围绕着区块链技术与应用之间的关系相互协助，并共同进行新价值创造的技术生态系统。随后，林艳和关瑜婷（2020）研究表明，区块链产业生态系统利用区块链技术，将线上与线下的资源与机遇进行融合，开展了区块链创新创业活动，进而构成一个相互依存的统一整体。同时对我国政府在提高自主研发水平、推动行业发展、改善政策环境、健全人才培训制度等方面提出了建议。故本书结合区块链技术特点、区块链产业发展相关研究，认为区块链产业生态系统是以区块链技术为基础，围绕区块链产业发展所形成的，以驱动区块链技术成熟、推动区块链应用落地为目的，由区块链产业发展主体与其他参与主体以及支持产业发展的外部环境等构成的相互依存的有机整体。

2.4.2　区块链产业生态系统的构成要素

　　现有文献大多将区块链划分为五层或六层架构，邵奇峰、金澈清和张召（2018）指出，五层架构分别是合约层、网络层、数据层、共识层和应用层；章建赛（2021）指出，六层架构是在此基础上将共识层划分为共识层和激励层。在区块链大量应用于各行各业的情形下，目前学者们对于区块链的应用研究主要集中于，利用区块链基础架构，在结合自身研究对象的基础上建立新的模型进行分析研究（见表2.4）。例如，张、钟和法鲁克（Zhang, Zhong and Farooque，2020）提出了基于区块链的生命周期评估（LCA）系统架构，并依据LCA每阶段需求对应的功能将其划分为四层：基础设施层、区块链服务层、应用层和用户层，其中，基础设施层是系统架构的基础，用于收集、传输和记录数据；区块链服务层通过清理、处理和分析数据，充当连接基础设施层和应用层的桥梁；应用层负责可视化数据并协助决策；用户层是通过用户使用系统。李小莉、陈国丽和张帆顺（2023）在农业供应链发展研究中，构建了包含物理层、数据层、网络层、合约层以及应用层的供应链平台体系，其中物理层包括物联网技术应用；数据层、网络层及合约层覆盖了相关区块链技术；应用层为农业供应链相关主体和区块链平台提供了交互介质，提高了农业供应链上数据的保密性和真实性。杨慧琴、孙磊和赵西超（2018）在构建供应链信息平台的过程中，搭建了新的模型，包含三大模块，分别是交互模块、核心模块及基础模块，覆盖了应用层、共识层、网络层、合约层、数据层以及数据基础设施层。阿克德（Akd，2021）在研究中提出了一种区块链集成物联网架构，该架构由表示层、业务层、功能层、集成层和区块链数据层组成，在业务层创建信息系统和数据库的集成，在功能层创建数据处理，在区块链数据层创建数据的存储和安全，并通过表示层显示信息。沙希德、阿尔莫格伦和贾维德（Shahid, Almogren and Javaid，2020）为智能工业提出了一个基于区块链的架构，分为物理层、区块链服务层和应用层，其中区块链服务层提供了区块链技术所需的公共服务，应用层提供多种服务，包括用户管理、数据可视化、任务管理等。

表 2.4   **基于区块链架构的构成成分**

文献	划分层次
Zhang, Zhong and Farooque（2020）	基础设施层、区块链服务层、应用层和用户层
李小莉等（2023）	物理层、数据层、网络层、合约层及应用层
杨慧琴等（2018）	分为三大模块，即包含应用层的交互模块，包含合约层、共识层及网络层的核心模块以及包含数据层和数据基础设施层的基础模块
Akd（2021）	表示层、业务层、功能层、集成层以及区块链数据层
Shahid et al.（2020）	物理层、区块链服务层及应用层

由此可见，区块链架构可应用于不同系统，并根据其功能对系统进行组成架构的划分，故对于区块链产业生态系统也可根据其内部参与者划分构成要素。区块链产业生态系统核心产业链集中在区块链技术的分析、发展及应用上进行互动，是区块链产业的发展主体。产业链上游包含区块链核心技术平台、区块链基础设施等；产业链中游重点关注智能区块链应用及技术延伸平台；下游产业链主要服务于终端用户。除此之外，区块链产业发展衍生出的管理、建设、运作等服务共同组成了区块链产业链的辅助主体，为区块链产业的发展和良好运行，提供了最根本的保证。基于此，根据区块链产业链的参与者，将区块链产业生态系统的组成元素划分为四个层面，分别是应用层、中间服务层、基础平台层和辅助平台层。其中，应用层主要为最终用户服务，中间服务层主要用于协助用户二次开发以区块链技术为基础的各类应用，而基础平台层和辅助平台层主要包括区块链的底层体系架构及基础协议。

2.5 价值共创相关研究

2.5.1 价值共创的内涵

21 世纪初，普拉哈拉德和拉马斯瓦米（Prahalad and Ramaswamy，2020）依据营销领域中"共同生产"的理念，首次提出价值共创理念，是企业未来竞争中获取竞争优势所依赖的一种新的价值创造范式，被广泛运用于生产领域和消费领域。现有研究对价值共创内涵的定义主要分成三大视角：第一，基于顾客体验视角。普拉哈拉德和拉马斯瓦米（2003）以及瓦戈和卢施（Vargo and Lusch，2004）认为，价值共创是指企业与消费者基于互动共同创造价值，此时，企业作为价值促进者的角色可促进消费者与企业通过互动共创体验。第二，基于服务主导视角。佩恩、斯托尔巴卡和弗罗（Payne，Storbacka and Frow，2008）以及麦克唐纳、克莱因阿尔滕和威尔逊（Macdonald，Kleinalten and Wilson，2016）指出，价值共创是指消费者同企业一同完成的互动过程，企业所扮演的价值促进者角色逐渐转变为价值共创者角色。其中，消费者承担起价值共创的重要参与者角色，服务主导视角下的价值共创强调，服务是经济交换活动的基础，互动和资源整合是价值共创的关键活动，并指出创造的价值是使用价值而非交换价值。第三，基于服务生态系统视角。武文珍和陈启杰（2012）、古梅松和梅莱（Gummesson and Mele，2010）、瓦戈和卢施（2004）、阿卡卡和瓦戈（Akaka and Vargo，2014）、李和凯姆（Lee and Kim，2019）、焦娟妮和范钧（2019）、李耀（2015）等认为，价值共创是指参与主体在复杂网络系统中的共同活动，参与主体在交互式系统—环境之间建立交互式创造，关注资源、行动和过程匹配，强调资源整合、服务提

供的互动以及制度的重要性，实现各自价值的过程，同时也为利益相关主体
创造了价值的社会过程。服务主导视角是顾客体验视角的继承与发展，服
务生态系统视角则是基于服务主导视角的理论继承与拓展，三种视角并非
割裂存在，而是相互联系、影响、充实和完善。总体来说，价值共创的定
义是沿着"顾客与企业的二元关系"到"多个利益相关者的多元关系"再
到"生态系统中的网络关系"演进的，更加强调互动性、系统性和整合性
（见表 2.5）。

表 2.5　　　　　　　　　　　　　　价值共创的内涵

项目	顾客体验视角	服务主导视角	服务生态系统视角
定义内涵	是企业与消费者通过互动共同创造价值的过程，企业促进顾客与企业通过互动共创体验	价值共创是一个由供应方与顾客共同完成的动态互动过程，消费者成为价值共创者，企业成为价值促进者	价值共创是参与者们共同的活动，参与者在交互式系统—环境之间建立交互式创造
参与主体	顾客、企业	顾客、企业	行动者（客户、企业）、利益相关者（政府、供应商、服务商、合作者）
区别	价值产生于形成过程中的任何环节，价值共创的核心在于企业和消费者互动的质量，即创造最佳的顾客体验	价值由消费者决定，强调服务是一切经济交换的基础，由无形资源（知识、技能和经验）构建	注重价值网络的构建，减少对技术的关注，任意参加者都是资源的整合者
学者	Prahalad & Ramaswamy, 2003；Vargo & Lusch, 2004	Vargo & Lusch, 2004, 2008；Payne et al., 2008；Macdonald et al., 2016	Vargo & Lusch, 2014, 2016；Storbacka, 2016

2.5.1.1　顾客体验视角

在传统的价值创造观念中，企业创造价值和消费者获取价值的过程是相互
分离的。企业单纯地扮演生产者角色，瓦戈和卢施（2004）认为，企业主要采
用的是协同和整合组织资源的方式，来满足消费者的需求。这种以单向供给

为主的价值提供模式，在工业经济时代，它体现了产品主导逻辑下的价值创造方式，消费者只发挥消费产品的作用，但互联网时代将消费者以价值共创者的角色融入了价值创造过程中，颠覆了学界对企业是唯一价值创造主体的认知。由普拉哈拉德和拉马斯瓦米（2020）提出的，以顾客体验为视角的逻辑是最为经典的价值共创内涵。目前，客户参与价值共创已经成为今后创造价值的主要途径（李耀，2015）。顾客既承担产品与服务上游生产资源投入方的角色，又是下游产品与服务的购买使用者，消费者参与价值共创是指通过向企业提出建议或者参与开发的形式。企业无法在缺少顾客的情况下独自完成产品设计、生产、销售过程，顾客对价值创造的各个环节都产生了重要影响，进而获得现有产品的全新体验，增强产品和服务质量。不同的顾客生成个性化体验，贯穿于整个价值共创过程并最终生成价值的基础，使之更贴合用户需求，同时，帮助企业发掘隐藏在客户隐性知识中独一无二的需求，提升企业竞争力。消费者参与模式由被动接受转向主动参与，客户资源是崭新的竞争优势的来源，在价值共创进程中的主体地位不断提升。企业与消费者一起创造价值，对消费者参与的价值进行了界定和创造，并将共同创造客户体验作为核心内容，创造最佳的体验感，进而达到多方共赢的目的，形成一个良性循环。

2.5.1.2　服务主导视角

服务主导逻辑下强调的价值指使用价值，即顾客在购买产品之后，使产品发挥其主要功能而获得的预期效益，实际对预期的满足程度越高共创价值越高。服务主导视角是客户体验视角的继承者，瓦戈和卢施（2004）提出，企业要获得竞争优势的关键在于与消费者互动，但是，消费者与企业间的互动不是"交换价值"，而是消费者通过互动获得"使用价值"，将消费者视为真正的价值创造者。同时，更是操作性资源（知识、技能、经验等无形资源）的所有者，参与服务设计、产品设计、生产和消费全过程，突出消费者在价值共创中的重要角色，企业承担价值创造的促进者、合作者的角色，向消费者提供价值主张。佩恩、斯托尔巴卡和弗罗（Payne，Storbacka and Frow，2008）以该视角明确了服务作为经济交换的基础，将服务放在价值交换的主导地位，服务的普遍性使通过服务互换为自己和对方创造利益成为现实情况，产品则成为互动服务过程中产生的次要因素，通过产品向消费者提供服务，并在客户享受产品和服务的过程中，通过顾客学习和组织学习过程创造价值。顾客被认为是价值的共同创造者，顾客所掌握的操纵性资源具有根本优势。麦克唐纳、克莱因阿尔滕和威尔逊（Macdonald，Kleinalten and Wilson，2016）认为，价值不仅仅取决于商品交换价值的质量，还由消费者体验到的使用质量决定。吴瑶、肖静华和谢康（2017）基于双案例研究，讨论了价值提供模式发展为价值共创模式的影响因素和理论机制。布拉施克、里希和哈基（Blaschke，Riss and Haki，2019）通过设计数字价值共创网络，发现构建价值共创网络不能单纯考虑支撑价值共创过程的基础，网络外的商业环境特质也十分重要。

2.5.1.3 服务生态系统视角

瓦尔塔宁、巴克曼和耶约拉（Valtanen，Backman and Yrjola，2019）基于区块链、大数据、人工智能、5G 等新兴技术的兴起，认为价值创造迎来了更好的外部环境，同时，也带来了挑战，即价值活动载体从单一价值链延伸至多元价值网，变得更为注重内部价值链接以及互补性要素的整合协同。简单来说，服务生态系统视角更加注重价值网络的构建，价值共创的参与主体不再单纯限定为企业和消费者，而是将更多的经济实体（政府、合作伙伴、供应商、服务商）纳入其中，并且任意参加者都被视为资源的整合者，同时，强调制度对价值共创的推动作用。协同规则成为维系价值网络中各主体之间互动关系的关键。因此，研究重心逐渐延展到了更广泛多元的服务生态系统视角（姜尚荣、乔晗和张思，2020），并成为主流，顾客体验视角和服务主导视角只关注企业与消费者之间的双向互动。平霍、加布里埃拉和莉亚（Pinho，Gabriela and Lia，2014）认为，由于外部环境的复杂变化，价值主体间的互动演化更为复杂，呈现出动态耦合网络的交互关系。瓦戈和卢施（2010）基于自发感知和响应的利益主体，依据自有的价值主张，结合制度、技术和语言形成松散耦合的互动时空结构。弗罗和希尔顿（Frow and Hilton，2014）通过资源集成、共享、模块分解和创新协同，共同完成价值共创过程，被看作一种由资源整合者利用共享的制度安排以及服务交换的价值所构建的相对独立的、自我调整的体系。其中，被制度约束的系统参与者，通过资源整合和服务交换共同创造价值。斯托巴卡、布罗迪和博曼（Storbacka，Brodie and Böhmann，2016）等认为，实现价值共创的关键在于参与主体参与服务、服务交换和资源整合活动。陈菊红、王昊和张雅琪（2019）结合演化博弈方法，探讨服务生态系统视角下价值共创的过程，提出系统最终的演化状态受价值滑移、价格弹性、惩罚与奖励策略的影响。王昊、陈菊红和姚树俊（2020）提出，多利益相关主体情况下服务生态系统发生的价值共创具有时序性特征，利益相关者的期望、行为转变会在不同演化阶段中影响价值共创行为。姜尚荣、乔晗和张思（2020）将价值共创定义为消费者加入产品生产和消耗全流程以提高产品价值的过程。李、彭、费和军（Li，Peng，Fei and Jun，2021）认为，价值共创的关键是各参与主体基于共同界面，通过互动合作和交换资源的活动开发利用新资源。

2.5.2　价值共创的维度划分

虽然价值共创概念所涉及的研究领域十分广泛，但其测量维度的相关研究却十分有限，且无公认的统一标准，大致可以概括为"企业—顾客"二元关系和多元关系两大主要研究方向。

2.5.2.1 基于"企业—顾客"的维度划分

兰德尔（Randall，2011）认为，价值共创由关联、信任和承诺三个维度组成。伊和龚（Yi and Gong，2013）建立了一个顾客价值共创行为量表，同时也是一个到目前为止认可度较高的量表，从行为的角度将其分为两个维度：顾客参与行为和顾客公民行为。南比桑和尼希恩（Nambisan and Neghina，2014）认为，价值共创的互动主体是服务员工和顾客，从服务互动视角可将价值共创划分成个性化联合行动、关联性联合行动、授权性联合行动、道德性联合性行动、发展性联合行动和协同性联合行动六个维度。尼斯文和佩德森（Nysveen and Pedersen，2014）基于顾客体验的情境提炼价值共创维度，分别为感官体验、情感体验、思考体验、行为体验和关联体验五个维度。奥布赖恩、贾维斯和苏塔尔（Obrien，Jarvis and Soutar，2015）从企业社会责任与顾客参与结合的视角，对价值共创进行认知维度、意愿维度和行为维度的划分。焦娟妮和范钧（2019）从顾客—企业社会价值共创视角，划分了资源投入、人际互动和社会责任行为三个维度。裴学亮和邓辉梅（2020）从直播电商—顾客互动的价值共创行为着手，从产品互动、媒介互动和人机互动三个维度探索价值共创行为。郝晨、张卫国和李梦雅（2021）依据价值共创过程划分成观念共识、价值共生、价值共赢三个阶段。张洪、江运君和鲁耀斌（2022）结合社会化媒体的概念，运用扎根理论方法界定出价值共创的精神价值、赋能价值、实用价值和享乐价值四个维度。

2.5.2.2 基于多元关系的维度划分

南比桑（Nambisan，2008）和科勒（Kohler，2011）等提出并验证了虚拟环境下，价值共创应包括实用性、社交性、易用性和享乐性四个维度。张婧和邓卉（2013）以品牌价值共创为研究主体，从企业—员工、企业—顾客、员工—顾客、企业—其他利益相关者四层互动界面，提出组织品牌导向、内部品牌资产、品牌信息展示、组织交易关系、服务体验质量、私人关系质量、上游成分品牌策略以及下游成分品牌策略八个维度的概念。卜庆娟、金永生和李朝辉（2016）把虚拟品牌社区内的价值共创行为分为了求助、人际互动、反馈、倡导和助人五大维度。朱良杰、何佳讯和黄海洋（2017）提出，数字世界背景下的价值共创核心维度应包括互动、融入和授权三个方面。王发明和朱美娟（2018）基于计划行为理论，结合创新生态系统的特质，从行为态度、主观规范和知觉行为三个维度研究了创新生态系统价值共创行为的影响因素。胡海波、卢海涛和王节祥等（2020）从共创空间特质出发，探究价值共创的资源整合和互动合作维度。结合上述关于价值共创维度划分的文献梳理不难发现，价值共创维度划分的相关研究主要集中在营销领域，目前研究缺乏对价值共创情境下的产业生态系统的探讨。

2.5.3 价值共创的影响因素

现有文献关于价值共创意愿和行为影响因素的研究可分为以下三大类：环境因素、组织或个人因素和组织间因素（见表2.6），具体如下所述。

表2.6 价值共创影响因素

影响因素		学者
环境因素	信息技术、制度法规	Hoyer, 2010；Akaka and Vargo, 2014；Akaka and Vargo, 2015；李维梁, 2016；吴瑶, 2017；梁正, 2021
组织或个人因素	价值取向、利益因素、能力因素、内部资源	Vargo, 2008；李雷, 2013；张婧, 2014；Vargo, 2016；彭晓东, 2016；Pera, 2016；吴瑶, 2017；王发明, 2018；徐嘉徽, 2019；涂科, 2020；张延平, 2021
组织间因素	信任程度、制度安排、价值共创氛围	Vargo and Lusch, 2011；See-To, 2014；Pera, 2016；张秀娥和徐雪娇, 2017；武文珍和陈启杰, 2017；王发明和朱美娟, 2018；钟琦, 2021；陈春花, 2021

2.5.3.1 环境因素

环境因素是指价值共创主体所处环境的相关因素，包含信息技术、制度法规等。信息技术指的是在价值共创过程中用来对信息进行管理和处理的各项技术。阿卡卡和瓦戈（Akaka and Vargo，2014）认为，技术属于操作性资源，在生态系统中有促进主体创新和互动进而实现多层次价值共创的作用。吴瑶、肖静华和谢康等（2017）通过案例研究的方式，发现营销企业之间的价值共创模式依赖内部运营系统、供应链系统和基于互联网的供应商协同平台等信息技术的支持。梁正和李佳钰（2021）认为，算力、算法和行业数据等要素会影响价值共创行为。法规制度是指影响价值共创的政府法规和管理制度的总和。霍耶、钱迪和拉杰什（Hoyer，Chandy and Rajesh，2010）研究指出，保密担忧、知识产权、信息过载和生产的不可行性会阻碍价值共创的程度。阿卡卡和瓦戈（2014）认为，制度规范会对价值共创活动产生影响。阿卡卡和瓦戈（2015）从服务生态系统角度，指出制度多样性会影响系统的价值共创。李维梁和高雅（2016）强调，产业创新生态系统内的价值共创受到政府制度推动影响。

2.5.3.2 组织或个人因素

组织或个人因素包括价值取向、利益因素、能力因素、内部资源等要素。（1）王发明和朱美娟（2018）认为，价值取向是价值共创参与主体的立场与行为取向。彭晓东和申光龙（2016）认为，在虚拟品牌社区中，验证虚拟社区感（成员感、影响力和沉浸感）对自发式价值共创有正向作用。王发明和朱美娟（2018）提出，参与主体在价值共创过程中对价值取向的认可能够促进主体的价值共创行为。徐嘉徽（2019）基于 UTAUT 模型，建立了共享服务平台资源用户参与价值共创意愿的影响因素模型，发现绩效期望、努力期望、社会影响、个体创新、感知风险和便利条件均会影响价值共创意向。涂科、杨学成和苏欣等（2020）发现，顾客的自主感对价值共创行为产生正向影响。（2）利益因素指价值共创者在合作过程中得到的利益评价和满意度。王发明和朱美娟（2018）的实证结果显示，参与者从价值共创中获得的实惠与利益，将会对价值共创行为产生显著的正面影响。（3）能力因素是指资源的整合能力。李雷、简兆权和张鲁艳（2013）认为，价值共创的参与主体以获取、交换资源的合作方式，通过彼此互动和整合资源来实现价值共创。瓦戈和卢什（2016）指出，多方参与主体利用操作性资源（知识、技能、经验等无形资源）、刺激性资源（有形资源、自然资源）进行资源整合，通过提高情景、服务交换和使用的价值，从而实现价值共创行为。佩拉、奥奇尤波和克拉克（Pera, Occhiocupo and Clarke, 2016）以及张延平、冉佳森、黄敬伟和郭波武（2021）提出，价值共创主体在资源开发、共享和重新配置的过程中实现了互惠共赢，强调在资源开放性的同时，鼓励参与主体围绕共同的价值主张实现价值共创。（4）内部资源是指价值共创参与者可控制的各种因素的总和。瓦戈和卢什（2008）认为，只有将现有资源同市场资源、私有资源和公共资源相结合时，才能为服务系统创造价值。张婧和邓卉（2013）研究发现，组织间形成的独特资源优势对价值共创产生促进作用。吴瑶、肖静华和谢康等（2017）结合案例分析发现，企业作为价值共创的核心主体，可以主导资源的获取与配置，以此来提高企业的价值创造水平。

2.5.3.3 组织间因素

价值共创主体间的互动是实现价值共创的重要前提，因此，与组织间相关的因素不可忽视，包括信任程度、制度安排、价值共创氛围等。（1）信任程度是指价值共创组织间彼此相信的程度，价值共创组织间的合作以信任作为前提和基础。西托和何（See-To and Ho, 2014）的研究证实社区信任为价值共创带来积极影响。佩拉、奥奇尤波和克拉克（Pera, Occhiocupo and Clarke, 2016）以及朱美娟和王发明（2018）均证明了信任对价值共创行为具有显著正向作用的观点，因为价值共创过程中，组织间良好的信任和契合的价值主张足以分散互动的风险和降低交易成本，降低由于信息不对称产生的不良结果，从而确保价值共创的顺利进展。（2）制度安排是指组织共同遵守的办事规则和行为准则。瓦戈和卢什（2010）提出，制度能够约束松散耦合的价值网络，并协调参与主体之间的资源服务互动行为。王发明和朱美娟（2018）发现，创新生态系统中的制度安排（资源共享制度、退出制度）会对创新生态系统价值共创行为产生显著正向作用。钟琦、杨雪帆和吴志樵（2021）研究证实，在创造价值的过程中，正式治理机制和非正式治理机制相辅相成，共同促进生态系统的自我强化与自我维持，可以协助价值共创活动的顺利开展。（3）价值共创氛围是指价值共创组织间的合作气氛。张秀娥和徐雪娇（2017）提出，发挥创业生态系统中的集聚效应，促进多方主体的价值共创，才能共同推进生态系统的动态演化。武文珍和陈启杰（2017）研究表明，合作行为、共同决策对共创经济价值、共创关系价值、共创享乐价值以及共创顾客学习价值均具有显著正向影响。陈春花、梅亮和尹俊（2021）认为，价值主张以联结价值共创参与主体为前提，在形成价值网络的基础上，实现知识流动、强化资源整合能力，促进多方价值共创实现的稳定性和可持续性。

2.6 相关理论基础

2.6.1 系统论

系统论作为一门科学，最早由奥地利生物学家贝塔朗菲提出，是在经过大量生物学种群演变的试验观察和分析的基础上，以整体或系统的视角处理旧知识领域中具有较强复杂性的问题的科学（叶立国，2013）。其核心思想就是系统的整体理念，即将研究事物看作整体，并且指出任何事物都不是孤立的，都存在错综复杂的相互联系，任何事物都是由各要素通过各种联系结合在一起形成的有机体（白彦壮、张莹和薛杨，2017）。

系统论不仅要求能理解系统的规律和特征，还要能够利用这些特点和规律去限制、约束、改造或建立一种与人的目的要求相一致的系统。即经过对其本质上的特点、性能、结构和规律的解释，来对总体发展进行动态掌握，对各个元素之间的关系进行协调，从而达到目标的最优化（叶立国，2013）。根据系统论观点，系统处于动态变化的特殊环境中，具备整体性、层次性、动态性和目标最大化等基本原则。

系统的整体性认为，在一个体系中，每一个被考察的事物，都必须被看作一个完整的体系，事物之间是以一个完整的系统为基础来运作的，并且系统中每个组件所发挥出的作用通常要大于相互分离的组件效果，这源于每个组件之间的相互重叠是一种效果的累积，而非一种简单的加和（白彦壮、张莹和薛杨，2017）。整体性原则也是系统论中理论和手段所想要达到的利益与目标的基础。基于整体性原则，系统各种事物之间，以某种形式形成了一种相互关系并相互影响，使得整体总体功能远大于各个要素功能之间的简单叠加，向着使系统的总体功能达到最佳状态的方向前进。

系统的层次性是指不同元素在系统内部结构中所呈现出的多层级特性，同时系统可往下划分若干子系统，再往上则能隶属于较大的系统（叶立国，2013）。每一层级体系的结构变动都会导致系统的功能变动，从而对系统的外部效应产生影响。同时在某些情况下，由于系统功能的影响，系统的内在构造也会随之改变，从而引起系统的构成模式的改变。为了使系统功能达到最优化，在动态演变的过程中，要将系统推向更高级的演变。因此，系统中的元素结构越繁杂时，系统则会越强大，系统功能的强大和系统中的结构的复杂性有某种关系，故而系统内部不同组成元素能够决定系统功能的表现形式。

系统的动态性认为，系统中各个元素以及它们之间的相互关系是动态变化的，而非静止的（叶立国，2013）。系统性能的演化、内部状态与其周边的环境有着密切的关系，系统与周边的环境是封闭与开放相结合的状态。动态性是系统生存和状态转移的基础，也是掌握系统演化规律的基础。系统的状态转移依靠系统内部要素之间的交互，其中状态转移过程所表现出来的外部形式即系统的结构。状态转移过程是由无序演变为有序，或由有序演变为无序，其演变的方向与趋向依赖于交互双方的交互作用。因此，把握并运用系统动态性原理就可掌握系统的演化规律。

系统理论的提出，极大地改变了人们的思想方法。过去对问题的探讨，通常是将事情拆分为几个方面，将最简单的要素抽取出来，而后用各方面的特性来解释事情的复杂性。该分析方法侧重于局部或因素，采用的是单个因果决定论，但不能真实地体现出事物的整体性，不能体现事物的内在联系与交互，只能适用于认知比较简单明了的事情，不适合于研究比较复杂的问题。系统论的基本原则之一就是整体性，能较好地弥补以往研究的缺陷。

2.6.2　产业生态理论

产业生态的概念最早由弗劳什和高乐普乐斯（Frosch and Galloopoulos，1989）提出，在系统论的基础上，把所要研究的事物视为完整的系统，提出可以构建一个与自然系统相似的产业生态系统，其核心工作就是要从整个系统的角度来分析系统以及构成系统的各个因素之间的相互联系，在实质上解释系统的组成、性能和行为，以便能够全面地掌握系统的总体情况，并最终达到最优目标。其中系统论认为，系统不是单一的个体，而是多种要素集合而形成的有机整体，要素之间按照特定的组织形式排列并存在着特定的联系，从而显示出系统的整体功能。

产业生态学（industrial ecology）这一术语，最初是在 20 世纪 50 年代的文献中被提及，它是一门以系统论为依据，包含了产业经济学及生态学两种理论的复合型学科，它着重于发展个人与其所需资源、环境之间的相互影响和作用。因此基于生态学的观点，人类提出了一种新的方法来模仿天然的生态环境，并根据其内部的物质与能量的流动来重新构建产业系统。生态学作为研究生物体与其周围环境相互关系的科学，是产业生态理论发展的重要支撑（樊海林和程远，2004）。

专家、学者们根据系统论与生态学理论，将产业系统内各要素及要素之间的相互关系与自然生态系统进行类比，提出了产业生态系统的初步概念，并以自然系统中的能量流动和物质循环的规则为依据，在产业生态系统中，模拟建立产业生态系统中的物质和能量的循环流。其中企业可以被视为一个生物单元，而企业的集合则相当于一个生物群落，由各种行业联合起来形成的大集合与自然生态系统中的生物群落相呼应（余平，2010）。产业所处的外界条件，既要担负起为系统成员提供能量和物资的作用，同时也要符合所居住的自然环境，在这个作用的过程中，环境必然会被系统中的成员所影响。产业生态学关注产业系统和生态系统之间的流动，旨在为控制和减少利用这些流动对生态系统产生的影响作出贡献（吕鲲，2019）。

产业生态学作为一门新兴学科，受到国内外学者的广泛关注，随着其理论的发展，不少学者开始对产业生态学研究范围进行延伸拓展。产业生态系统早期文献中，产业生态系统的研究主要侧重于防止工业化过程中的污染、清洁生产，而产业生态学从一个全新的角度探讨了工业经济与环境之间的关系。余平（2010）指出，在经济和技术不断前进的社会背景下，产业生态学既是一门社会科学同时也是技术科学，并对其做出界定，认为产业生态学是采用可持续的方法，对产业系统与周边环境之间的关系进行协调，并致力于提高经济活动中的能量效率。霍宁、奥科宁和尼图南（Korhonen，Okkonen and Niutanen，2004）将产业生态理论分为两个方面，一方面考虑了物质和能量的流动，另一方面侧重产业生态系统的结构和组织的特性。基于经济生态学，国内学者对产业生态学进行了定义，普遍的观点是，产业生态系统作为生态系统的子系统，具备生态系统的所有特点。因此，可以运用生态学相关的研究手段和理论，对产业生态系统中的构成因素的共存、演变等冗杂关系进行研究分析。在人们对产业生态的理解不断深化的过程中，产业生态理论在各个行业中得到越来越多的运用，同时，产业生态发展也渐渐变成了一种可以帮助企业达到高质量发展的一种方式。产业生态系统演变是一个系统性能与内部结构持续繁杂的自组织化进程，而绩效评估是系统总体行为价值与性能的表现，因此，对这两个方面的探讨，是实现工业生态系统结构与性能优化的一条行之有效的方法。

2.6.3 产业共生理论

"共生"一词的概念是由德国生物学家德贝提出的，是指由于某些物质的关系，使得不同的物种能够共同生活。从生态学角度出发，共生包含共生模式、共生单元和共生环境，共生是共生单元以某种共生的形式所形成的特殊关系（王珍珍和鲍星华，2012）。各种共生单位具有不同的行为特性，共生单位间的相关作用可以通过内在影响和对外影响两种方式表达。

共生模式通常受共生环境和共生单元的双重影响，是共生单元相互之间能量、信息以及物资等相互转化的一种形式。而共生环境是对共生单元进行生产和交换的非生物要素的加和，良好的情境中可以通过信息、能量和物资之间的转换来推动共生体的进化。产业共生是一类以持续精细的分工为前提，以企业之间的竞争关系为条件，以物质交换和能量交换为基础，形成的一种繁杂而又独特的经济关系。产业共生牵扯到的共生单元往往不止一个，共生单元具备单独生存的能力，但是当环境中出现不止一个共生单元时，其独立存在的可能性将会极大地降低，更多情形下会出现共生单元相互依附，同时当两个共生单元相结合时会导致产业共生出现：一是一方效益明显提高，而彼方的效益不出现损失；二是两方都能得到好处；三是在一方的效益得到改善的时候，另一方的效益会相对减少，但是双方的总效益会有所增加（王珍珍和鲍星华，2012）。在第一类和第二类情境中，由市场机制自行驱动，而在最后一类情境中，企业和政府等外部力量的作用是必不可少的。

产业共生理论是将生态学中的共生关系引入产业系统的延伸发展中，该过程中不同企业间进行相互合作，使得企业的制造能力和盈利能力得到提升，进而达到了避免资源浪费以及保护环境的目的（吕鲲，2019）。门德斯－阿尔瓦、海伦和克雷塞（Mendez-Alva，Hélène and Krese，2021）研究表明，能源密集型企业排放的物质会对环境产生高度的污染，而面对这一挑战，产业共生是关键策略，通过各行各业共同努力寻找价值，以过渡到循环经济中。何、金、曾和曹（He，Jin，Zeng and Cao，2020）建立了非共生、部分共生和完全共生三种情景下废弃物定价的 Stakelberg 博弈模型，经过比较及敏感性分析，发现当废物供给量和共生程度增加时，企业会赚取更多的共生利润。

产业之间的物质交换是产业共生关系建立的先决条件，产业共生理论指出，产业之间有三种物资交换方式：第一种形式是两个共生单位所使用的物资是完全独立的，大多存在于企业之间的产业共生系统中，单一化经营所产生的企业额外利润，用于收购企业中的外部业务模块，以此防止出现物资使用的堆叠。第二种形式是两个共生单位所利用的物资存在一定程度上的重合，这种重合的情况多出现在多个公司之间的产业共生体系中，企业间的交易可以采取资金控制的形式，也可以采取与其他公司建立稳固的业务联系以构成排他的内部供给制度，从而得到其他公司的交易模块，这种方式会占据该企业小部分物资。第三种形式是两个共生体共同利用和分享同一资源的方式，这种方式多出现在产业共生系统中，影响着企业整体的物资分配情况（蒋开东和詹国彬，2020）。产业共生理论对于本书区块链产业生态系统内企业与企业间、产业与产业间的共生关系的进一步研究具有指导意义。

2.6.4　协同学理论

协同学是由德国物理学家哈肯建立的，该理论发现在一定约束条件下，发光原子与其所创造的光电场，可以生成一种具有相同取向和相位的单色光，即激光，并由此得出一个普遍的规律，以阐释其他的自组织现象（高冲，2020）。不管是归属于自然系统还是归属于社会系统，自组织演变从无序到有序，都可归结于众多系统间的相互协作，其处理方式可以采用相似的数学家模型以及相关理论研究。

协同学理论又被称为协同理论，协同一词意味着系统内部的子系统之间，可以进行相互协作与配合的组织性行为，是系统相关性、整体性的潜在表达（高冲，2020）。比如，企业内部各单元之间存在着相互协作的联系，同时在整个体系中存在着相互之间的冲突与约束。协同理论归属于自组织理论，主要用于解释自组织运行的内部推动机制。自组织是指在特定的环境下，从无序到有序，从低层次到高层次的过程（白彦壮、张莹和薛杨，2017）。自组织表现为当系统不受环境影响时，能够通过自身的协同作用，使系统自动地产生一种有序性的结构。协同学理论的研究主要集中在分析与外部存在物质能量交换的条件下，离开平衡结构的自组织系统，在系统内部空间、时间和功能上，如何通过其内部的互相配合构建出有序的结构。协同学理论的基本内容包含以下两点。

（1）协同效应。所谓"协同"，就是在一个复杂的开放体系中，各个子系统之间通过协调，使所取得的总体效果要比单个子系统所取得的效果更大，故协同是使系统由无序到有序的内驱推力（高冲，2020）。在外部刺激到达某一阈值的时候，子系统间以及子系统内部都会出现一种协调的效果，而这种协调的效果可以让系统在关键的时刻出现一个质的变化，进而让系统由无序变成有序，最终构建出一种稳固的生态性结构，系统的协调效果越显著，整个系统的总体性能就会越好（吴卫红、冯兴奎和张爱美，2022）。从协同作用的角度来看，这种作用体现了系统的自组织特性。自组织系统演化的动力来自系统内部成员间的相互作用——竞争与协同。成员间的竞争使系统趋于非平衡，协同则在非平衡条件下放大成员间的联系，从而占据优势地位，支配系统的整体演化（项国鹏和高挺，2021）。张强、赵爽耀和蔡正阳（2023）在高端装备制造企业寻求更好发展的情况下，探讨了高端装备设计制造一体化的协同管理架构，从不同维度揭示其协同流程的生成过程，分析了面向组织协同、资源协同、协同决策的生产自组织构建过程，为高端装备的协同创新和高质量研制提供理论方法支撑。区块链技术发展拥有明显的产业带动作用，能够推动相关产业及区域经济的发展，构成产业生态系统整体涌动性，使得系统创造的结果大于投入的要素总和。因此，区块链产业系统的协同效应在产业内部进行的合作创新，能够极大地推动区块链行业创造性地发展。

（2）序参量及伺服原理。哈肯提出的伺服原理与对序参量的定义表明，在外部环境的影响下，子系统间的交互打破了系统的内部平衡进而开启了演变过程，同时帮助确定系统结构的有序程度有助于进一步找出影响演变的系统内部因素（Mendez-Alva，Hélène and Krese，2021）。协同学理论指出，系统演化过程的最终形态及其有序性，都依赖于系统的序参量。序参量在自组织系统中扮演着重要角色，并能够驱使其他变量。伺服原理即在各参数的影响下，系统的结构发生变化进而完成新结构的构建，从而实现系统由低级到高级，由无序到有序的转变（白彦壮、张莹和薛杨，2017）。从系统的序参量出发，对序参量及伺服原理进行了分析，得出在自组织系统中序参量确定着其系统要素的行为同时又可展现出有序结构下的系统状态（潘妍妍、张衍和张梦颖，2020）。一般情况下，系统内各子系统之间不仅存在着一个或多个相互竞争、共同作用的有序参数，而且在系统演变中，序参量之间还存在着竞争或协作的现象。由于区块链产业生态系统具备的自组织特性，可利用协同建模方法来识别其内部序参数，研究其动态演变机理，对于促进其良性发展具有重要意义。

2.7 小　　结

本章内容对本书的研究理论基础进行了总结和归纳，整理了国内外学者在产业生态系统、区块链和价值共创等方面的研究进展。阐述了产业生态系统的内涵与构成、产业生态系统的演化机理、产业生态系统的绩效评价；介绍了区块链及区块链产业生态系统的相关概念和构成要素；整理了价值共创的内涵、维度划分和影响因素的相关研究。此外，还对系统论、产业生态理论、产业共生理论以及协同学理论等进行了归纳总结。本章内容为后续研究的开展提供了理论参考与支撑。

价值共创视角下区块链产业生态系统的构建与运行机理

3.1　价值共创视角下区块链产业生态系统的发展现状与形成动因

3.1.1　我国区块链产业生态系统的发展现状

以区块链技术为核心的产品和服务的创新与应用是近年来社会热点话题，信息技术与产业创新结合所引起的数字化、科技化、场景化是未来产业发展的主基调。从 2015～2020 年，数字货币与通证经济蓬勃发展，支撑其延续的底层技术——"区块链"短时间内成为了全球科技关注的热点领域，受到了各国大型互联网企业、中央银行以及管理部门的高度关注（张乐和王淑敏，2021）。以区块链为代表的高新技术产业作为新时代经济发展的技术支撑，引发了世界主要国家的高度重视。数字经济时代下构建基于价值共创共享的区块链产业生态系统，已成为我国各地区提升数字经济能力和产业创新发展的重要战略举措。

党的二十大报告明确指出实施科教兴国战略、创新驱动发展战略的重要性，必须坚持科技是第一生产力、创新是第一动力。可见，区块链技术的发展和应用与之不谋而合。区块链作为"价值互联网"的重要基础设施，正在引领全球新一轮产业和技术变革，成为技术创新和模式创新的"源泉"。自2020年选择产业化方向后，经过 2 年的高速发展，我国区块链关键技术持续取得突破，应用基础夯实完善，在总体上呈现集成规模化提升、生态结构优化成型、技术融合稳步提升、标准化成效凸显等显著特点。我国基本已构建出适合区块链技术发展的土壤环境，区块链技术应用创新落地提速，并逐步在数字经济蓬勃发展的背景下释放出生产力。2022 年，我国区块链产业化进程纵深化发展加速，在市场规模、政策环境、技术研发、应用创新、产业生态等方向取得关键性进展。在此背景下，为准确把握我国区块链产业生态系统的发展现状，收集与整理相关资料，并分析、归纳价值共创视角下的区块链产业生态系统形成动机，将有助于提高我国对区块链产业生态系统的认识和理解，也有益于对区块链产业生态系统的构建与运行做出全面研究和解释。

3.1.1.1　市场规模

根据国际数据公司（IDC）数据，2022 年，我国区块链市场规模已达4.68 亿美元，是全球第二大区块链支出单体。随着产业动能的释放，我国区块链产业链条进一步完善，产业链上、中、下游持续补充，形成了具备成熟度与完备性的全产业链链条，应用层级仍是我国主要区块链主体，尤其是在 2023 年数字空间的带动下，应用领域企业飙升，约占据我国区块链产业链条的 61.37%，同比增加 24.48%。其预测中国区块链市场规模有望在 2024 年突破 25 亿美元，五年预测数据与上期相比整体上调 5%～10%，五年年均复合增长率将达到 54.6%。如图 3.1 所示，2021～2026 年我国区块链市场年复合增速达 73%，2026 年的市场规模达 163.68 亿美元，远超移动平均市场规模。

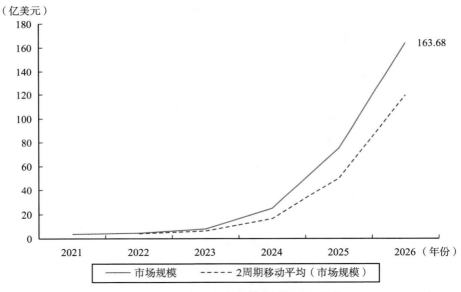

图 3.1　2021～2026 年我国区块链市场规模

资料来源：IDC 中国，2022。

（1）区块链初创企业数量快速增长。从 2016 年国家将区块链技术列为战略性前沿技术以来，注册成立的区块链企业数量快速增加，呈现井喷式增长。特别是 2020 年以来，国家各部委及各地政府积极出台区块链扶持政策，鼓励区块链相关初创及中小微企业发展。目前涉及区块链业务的 1800

家企业中，初创企业数量最多，占比达 57%，远高于传统 IT 互联网公司 23% 的占比[①]。

（2）上市企业推动区块链行业应用。随着区块链应用加速落地，推动"区块链+"业务成为大型上市公司进军区块链行业的发展目标。截至 2019 年底，已有 80 多家上市公司涉足区块链领域，积极在供应链金融资产管理、跨境支付、跨境贸易等领域落地应用。截至 2020 年 10 月，已有超过 262 家上市公司引入区块链业务，分别来自保险、房地产、商业百货、安防设备、包装材料、电信运营等多达 39 个领域。上市公司的区块链业务主要以行业应用为牵引，以金融业为突破口，积极布局供应链金融、资产管理、跨境支付、跨境贸易等领域应用。在国家互联网信息办公布的区块链信息服务备案清单中，已有 45 项关于上市公司区块链项目[②]。

（3）从市场规模可以判断，我国区块链产业发展与全球其他国家基本保持同步水平。2018 年，我国新增区块链企业数量达到峰值。2019 年以来，受投资自然下滑、风险投资减弱等多种因素影响，新增区块链企业数量明显减少（魏大威、李志尧、刘晶晶和方志达，2022）。随着我国区块链产业链的逐步完善，大部分区块链企业的关注点已经不再仅仅集中在某一方面，而是呈现出多领域协同发展的趋势，据统计，北京、广州、上海、浙江、江苏、山东是国家互联网信息办公室公布的 801 个区块链信息服务清单中备案企业最多的省市（邹轶君，2021）。2022 年 12 月我国共发布十套区块链数据备案归档服务的分类，如图 3.2 所示。可以看出，技术赋能数字经济的边界在不断延展，政务数据共享、民生服务、数字金融、医疗健康、数字文创等各类行业应用纷纷涌现。

---

① 资料来源：《2020 年上半年中国区块链企业发展报告》。
② 资料来源：《区块链白皮书（2020 年）》。

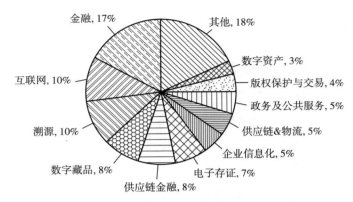

图 3.2　区块链信息服务前十批备案应用分类

资料来源：《区块链白皮书（2022 年）》。

3.1.1.2　政策环境

我国区块链政策发展环境基础夯实，红利释放加速，全局性与专业性政策类型增加。早在 2013 年我国区块链相关政策就已经出现。2013～2021 年，我国对区块链行业的总体态度从 2013 年的严格监管，逐渐演变为 2015～2017 年的积极应对，进而积极推动区块链在各行业的发展。2020～2021 年，我国已将区块链纳入"十四五"规划，旨在推动区块链与各行业加速融合，加快产业数字化进程。我国积极发展区块链产业，制定了产业发展总体战略，特别是针对发展区块链产业的专项政策或法律以及行业监管法规也相继出台。

2020 年，我国国家部委、县级政府、省会城市发布了与区块链技术相关的政策法规和方案文件，共计 217 份；中共中央政治局就区块链技术发展现状和趋势进行第十八次集体学习的"1024"讲话发表后，各省份高度关注区块链技术，积极创建区块链先行试点地区。各地政策重点鼓励落实区块链技术应用，主要在创新发展、金融、政务和公共服务领域，以及农业、贸易、公共卫生、交通和知识产权领域。北京、河北、江苏、湖南、广东、广西、海南等省份相继出台了区块链产业发展的具体指导意见，为不同地区的区块链产业制定发展目标，规划合理运营，以及指导当地产业生态的健康发展。

2022 年，我国发布区块链相关政策数为 83 项，政策红利已开始进一步释放，政策支持力度开始下沉。其中，中共中央、国务院等国家层面发布政策 7 项，如表 3.1 所示。不仅在全国统一大市场的广泛性政策中提及健全区块链领域标准体系，还同时涵盖了区块链在农村振兴、数字文化、提振消费、交通运输以及促稳经济等多个层面的应用，虽多数并非专项政策，但在全局性政策内的出现仍进一步体现出区块链在我国经济发展中的赋能保障作用，相比此前更多侧重于战略规划，区块链开始在经济建设方向发挥其基础性作用。

表 3.1　　　　　　　　　　**2022 年我国国家级别区块链政策汇总**

发布主体	发布时间	政策名称
中共中央、国务院	2022 年 4 月	《关于加快建设全国统一大市场的意见》
	2022 年 5 月	《关于推进实施国家文化数字化战略的意见》
国务院	2022 年 1 月	《"十四五"现代综合交通运输体系发展规划》
	2022 年 2 月	《"十四五"推进农业农村现代化规划》
	2022 年 4 月	《关于进一步释放消费潜力促进消费持续恢复的意见》
	2022 年 6 月	《关于印发扎实稳住经济一揽子政策措施的通知》
	2022 年 7 月	《关于加快发展外贸新业态新模式的意见》

资料来源：笔者根据公开资料与陀螺研究院资料整理。

国家部委级别区块链政策数量为 16 项，部分政策如表 3.2 所示。涉及国家发改委、中国人民银行、公安部、工业和信息化部、住建部等多个部门，涵盖金融、公共服务、能源、司法、社区建设等众多领域，落地政策呈现出可实施性强、可执行性细化、涉及范围广等特点。

表 3.2　　　　　　　　**2022 年我国国家部委级别区块链部分政策汇总**

发布主体	发布时间	政策名称
国家发改委等部门	2022 年 1 月	《"十四五"公共服务规划》
工业和信息化部等部门	2022 年 11 月	《进一步提高产品、工程和服务质量行动方案（2022~2025 年）》
	2022 年 1 月	《关于开展网络安全技术应用试点示范工作的通知》
中国人民银行、公安部等	2022 年 1 月	《打击治理洗钱违法犯罪三年行动计划（2022~2024 年）》
国家发改委	2022 年 1 月	《关于深圳建设中国特色社会主义先行示范区 放宽市场准入若干特别措施的意见》
	2022 年 11 月	《长三角国际一流营商环境建设三年行动方案》
中国人民银行等部门	2022 年 11 月	《上海市、南京市、杭州市、合肥市、嘉兴市建设科创金融改革试验区总体方案》

资料来源：笔者根据公开资料、陀螺研究院资料整理。

3.1.1.3　技术研发

（1）区块链技术突破方向逐步迁移。我国区块链技术从初期的单点技术突破逐步向基于业务需求的工程化方向迁移，为业务方向提供高并发、快响应、更广泛互联、更安全可控的技术优化成为行业内的普遍共识。目前，我国区块链创新保持活跃，对等网络账户结构新模式开始涌现，有向无环图（DAG）结构开始逐步用于数据层中；多种共识、混合型共识算法应用普遍，新兴共识算法不断突破；智能合约模块化与插件化崭露头角，隐私计算内涵不断外延，跨链技术底层呈现轻量化趋势，整体技术创新向场景驱动与融合创新转移。

（2）我国专利研发进展迅速。在 IncoPat 专利数据库中检索关键词区块链，近 20 年里，我国区块链专利申请数达到 60210 条，我国是带动区块链申请的重要地区，占比处于首位，2022 年尽管申请量有所下降，截至 11 月 15日，我国区块链专利申请量为 6020 件，仍以 96% 的占比蝉联第一。其中，专利技术功效尤其侧重于安全提高与效率提升方向，侧面反映出我国区块链产业从最初的技术驱动迈入应用拉动层面，以业务需求为主要导向。

3.1.1.4 应用创新

（1）新型技术融合，拓展应用创新空间。作为 5G 时代最佳的信任承载体系，得益于区块链与云计算、大数据、人工智能等新技术、新应用的交叉融合，互联网从信息互联、人人互联向万物互联迭代创新，后工业时代基于信任中介进行交易契约的商业模式愈发不适应数字经济"广连接大协作"的发展诉求，在互联网、工业互联网上提供"算法中介"，推动以 SaaS 等形式提供区块链服务，降低行业应用开发部署门槛和成本，积极扩展灵活多样的接入和增值服务，为行业企业应用区块链提供基础性产品，提升区块链服务企业的产品力和创新力，提高行业应用创新效率，为更广泛的应用场景提供了可能性。

（2）区块链核心作用的价值潜力被挖掘。区块链的核心作用主要体现在存证、自动化协作、价值转移三个领域。随着其价值潜力不断被挖掘，应用场景也已突破金融领域，逐步应用到实体经济、政务民生等领域。区块链针对实体经济的核心价值正是促进产业上下游高效协作，提升产融结合效能。发展前期，区块链应用模式主要以文件、合同等的存证为主。区块链应用已经历了初期的链上存证类，链上协作类已快速成型，正逐渐深化进入链上价值转移方向。区块链行业目前正向自动协作、价值互联方向发展，比如政务信息共享、供应链协同跨境贸易等。双碳以及数字人民币作为价值分配与数据流通的典型示范，将成为区块链领域的关键应用场景。

3.1.1.5 产业生态系统

（1）区块链产业生态面临不确定性。我国区块链产业建设虽已初具规模，但多数区块链企业在发展运营过程中缺乏稳定上下游企业、配套机构等相关主体的支持，缺乏良性的产业发展环境，同时强烈的"排异反应"现象在区块链技术与产业融合发展进程中也已凸显，区块链的"闯入"对区域原有产业结构及发展运营模式造成一定冲击，也引起产业政策制度、市场结构、需求以及资源信息等要素环境的改变，若不能及时调整适应并加以引导，不仅会对原有产业生态系统价值传递的稳定性造成冲击，更会导致区块链产业整体价值创造效率低下。

（2）区块链行业竞争格局已基本成型。以互联网大型企业与典型区块链技术综合厂商为主，垂直类区块链厂商蓬勃发展，通信公司、上市企业、金融机构积极拓展应用的复合型竞争格局已基本成型。从技术层面来看，由于技术相关性较强、业务协同度高，大型互联网企业与综合性厂商均有产业链延伸横纵一体化协同的趋势，以蚂蚁、腾讯、京东、趣链为首的区块链厂商基本覆盖产业链从基础设施到综合应用的所有细分领域。产业发展带动行业细分需求的加速，垂直类厂商例如金融壹账通、国网区块链等企业迅速发展，聚焦于细分行业应用，在垂直应用方向培育核心竞争力。2022年，在需求的催生下，以隐私计算与DID为首的平台拓展技术备受关注，金融机构与通信企业均基于业务需求与战略布局积极发力于该领域，中国电信、中国联通、中国移动成为其中的典型代表。为降低运维与开发难度，采用BaaS平台成为了当下企业间区块链竞争的主流赛道，平台企业、云服务商、独立解决方案提供商及金融企业纷纷加入此领域，平台竞争呈现白热化趋势。

3.1.2　价值共创视角下区块链产业生态系统的形成动因

在市场竞争加剧的情况下，个别企业单打独斗的竞争方式越来越难以保证企业长期处于绝对竞争优势地位。企业应该寻求更为多元化的竞争策略，主动打破企业边界，整合并借助外部资源，以创造全新的竞争优势，这也是企业当前唯一的选择。在当今产业生态系统时代，核心企业、关联企业和科研机构之间在相互信任的基础上进行全方位合作创新，已经成为一种备受欢迎的产业生态模式（刘刚、张泠然和殷建瓴，2020）。但任何一种产业生态模式的形成都不可避免地取决于其所处的特定背景条件，由于国内外在文化、体制和经济基础等方面存在着显著的客观差异，因此，外国背景研究所识别出的产业生态系统形成动因能否作为我国企业构建创新生态系统的动因，仍然有待商榷。因此，为了明确国内外区块链产业生态系统在形成动因上的差别及产生原因，有必要对国内外经典案例进行深入分析和国别比较研究（戚学祥和黄新宇，2020）。

西科尔斯基、霍顿和克拉夫特（Sikorski，Haughton and Kraft，2017）研究发现，建立或参与区块链产业生态系统不仅是市场竞争的结果，也是国家政策引导的结果。整合国内外区块链产业生态系统发展现状、案例以及文献，形成如图 3.3 所示的模型。由图 3.3 可知，区块链产业生态系统的形成是多方主体通过影响形成动因产生的结果。主导驱动力是推动区块链行业的生态系统形成的直接动力，辅助动力支持区块链产业生态系统形成竞争优势。形成动因主要包括以下三类：企业主导 + 政府扶持、政府主导 + 企业配合、市场主导 + 创新推动。

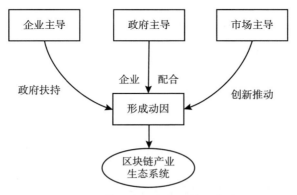

图 3.3　区块链产业生态系统形成动因

3.1.2.1　企业主导与政府扶持的区块链产业生态系统的形成

区块链核心企业的影响力是其能够吸引其他企业或机构参与其主导的产业生态，并与之进行创新合作的基础。区块链核心企业的影响力与其行业地位、研发能力、市场声誉密切相关，区块链核心企业通常是区块链行业生态系统中最大的企业。核心企业凭借其独家拥有的或者难以模仿的区块链技术，作为选择和吸引其他企业参与合作创新的动力（刘亮和李斧头，2022）。伊斯马特、沃斯和吉亚西 - 法罗赫法尔（Esmat，Vos and Ghiassi-Farrokhfal，2021）提出，其他企业加入区块链行业生态系统是为了获得促进自身发展的技术，或者从区块链核心企业的有价值的技术中获得正外部性。这使得区块链核心企业可以引领其他企业在创新生态系统中搜寻知识和传播信息。因此，区块链核心企业在区块链产业生态系统中充当着知识创造、引进以及扩散新技术和知识的重要角色。从上述分析可以看出，区块链核心企业的技术优势和规模优势是激发其他组织或企业参与合作创新的根本驱动力。例如，在国外，以美国区块链产业生态系统为代表，美国的诸多互联网巨头、金融机构以及新兴区块链企业等开展了区块链技术与应用的深入研究和创新示范，基于技术优势，IBM、亚马逊、谷歌、微软等都发布了区块链平台和技术解决方案，吸纳其他组织参与合作。美国政府，无论是在联邦政府层面还是州政府层面都已立法以扶持区块链产业发展，既认可区块链技术潜力，也接受监管挑战。国内的杭州区块链产业园，集物产中大、华立集团、浙大网新、华媒控股、中钞区块链技术研究院、杭州银行、趣链科技、云象、公信宝、了得资本、数秦科技、复杂美科技、信雅达、通策集团等近 20 家企业为主导，共同发起成立区块链技术应用产业联盟，推动区块链技术以及产业园的发展。而杭州市各区政府对区块链产业的集聚化发展也都积极从各方面进行支持和帮扶。

3.1.2.2　政府主导与企业配合的区块链产业生态系统的形成

基于国情，我国提出"区块链强国"战略，在此背景下，构建区块链产业生态系统，这对营造良好的区块链创新环境、打造经济发展的"双引擎"、促进实体经济高质量发展以及推动区域发展等方面具有重要意义。政府应充分发挥主导作用，统筹规划、合理布局区块链创新生态系统，从创新驱动、环境保障、机制优化、人才为本、文化自信等路径出发，实施区块链创新生态系统建设，为提升我国区块链创新能力和国际竞争力作出贡献（林艳和张晴晴，2019）。政府通过制定财税政策，以直接或间接的方式鼓励企业和产业进行技术创新，并引导社会资源用于区块链技术创新。政府也鼓励企业配合，加入区块链产业生态系统平台开展多创新主体参与的协作研发，提高研发效率。例如，国外，聚焦以政府主导的欧盟区块链产业生态系统，欧盟 22 个国家已签署协议成立欧洲区块链联盟，旨在成为区块链技术和监管经验交流的平台，并为在欧盟内部推出区块链技术应用做好准备。国内，在 2018 年中国（上海）区块链技术创新峰会上，杨浦区发布了上海首个区块链产业扶持政策，并宣布启动建设"上海区块链技术创新与产业化基地"。该基地以"孵化＋基金＋智库＋社群生态＋培训"五位一体发展战略为基础，已取得阶段性成果，其影响力和政策效应也不断扩大。基地入驻 40 多家区块链技术应用型企业，配合构建大型社群生态。

3.1.2.3　市场主导与创新推动的区块链产业生态系统的形成

在市场经济环境下，区块链企业的创新活动都是以市场需求为中心来组织的。市场需求不仅是区块链企业创新的出发点和服务目标，还是推动企业市场主导和技术创新的主要外部动力。当核心企业自身的创新能力和资源条件无法满足市场需求时，它们会积极寻求与外部组织合作以促进技术创新（周正、尹玲娜和蔡兵，2013）。通过联合大学、科研机构等组织开展新产品开发、生产工艺优化等技术创新活动，能促使核心企业研发出更加满足市场需求的产品，以应对千变万化的市场。因此，市场需求对于共建区块链行业生态系统具有重要的吸引力。例如，在国内的蚁米旗下孵化园区中，广州蚁米区块链创客空间是广东省最早的区块链主题园区（2017 年开业），定位为面向区块链技术创新人才的开源众创空间。通过技术创新、产业资源对接、项目孵化、直接投资等方式，服务园区区块链创业者，促进初创项目和企业快速健康发展并响应市场需求。

3.2　价值共创视角下区块链产业生态系统的特征与构成要素

3.2.1　价值共创视角下区块链产业生态系统的特征

从价值共创的角度来看，区块链产业生态系统同样是一个复杂系统，具有结构稳定和功能齐全等特点。系统自身具有开放性、动态性、自调节性等特性。在价值共创视角下，系统发展也要经历一个由简到繁，由局部最优走向整体最优，最终达到动态稳定的漫长过程。区块链产业生态系统中各参与主体及支持各主体的各要素与环境要素之间存在着特定的运行机制，使得物质、信息、资金、能量在彼此之间传递及转换，实现价值创造，从而实现产业的健康发展与经济繁荣，并向新的阶段不断演化。

从价值共创的角度来看，区块链产业生态系统是一个专注于区块链技术研究、开发和应用的产业生态系统，它包括价值共创、产业生态系统、产业技术创新生态系统和区块链产业。其特征一般包括以下五个方面。

（1）系统成员的多样性。与其他生态系统相类似，价值共创视角下区块链产业生态系统也具有区块链产业主体、产业要素等的多样性特征。产业参与主体和主体之间、主体与产业支撑环境之间为实现价值目标进行不同的分工，物质、能量、资源转换流动形成复杂的结构网络，多样性保证了系统功能的适应性和韧性，同时也分担了系统内资源配置、环境变化带来的不确定性。而价值共创模式促进系统内各方的互利合作，通过共同努力创造和共享价值，各个参与者通过共同贡献和协作，共同创造价值，并从中获益，增强了系统的可持续性和创新能力。

（2）系统聚集共生性。从价值共创的角度来看，区块链产业生态系统中各参与主体和产业生态环境紧密相连，相互依存、互相依赖，产业主体不可能脱离产业生态环境而单独存在，而是通过互动、相互联系实现价值创造。在这个系统中，各个主体之间既存在竞争，又存在协同合作，以实现各自的利益最大化。主体之间选择共存关系，即选择有利于自身发展的与其他主体的合作关系，并通过这种关系的强化，延续整个系统从无序到有序、从初级到高级的发展过程。这种系统聚集共生性与价值共创理论密切相关。价值共创理论认为，价值的创造不仅仅来自单个个体或组织，而是通过不同主体之间的协同合作和互动共同创造出来的。在区块链产业生态系统中，各个参与主体通过共同努力和合作，共同创造出更大的价值。这种协同合作和共创价值的模式促进了系统内各方的互利合作和共生关系的形成。通过共同努力和合作，系统成员能够共同推动技术的进步和创新，实现系统整体的提升和发展。

（3）系统动态演化。价值共创视角下区块链产业生态系统的演化是一个不确定性和动态变化的过程。在这个系统中，外部物质和信息不断与系统进行交换，既促进了系统向更高层次的发展，也为系统带来了新的挑战。区块链产业生态系统需要不断适应和调整，以实现动态平衡。随着时间的推移，系统可能经历从单一到丰富、从初级到高级的演变过程。这个动态的发展过程也与价值共创的理论有关。在区块链行业的生态系统中，不同的主体通过合作和互动共同创造价值。然而，随着系统的动态演化，价值创造的方式和形式可能会发生变化。新的技术、新的商业模式以及市场需求的变化都会对系统产生影响，从而需要系统成员不断调整和创新，以适应变化的环境。这种价值共创的动态演化过程，推动着区块链产业生态系统的持续发展和创新。

（4）系统自组织性。价值共创视角下区块链产业生态系统在其发展演化过程中具备自组织的特征，以实现对外部环境的动态适应和自身的完善升级。系统自组织能力使得区块链产业生态系统能够根据外部因素的变化本能地进行调整和反应。区块链行业生态系统通过自组织能够推动系统内部新结构持续发展来应对外部环境变化。这种自组织过程将把区块链产业生态系统各主体之间的区块链技术、知识、数据、信息等的内外部互动提升到一个新的高度。因此，自组织性为区块链产业生态系统提供了良好的生态环境，推动了整个系统的有序发展和完善。价值共创相关的理论也在系统自组织性中发挥重要作用。在区块链行业的生态系统中，借助价值共创模式，不同主体通过合作互动共同创造价值。这种共创价值的过程促使系统内部各主体形成更加紧密的关系，加强了彼此之间的内外交互。同时，价值共创理论鼓励系统内的创新和知识共享，推动系统自组织的能力提升。通过共同努力和合作，系统内的各主体能够更好地适应外部环境的变化，并不断演化出新的结构，这为区块链产业的发展创造了有利的条件。

（5）区块链技术依赖性。价值共创视角下区块链产业生态系统是为了促进区块链产业发展而形成的复杂价值关系网络，在区块链产业发展中，主要依托于区块链技术的革新、开拓和运用，推动区块链产业发展。当区块链产业活动正常推进时，相关技术主体能够依托内生于区块链技术网络的价值链形成良好的共生演化关系，推动系统的良好有序运作。区块链技术与价值共创相关的理论相互作用，通过区块链技术的运用，系统内的各主体能够实现共同努力和合作，共同创造价值。区块链技术的独特性，如去中心化和智能合约等，为系统内的价值共创提供了必要的技术支持和基础设施。这使得系统内的参与主体能够以可信的方式进行数据交换和合作，实现共同的价值创造目标。

3.2.2　价值共创视角下区块链产业生态系统的构成要素

早期的产业生态系统研究主要基于循环经济视角，强调信息、物质、能量在系统内的有效循环，进而达到高效经济、和谐生态的目的（袁增伟、毕军、张炳和刘文英，2004）。李晓华和刘峰（2013）从系统观点出发对产业生态系统进行了界定，认为产业生态系统是由经济、社会和生态系统中对产业发展有着重要影响的要素以及要素间的协同关系耦合形成，丰富了产业生态系统的研究视角。韩、奥、伊姆和昌（Han，Oh，Im and Chang，2012）认为，产业生态系统具有开放协同的特征，系统内所有利益相关者都是价值共创进程的潜在主体。生态系统中价值的创造与获取，需要更广泛的主体参与（张秀娥和徐雪娇，2017）。卢奥马—阿霍和帕洛维塔（Luoma-aho and Paloviita，2010）认为，在构建价值共创环境时，关键在于明确不同主体角色。企业间的信任、协同程度（王发明和朱美娟，2018），以及科特雷尔、纽伯格和李（Cottrell，Neuberg and Li，2007）提出来自市场、政府等环境因素的影响，会在很大程度上决定不同主体间的价值共创行为。钱德勒和瓦戈（Chandler and Vargo，2011）认为，系统依靠微观、中观、宏观三大层次的交互协同以完成价值创造，则为生态系统价值共创理念模型的构建奠定了理论基础。

在梳理、提炼、总结学术界对区块链产业生态系统形成动因、构成要素、参与者等研究基础上，再结合价值共创视角，本书将价值共创下区块链产业生态系统界定为：以区块链技术为基础，由价值中枢、价值融合、价值服务三类价值层及其所处区域的技术环境、市场环境、政策环境、科技环境等环境因子共同构成，各系统层价值主体围绕区块链产业发展相互依存、协同演化的复杂系统。扎哈拉和南比桑（Zahra and Nambisan，2012）提出，系统主体通过嵌入相应层次开放共生的生态环境中，围绕价值创造与价值获取进行协同交互，并在一个或多个价值中枢主体的影响下进一步巩固完善价值共识与价值活动，最终形成良性健康的价值交换生态，与系统达到共同进化，其构成如图 3.4 所示。

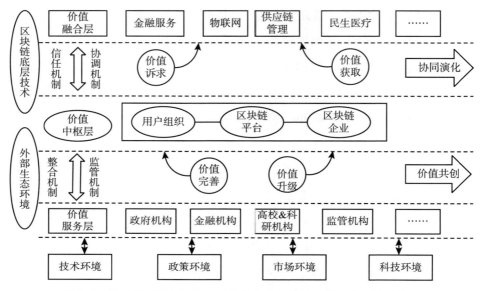

图 3.4　价值共创视角下区块链产业生态系统的构成要素与协同关系

价值中枢层掌握着核心技术和创新驱动力，是价值共创的起点和价值网络的节点；价值融合层布局区块链全场景运用，是实现价值转移的载体；价值服务层通过提供技术、资金、人才的支持协同价值中枢层和融合层，进而完成价值共创的完善与升级。价值中枢层、价值融合层、价值服务层三个构成要素具体含义如下所述。

（1）价值中枢层。价值中枢层是区块链产业生态系统中的核心层，代表着价值创造和交换的中心。这一层通常由用户、区块链企业和区块链平台组成，区块链平台掌握着区块链底层技术和基础设施，包括底层协议、共识机制、加密算法等。它提供了安全、透明、可信的数据存储和交易功能，确保了整个生态系统中价值的可追溯性和不可篡改性。价值中枢层包含区块链产

业的技术生产主体和技术扩展主体（刘越群，2022）。技术生产主体专注于
提供区块链硬件设施设备和底层技术支持。区块链产业的发展离不开硬件设
施设备的支持，这些设备不仅包括传统的计算、存储和网络设备，还涵盖了
Avalon、BPU 翼比特 E9/E10/E12 等专用于区块链的设备。区块链底层技术
主要涵盖共识算法、加密算法、分布式数据存储以及智能合约等多种高级技
术手段。随着区块链产业不断成熟，越来越多的企业开始致力于区块链底层
技术的研发，以期在区块链的发展过程中抢占先机，增强其产品竞争力与场
景适应能力。技术扩展主体专注于区块链平台与技术开发服务，是支撑区块
链产业技术应用的重要组成部分。该部分企业可以细分为公有链、联盟链和
私有链三种类型，而目前国内主要以联盟链为主。区块链即服务（Blockchain
as a Service，BaaS）是一种综合了区块链技术和云计算优势的服务形式，借
助基于云端的数据资源对区块链平台的数字信息进行创建、管理、运行以及
维护，大大降低了区块链终端应用的开发成本。目前已有众多云厂商推出自
有 BaaS 服务，极大地降低了企业上链门槛。此外，为了支撑上层行业应用，
该部分企业还提供一系列配套应用，主要有区块链浏览器、密钥托管、数字
身份、信息安全等。

（2）价值融合层。价值融合层是将区块链技术与实际应用场景相结合的
层次。在这一层，区块链技术被应用于各个行业和领域，以实现数据共享、
交易流程优化、去中心化治理等目标。价值融合层包括各类区块链应用和解
决方案，如供应链管理、金融服务、物联网、社会公益等。它通过将区块链
技术与现实业务需求相结合，推动区块链的商业化和实际应用。价值融合层
包含区块链产业的技术应用主体。区块链是一项重要的信息技术创新成果，
也是重塑未来商业模式与创新交互模式的关键推动理论。在区块链技术日趋
成熟的背景下，其应用范围已由数字金融扩展到政府服务、供应链管理、民
生医疗、产品溯源等多个实体行业（刘越群，2022）。终端应用部门可基于
真实场景可研发的区块链末端应用在业界进行业务协同模式革新，应用场景

日益丰富，预示着与其他行业深度融合的发展趋势。

（3）价值服务层。价值服务层是为用户提供各种增值服务和解决方案的层次。这一层包括区块链平台、应用程序接口（API）、智能合约等，以及与区块链相关的咨询、培训、安全审计等服务。价值服务层为用户提供了便捷的接入通道和工具，帮助他们利用区块链技术实现业务创新和效益提升。价值服务层包含区块链产业的产业服务主体，产业服务主体主要包括政府、金融机构、高等院校、科研机构、中介机构等周边服务机构（刘越群，2022）。它们提供了广泛的服务，涉及政策引导、投融资规范、专业人才输送、行业研究、系统测评认证等多个方面。区块链作为新兴产业尚处于起步阶段且社会认知未得到普遍推广，因此政府的政治引导与资金扶持对区块链产业发展与应用具有十分重要的意义；且金融机构为其提供了资金方面的支持，高等院校致力于为该产业输送更多的人才，以此推动区块链产业的快速发展；中介机构要规范区块链行业发展，就必须具备研发与服务能力，同时可提供数字化转型咨询、链上企业路径指引、促进区块链产业价值推广、扩大产业基本面。

3.3　价值共创视角下区块链产业生态系统的结构模型构建

价值共创视角下区块链产业生态系统与产业生态系统一致，可以从生物系统和环境系统两个层面来考虑产业生态系统的构建（杨秀云、李敏和李扬子，2021；左文明和丘心心，2022）。其中，价值共创视角下区块链产业生态系统的生物系统包括区块链产业发展主体以及辅助发展主体。系统主体间通过专业分工、资源互补等纵向交互形成竞争共生关系；同时在横向上受到辅助发展主体的支持，形成合作关系（刘越群，2022）。

3.3.1 价值共创视角下区块链产业生态系统产业结构分析

价值共创视角下区块链产业发展主体即价值共创视角下区块链产业生态系统核心产业链围绕区块链技术的研究、开发与应用进行交互。其上游端由区块链基础设施和区块链底层技术平台组成，其中包括硬件制造企业如矿机、芯片制造商等，以及技术型企业如基础协议、底层平台提供商等；技术扩展平台包括智能合约、技术安全、数据服务和分布式存储的多个行业企业。中游则主要是区块链智能应用和技术扩展平台，涵盖了智能合约、技术安全、数据服务以及分布式存储等多个领域的企业。下游产业链则致力于为终端用户（包括个人、企业、政府等）提供个性化的区块链应用服务，覆盖金融、供应链管理、民生医疗、电子政务等多个领域，以满足终端用户的多样化需求（刘越群，2022）。

此外，区块链产业链发展衍生形成的开发、运营、安全、监管等服务共同构成价值共创视角下区块链产业发展的辅助主体，为区块链产业创新发展和良好运行提供基本保障。随着区块链底层技术的不断完善，我国的区块链产业链条不断拓宽，已初步形成一个包含行业基础应用、底层技术开发、应用平台支持、终端配套服务等多个环节的产业结构。

3.3.2 价值共创视角下区块链产业生态系统产业结构交互分析

在区块链产业生态系统价值共创的过程中，区块链技术创新成果主要在底层技术平台企业中产生，并经由产业链流向技术扩展层，待技术成果转化后流向产业应用层，在这一过程中会产生信息反馈，技术创新成果会实现价值转换。而周边服务机构则会对区块链产业技术创新和技术应用活动提供相关支持服务。

3.3.2.1　价值共创视角下区块链产业发展主体内交互

价值共创视角下区块链产业发展主体内交互是价值主体对原有相对封闭的运作模式进行调整，开放交互边界，实现各层次主体间的价值互动，各个主体通过协同和资源整合而共同创造价值的动态过程。区块链产业发展主体主要由区块链技术生产主体企业、技术扩展主体企业和技术应用主体企业组成。区块链技术生产主体企业利用创新资源进行技术创新，并将创新成果传递给技术扩展主体企业，同时从中获得信息反馈和利益回报；技术扩展主体企业将底层技术创新转化为可应用的产品形式，直接或间接地在技术生产主体企业的创新成果转化过程中获得能量，实现自我成长，同时将技术产品输送给区块链技术应用主体企业，从中获得信息反馈和利益回报；技术应用主体企业将区块链技术产品与自身企业产品应用相结合，直接或间接地在技术产品市场或过程中获得能量，实现企业或产品的创新发展，在满足自身需要的同时，产生市场需求，激发企业新的技术创新行为，这种价值共创的模式促使产业链价值创造进入新的循环。

3.3.2.2　价值共创视角下区块链产业发展主体与辅助发展主体交互

价值共创视角下区块链产业生态系统的形成动因中根据主导动力和辅助动力划分为三类发展主体与辅助发展主体交互，分别是企业主导＋政府扶持、政府主导＋企业配合、市场主导＋创新推动。区块链产业的发展离不开政府、金融机构、高等院校、科研机构以及中介机构等多个主体的协同合作，这些主体共同构成了区块链产业辅助发展主体。其中，政府是主导主体之一，政府在宏观调控方面扮演着至关重要的角色，通过领导生产力促进孵化中心、监管中心等机构的发展，从而推动企业的蓬勃发展。金融机构通过周转多方资本引导企业进行技术革新和产品研发，提高了企业创新能力。高等院校等教育机构通过开设区块链相关专业、课程等为产业发展培养专业人才。科研机构的研究成果不仅有助于企业技术创新，还为技术生产、拓展和应用提供了思路和启发，反过来其也可从技术市场中获取回报。中介机构通过提供行业咨询和制定行业标准，为企业的发展和市场信息的开拓提供必要的支持，同时中介机构也要接受政府的领导，凭借自身优势为企业提供人才、科研成果和信息服务等方面的支持，并从中获取信息反馈和利益回报。

3.3.3 价值共创视角下区块链产业生态系统的结构模型

产业生态系统结构主要指构成产业生态系统的各主体及各要素之间物质、信息、资金和能量的传递及转换关系（刘越群，2022）。根据前文分析，区块链产业生态系统内的基本单元包括企业、政府、高校与科研机构、金融机构等，能够对外部环境的变化产生反馈，自主地适应环境变化，不断调节。学者们从生态学角度考虑产业生态系统结构，认为生态系统主体群落的生物关系与自然生态系统生物群落具有高度的相似性，在外部环境支撑影响下，通过系统内部信息、资源要素的交互流动，从独立发展逐步构建价值网络形成协同共生的复杂系统。同样，技术生产主体和技术扩展主体都属于价值中枢层；技术应用主体属于价值融合层；产业服务种群属于价值应用层，而产业环境中涵盖的环境因子与系统相互影响。

3.3.3.1 技术生产主体

价值共创视角下区块链产业技术生产主体是指从事区块链底层技术创新和基础硬件设施产出的企业、科研院所等具备研发能力的组织机构。在区块链产业生态系统中，区块链核心技术的创新研发系统发展的核心要素，大量创新资源聚集于产业链上游技术生产主体部分，主要负责底层技术平台开发、硬件开发等活动，是整个系统区块链创新技术要素产出的源头（刘越群，2022）。通过在技术生产过程中，为系统提供信息资源和资金资源，同时增加知识流动、技术交流等行为主体间的物质和能量交流，增强主体间信息交流和价值转换效率，支撑和引领系统的发展进程。技术生产主体属于价值中枢层，两者之间存在着密切的互动关系，共同构成了区块链产业生态系统的核心。技术生产主体提供了必要的硬件设备和底层技术支持，为价值中枢层的区块链企业和平台提供了基础设施。同时，价值中枢层的需求和应用场景也推动着技术生产主体进行创新和发展，以提供更先进的技术产品和解决方案，实现价值的创造和交换。

3.3.3.2 技术扩展主体

技术扩展层作为价值共创视角下区块链技术扩展主体种群，主要包括智能合约、解决方案、信息安全等技术服务产品。技术创新成果产生后，技术生产主体将其转移到技术扩展主体，通过区块链网络实现对信息知识的创建、管理、运行、维护，极大地降低了区块链应用开发成本。在此过程中，区块链技术创新推动了平台融合发展，通过区块链平台转化扩展为通用应用技术，并通过信息传递、价值交换进一步促进产业创新发展（刘越群，2022）。技术扩展主体属于价值中枢层，同时价值中枢层和应用场景的需求也推动技术扩展，旨在扩展和创新技术，以满足不断变化的市场需求。技术扩展主体为系统提供了关键的技术支持和应用服务，而价值中枢层通过利用这些技术和服务，实现价值的创造和交换。

3.3.3.3 技术应用主体

产业应用层作为价值共创视角下区块链产业技术应用主体种群，主要包括区块链技术应用企业、个体、组织、政府等，促进各行业业务流程重构和产业互动模式革新。同时，技术应用主体向技术生产主体和技术扩展主体进行信息反馈，实现技术创新成果的价值转化，资源和资金的回馈，从而完成产业链价值循环。区块链技术不仅在研发到应用的过程中实现了商业化的趋势和价值转换，同时还通过信息交流和反馈影响了区块链技术生产主体的协作模式（刘越群，2022）。技术应用主体致力于将区块链技术与实际应用场景相结合，属于价值融合层。在这一层，区块链技术被广泛应用于各个行业和领域，旨在实现数据共享、交易流程优化、去中心化治理等目标。通过将区块链技术与现实业务需求相结合，价值融合层推动了区块链的商业化和实际应用。通过与其他层次的参与主体密切合作，技术应用主体在区块链产业生态系统中发挥着桥梁和推动者的作用，促进区块链技术与实际应用场景的融合，实现价值的创造和共享。

3.3.3.4 产业服务种群

在以价值共创为视角的区块链产业生态系统中，除了前面提到的主要系统主体之外，还涵盖一系列为区块链产业的开发、运营、安全、监管和审计等提供强有力支持的周边服务机构，包括行业研究机构、数字化转型咨询机构、行业标准制定机构、金融机构、政府部门、高等院校和科研机构等，这些机构为区块链产业的发展提供各种要素支持，并为区块链技术创新提供了引导和资源保障。产业服务种群属于价值服务层，是为用户提供各种增值服务和解决方案的层次。这一层包括区块链平台、应用程序接口（API）、智能合约等技术工具，以及与区块链相关的咨询、培训、安全审计等服务（刘越群，2022）。其为用户提供了便捷的接入通道和工具，帮助他们利用区块链技术实现业务创新和效益提升。用户可以通过这些服务层获取所需的技术支持和专业指导，从而更好地应用区块链技术，实现其业务目标，提供政策引导、专业支持和规范管理。

3.3.3.5 产业环境

价值共创视角下区块链产业生态系统是一个涵盖不同要素的复杂系统，生态系统的正常运作依赖于多种生产主体的有机结合，同时还需要外部环境的综合作用，良好的外部环境可以保证系统的不断演进。因此，价值共创视角下区块链产业生态系统除了各种产业主体要素外，还应包括支撑产业主体运行演化、交流互动的产业环境。产业环境主要包括市场环境、科技环境、文化环境、政策环境、法律法规等，为区块链产业的运行和发展带来各种信息、能量供给，维护整个系统的正常运转（刘越群，2022）。

由此可见，价值共创视角下区块链产业生态系统内的技术生产主体、技术扩展主体、技术应用主体、产业服务种群及产业环境等要素通过信息反馈和价值转换共同构成区块链产业生态系统的结构模型，如图 3.5 所示。

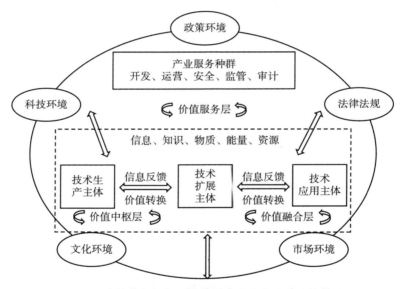

图 3.5 价值共创视角下区块链产业生态系统结构模型

3.4 价值共创视角下区块链产业生态系统的运行机理分析

基于系统论的观点，对价值共创视角下区块链产业生态系统结构进行分析，发现该系统能够正常运作和实现功能的关键在于系统各主体之间的互动机制。产业生态系统功能强调系统内各要素相互之间的影响，以及这些要素对整个产业的价值、作用和效能的影响。在此基础上，系统论进一步强调了整体功能最优化原则，即"在各种可能的方式中选择最佳的系统方案使得系统在最佳状态下运行并取得最佳效果"（叶立国，2013）。最优化原理反映的是系统的整体效果，即系统的整体功能不等于其各组成部分功能之和，具有各组成部分所不具备的新功能（白彦壮、张莹和薛杨，2017）。为实现系统最优原则，在产业生态系统的运行过程中，系统会不断向上演化，以达到最优状态。区块链产业生态系统是基于区块链企业技术生产、扩展和应用进行合作和资源调配，实现多方共赢来促进系统的演化，体现了区块链技术成果如何从最初形态经过转化最终走向市场的过程，以实现区块链产业生态系统的功能价值。总结对生态系统运行机制的分析，为实现系统功能最优，本书选取以下三个方面对价值共创视角下区块链产业生态系统的运行机理进行分析。

（1）动力机制。在产业生态系统运行初期，动力机制对于产业生态系统的运行具有重要影响（孙静林、穆荣平和张超，2023），如政策支持、区域创新环境、基础设施保障、稳定的客户需求等都推动着生态系统的发展和完善（詹志华和王豪儒，2018）。早期区块链产业生态系统存在着区块链产业主体发展较慢，企业较少且规模较小而不受青睐等问题（Walrave, Talmarm and Podoynitsyna, 2017）。区块链行业能在"襁褓"中逐步成长，在政府宏观监管和政策的引导下，更多的企业加入区块链行业的生态系统中，提高了技术创新和发展，扩大了其市场，市场通过资源配置，将人力、财力、物力、信息、技术等资源整合到合作的产业生态系统中，实现一定程度的自我调节（张利飞，2009），使资源在产业单元之间高效共享（蒋开东和詹国彬，2020）。

（2）评价机制。在产业生态系统的稳定运行阶段，其生态结构已基本成型，各参与方均已在各自的"轨道"上稳步前进。然而，仍然需要高度重视各参与主体的绩效水平、生态系统的运行结果、系统演化的阶段以及应对外部环境刺激的策略等（郝向举和薛琳，2018）。在这种情况下，定期进行生态系统绩效评估变得尤为重要，这有助于成员识别机会、防范风险，并推动系统的完善和发展（王雷，2022），评价机制在系统运行阶段对产业生态系统起着至关重要的作用（汤临佳、郑伟伟和池仁勇，2019）。区块链产业生态系统尚处在发展初期，发展水平受政策、市场、环境等外部因素影响，极易发生解体风险，通过区块链产业生态系统进行绩效评价，判断系统的发展状况，及时调整把控系统内成员运行模式，对区块链产业生态系统的健康运行具有重要作用。

（3）共生机制。作为具有组织特性鲜明的产业系统，李（Li，2009）认为，在产业生态的"游戏规则"内，各参与主体间不断进行着资源和信息的交互共享，在此过程中也推动了组织的动态演化，完善了产业生态系统的体制机制，同时，格罗思、埃斯波西托和谢（Groth，Esposito and Tse，2015）提出，随着连锁效应的出现，健全的生态系统也为各参与主体带来了更多的发展机遇。克莱斯、赖特和文莱（Clarysse，Wright and Bruneel，2014）认为，在产业生态系统中，主体之间会在信息搜寻和价值创造的过程中和其他参与主体发生互动和沟通，从而为获得较高经济效益而努力，主体间倾向于自发地构建"利益共同体的平台"，创造价值。在区块链产业生态系统运行中，区块链各产业主体初期已经存在，呈现松散不联系的状态，随着资金投入、技术投入，区块链各产业主体规模逐步扩大，促使企业向前发展，产业主体间通过合作形成共生伙伴关系，这种共生关系使得区块链产业生态系统内的产业发展主体种群与产业服务种群紧密相连，实现种群内共生带来的稳定态势。

基于价值共创的视角，区块链产业生态系统在动力机制、评价机制和共生机制的协同作用下，将系统创新资源进行有效整合，确保了区块链产业生态系统的顺利运行，促进了区块链产业生态系统的协同演化和整体效益的提升，三种机制的运行机理如图 3.6 所示。根据系统运行情况的相关分析，提出价值共创视角下区块链产业生态系统的主要研究内容。

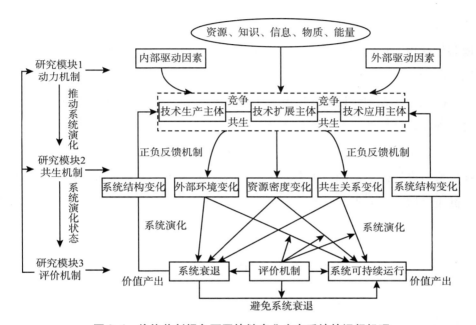

图 3.6　价值共创视角下区块链产业生态系统的运行机理

（1）价值共创视角下区块链产业生态系统的动力机制。区块链产业生态系统在围绕服务层、融合层、中枢层等进行价值共创的过程中，受到众多内外部因素的影响。基于价值共创的视角，从区块链产业生态系统的内生和外生动力出发，构建区块链产业生态系统价值共创驱动因素与实现机制的分析框架。

（2）价值共创视角下区块链产业生态系统的评价机制。基于价值共创的区块链产业生态系统的建设和运营规划，为评估该区块链产业生态系统的实际应用价值，还需要构建区块链产业生态系统的绩效评价体系，一方面及时厘清在区块链发展过程中展示出来的优劣势，另一方面可以有效引导其实际价值水平的提升和演化机制的优化。

（3）价值共创视角下区块链产业生态系统的演化机制。为了确保生态系统平稳运行，考虑到区块链产业生态系统内部主体之间存在着资源共享共用的发展趋势，应秉承循序升级和协同共生的原则，深入分析系统主体共生演化；着眼于价值共创视角的区块链产业生态系统的现实需求，本书构建了价值共创视角区块链产业生态系统进化的阶段过程模型，分析其演变的动力机制，以为区块链产业发展需要提供更综合的资源和环境支撑。

综上所述，为保证区块链产业生态系统的平稳运行，实现系统最优运行，有效地保障区块链产业生态系统的运行，本书从价值共创的角度探究区块链产业生态系统价值共创的实现机制，分析区块链产业生态系统的演化机制，并进一步设计区块链产业生态系统的绩效评价体系，以推进区块链产业的良性健康发展，进而提升其效益水平。

3.5 小　　结

本章基于我国区块链产业生态系统的发展现状与形成动因以及价值共创视角下区块链产业生态系统的特征分析，从价值共创视角构建了分层网络模式下的区块链产业生态系统的结构模型。价值共创视角下区块链产业生态系统的构建主体包括三种：企业主导＋政府扶持、政府主导＋企业配合、市场主导＋创新推动；区块链产业生态系统的价值层次分为三层：价值中枢层、价值融合层和价值服务层。价值共创视角下区块链产业生态系统内的技术生产主体、技术应用主体、技术扩展主体、产业服务种群和产业环境，通过信息反馈与价值转换，共同组成区块链产业生态系统结构模型。本章还对价值共创视角下的区块链产业生态系统的运行机理进行了分析，构建了动力机制、评价机制和共生机制共同作用下的区块链产业生态系统的运行框架，为后续研究奠定了理论基础。

第 4 章

区块链产业生态系统价值共创行为的
驱动因素与实现机制

区块链产业生态系统是个多变的、动态的、复杂的、开放的系统，系统内部的参与主体和系统要素之间相互协同，共同促进了知识、信息、能量、物质等资源的流动。区块链产业生态系统价值主体的形成，一方面由于各价值层在实现多边效应的作用下，不断寻求资源优势互补与协调，形成各个种群不断谋求自身价值的推动力；另一方面是外部环境的不确定性，成为区块链产业生态系统价值种群发展的根本动力。区块链产业生态系统在围绕服务层、融合层、中枢层等进行价值共创的过程中，受到众多内外部因素的影响。区块链产业生态系统的价值共创打破了传统产业生态系统的发展壁垒，实现了资源共创和共享，推动了产业集群的跨层级、跨领域、跨空间的协同发展，但是区块链产业生态系统价值共创的内在运行模式依旧是一个"黑箱"，价值共创的主要影响因素也没有明确，需要进一步深入探索与解析。因此，本章从区块链产业生态系统的内生和外生动力出发，构建了区块链产业生态系统价值共创驱动因素分析框架，通过有序 Probit 模型对三个种群相关的企业问卷调查数据进行实证分析，再基于系统动力学方法，对服务层、融合层和中枢层的价值共创行为进行数值模拟仿真分析，明晰区块链产业生态系统价值共创行为的实现机制。

4.1　区块链产业生态系统价值共创的驱动因素

作为一种新兴的互联网技术，区块链进一步打破信息不对称，让市场交易去中心化成为可能，进而带来交易效率提升及社会成本下降（张斌、米硕和章昌平，2023）。目前，区块链产业在我国正处在一个快速发展的时期，区块链产业生态系统已初具规模，上游产业的布局已经基本完成，而下游产业的布局也在快速拓展，整合上下游产业的服务性产业布局也在逐渐提速。首先，区块链基础平台的构建。哈琳、罗山和阿夫沙尔（Harleen，Roshan and Afshar，2023）从底层平台上看，因为联盟链与行业之间、企业之间及各部门之间的协作要求高度一致，而且安全性较高，运作效率也较高，更加易于登录现实场景，因此联盟链被很多人认为是目前阶段中最具有应用前景的区块链技术。其次，区块链的下游行业布局，国内"区块链 +"已开始布局金融、商品溯源、慈善公益等诸多领域。例如，"区块链 + 金融"在征信领域、国际结算领域、供应链金融体系中发挥的作用较为显著。"区块链 + 慈善公益"能起到溯源机制的作用，在提升公益资源运作效率的同时有效地提升公益事业信息透明度。同时，也要看到区块链行业生态系统中以安全服务类公司、社群媒体以及投融资机构等行业服务性产业为代表，对加速区块链上下游行业的发展与融合也发挥着重要的作用。

在第 2 章价值共创理论的研究综述中，我们已分析价值共创理论的发展过程，价值共创理论是沿着"顾客与企业的二元关系"到"多个利益相关者的多元关系"再到"生态系统中的网络关系"演进的（Vargo and Lusch，2008；杨柏、陈银忠和李海燕，2023；王倩和柳卸林，2023），更加强调互动性、系统性和整合性。价值共创过程建立在"倡导价值—创造价值—传递价值—获得价值"的逻辑之上，它是价值共创单元到稳定共生、平等共生和动态共生的演进过程（杨柏、陈银忠和李海燕，2023）。相关学者认为，价值共创是一种价值创新，是一种互补资源整合的过程（依绍华和梁威，2023），此过程为探索区块链产业生态系统价值共创机制提供了启发性的参考。现有的价值共创研究多集中于消费者和企业之间的价值共创过程（田虹、田佳卉和张亚秋，2022），即在顾客—企业间研究较多，缺少用户间互动的探讨，也缺少企业间互动的探讨。随着生态系统研究的不断发展以及它与价值创造、价值共享的深入融合，斯托尔巴卡（Storbacka，2010）从创新生态系统的角度提出价值共创的研究理念，认为生态系统的价值共创属于宏观问题，有必要从中观层面加以剖析，重视生态主体之间的交互活动与资源。李雷、简兆权和杨怀珍（2018）认为，价值共创就是将不同参与主体的交互空间塑造为"服务生态系统"，通过不同主体之间的交互与资源整合来提升服务生态系统适应性与可持续性。戴亦舒、叶丽莎和董小英（2018）通过案例分析，找出创新生态系统中价值共创的实现途径，即各个主体之间通过开放协作来满足自身的价值获取目标以及生态系统的总体目标。显然，生态系统内价值共创的开展更加注重开放协作和资源共享。可见，随着生态系统研究的发展，价值共创的视角从企业和顾客的二元互动转变到生态系统参与者及生态系统间的动态互动（李雷、简兆权和张鲁艳，2013）。从价值的单独创造向共同创造转变，形成了多个参与者共创价值的生态关系。综合以上研究，本书把区块链产业生态系统中的价值共创界定为：区块链产业生态系统价值网络内的各价值创造主体之间通过服务交换、资源整合共同创造价值的动态过程。在此过程中，各价值创造主体优化并糅合内外部资源，使得各参与主体间更为协同匹配，从而提升价值共创的效率和质量。

区块链产业生态系统价值行为的推动力是基于系统内部各利益相关者的内外部发展需求（赵艺璇、成琼文和李紫君，2022）。在价值共创的形成过程中，巴蒂和夏尔马（Bhati and Sharma，2021）发现五类价值共创要素——交互环境、资源、共同生产、感知收益、管理架构。默茨、扎兰和格拉皮（Merz，Zaran and Grappi，2018）从企业间相互关系和作用提出了四个基本动力——互动学习、知识生产、邻近性和社会根植性。孙国民和陈东（2018）认为，战略性新兴产业集群的动力源于社会文化、经济、政治和技术，并在战略技术、专业化分工、知识溢出、创业、技术及行业多样化等多种因素的作用下形成产业集群。刘国宜、胡振华和易经章（2014）等从产业集群社会资本和自主创新能力两个维度探讨了企业自主创新能力的影响机制，其中产业集群社会资本包含网络中心度、网络规模、网络开放度、关系强度和关系稳定性，自主创新能力包含自主研发能力、生产制造能力和市场营销能力。刘学理和王兴元（2011）分析了影响高科技品牌生态系统的技术创新的主要风险因素，分别是决策风险、协调风险、技术风险、市场风险和环境风险。胡宁宁和侯冠宇（2023）在创新主体、资源投入与环境建设维度上选择了七个具体指标构建了区域创新生态系统理论分析框架，包括科研资金投入、创新基础建设、市场开放环境、知识创新主体、人力资源投入、技术创新主体、法律和政务环境等。杨剑钊（2020）指出，高技术产业创新生态系统进化动力包括强调创新主体自主、自主进入进化阶段的内生动力和对系统进化起到外围推动效果的外生动力，其中内生动力包括技术动力、文化动力与学习动力，技术动力与学习动力为内生动力提供直接动力，文化动力通过氛围营造对内生动力产生间接推动作用，而外生动力分为市场动力与政府动力两大类型，以市场需求与变化为主要外生动力，而政府通过政策规划、体系建设、约束协调等为高技术产业创新生态系统动力的强化提供了侧面及周边的支持。解学梅、余佳惠和唐海燕（2022）研究表明，种群丰富度对创新生态效应具有积极影响，且价值共创模式与价值共创进程在种群丰富度与创新生态效应之间的关系中起中介作用。创新生态位、创新生态机制和创新生态环境与种群丰富度通过价值共创对创新生态效应边界机制产生作用。还有研究指出，影响乡村旅游产业价值共创的主要因素有产业融合、关系互动，制度规范，其中制度规范是指能够促进产业生态系统中下游利益相关者关系互动、促进中观层面产业链、供应链以及创新链的融合发展，以及实现宏观层面市场机制和政府治理高效衔接的系列性制度、规范、法律及法规安排，是一套紧密相连、相互协调、系统互动的现代化治理制度体系（温婧、刘文郡和杨子怡，2021；樊霞、何昊和刘毅，2021）。王俊鹏和石秀（2019）从人才、资金、技术、政府、经济、市场、自然资源等方面对我国汽车产业创新生态系统影响因素进行量化分析，并认为影响我国汽车产业创新生态系统演化的因素主要分为市场经济、人才支持和政府扶持三个方面，且影响程度大小依次为人才支持、市场经济、政府扶持。易靖韬和何金秋（2023）提出，国际化过程中数字型跨国企业还需凭借平台生态系统的竞争优势，寻求新型价值创造方式与商业模式。平台企业具有以知识积累、价值创造、资源协同、价值迭代为主要特征的关键性活动所构建的内部化与外部化优势。王海龙、王敏昱和姜照华（2018）将专利引文分析和投入产出分析相结合，分析了企业间技术关联和竞合态势对于苹果生态系统中企业的整体技术实力评价显示，苹果公司之所以能够取得成功，除了取决于它的先进技术外，还取决于它整合多种创新资源开展系统创新的能力。孙元、吴梅丽和苏芳（2023）发现，基于技术资源的创新生态系统演化可以分为三个阶段——技术积累阶段、技术开放阶段以及技术赋能阶段。并且在不同的阶段中，表现出不同的技术特征，这些技术特征分别支撑不同的资源编排手段以及价值共创模式。在技术积累阶段，企业通过资源结构化，形成整合式价值创造模式；在技术开放阶段，通过资源能力化塑造共享式价值共创模式；在技术赋能阶段，则通过资源杠杆化形成赋能式模式。加韦（Gawer，2014）以及阿德纳和卡普尔（Adner and Kapoor，2016）研究中表述影响平台生态系统价值共创的关键因素主要有平台开放程度、"开发"与"封闭"的权衡、互补企业排他性、互补企业多样性以及平台与互补企业的连接属性，研究表明，合作与竞争共存的竞合关系更有利于实现平台生态系统的价值共创。解学梅和王宏伟（2020）提炼出产学研合作模式、企业间协作模式、与中介机构合作模式、技术购买模式、社交媒体平台战略模式和并购模式等，构成开放式创新生态系统价值共创运行模式的范畴；概括出伙伴选择机制、信任机制、资源整合与优化配置机制、统筹协调机制、风险控制机制和利益分配与激励机制等，构成开放式创新生态系统价值共创机制的范畴。江积海和李琴（2016）研究显示，可以通过增强资源丰度、关系强度、网络密度等来促进网络（平台）各成员之间的资源共享与知识创新，使网络上资源与知识迅速而高效地传递与流动，也利于共同创设具体情境，创新解决问题的方法，从而达到价值共创。

综上所述，学者们对产业生态系统影响因素进行了不同视角的探究，详见表 4.1。

表 4.1　　　　　　　　　　价值共创视角下产业生态系统的影响因素

项目	影响因素	作者
内在因素	技术创新主体、知识创新主体	胡宁宁等（2023）
	技术动力、文化动力、学习动力	杨剑钊（2020）
	资源、共同生产、感知收益、管理架构	Bhati et al.（2021）
	自主研发能力、生产制造能力和市场营销能力	刘国宜等（2014）
	决策、协调、技术	刘学理等（2011）
	竞争优势、知识积累、资源协同；技术关联；知识生产；知识创新	易靖韬等（2023），王海龙（2018），Merz（2018），江积海等（2016），孙元（2023）

续表

项目	影响因素	作者
外在因素	创新环境与创新资源；自然、社会环境；交互环境	王俊鹏等（2019），Bhati et al.（2021），孙国民和陈东（2018）
	网络中心度、网络规模、网络开放度、关系强度和关系稳定性	刘国宜等（2014）
	人力资源投入、科研资金投入、创新基础建设、市场开放环境、法律政务环境；政府动力	刘学理等（2011），胡宁宁等（2023），杨剑钊（2020），王俊鹏等（2019）
	合作与竞争共存的竞合关系	钟琦等（2021）
	资源丰度、关系强度、网络密度	江积海等（2016）
	种群丰富度、生态环境、生态机制、生态位	解学梅等（2022）

通过现有文献我们可以发现，学者们因研究对象和情境不同，则动力因素的选择也不同，本书结合我国区块链产业的发展现状和特点，把影响区块链产业生态系统价值共创的关键因素分为内生动力因素和外生动力因素两大方面，内生动力因素主要包括资源投入、种群合作、技术水平、制度规范和机能定位因素；外生动力因素主要包括区域资本、政策推动和应用环境因素。

4.1.1 内生动力因素

计划行为理论（theory of planned behavior）认为，个体的行为意向通过行为信念间接受到个人因素影响（朱亚丽和郭长伟，2020）。在区块链产业生态系统中，内部资源和外部环境驱动等因素会影响参与主体行为态度，并最终影响到区块链产业生态系统参与者的价值共创意愿（钟琦、杨雪帆和吴志樵，2021）。一方面，区块链产业生态系统各参与主体价值共创行为会在内部资源影响下而不断增强，各价值主体的主观方面都自发地学习新知、寻找新机遇、处理内部知识信息，以期望冲破外界的桎梏（赵艺璇、成琼文和李紫君，2022）；另一方面，区块链产业生态系统价值共创活动也会在内部资源支持下顺利实现。区块链产业生态系统内生动力源于价值主体自发而积极的自我实现需要，在区块链产业生态系统中价值主体对新资源是非常期望的，它在主观上具有开展价值共创行为的强烈愿望，并自发地进行着目标明确的知识搜索和寻找新机会，还可能通过种群之间的价值交互实现对原有范式的变革和系统新规则的建立（李雷、简兆权和杨怀珍，2018），因此，本书认为，资源投入、种群合作、技术水平、制度规范和功能定位等内生动力因素，对于强化区块链产业生态系统的价值创造活动有很重要的影响。

4.1.1.1 资源投入

资源投入是产业发展和转型的基础，因此资源投入的数量、质量和类型直接决定了产业发展的方向（刘茜、肖玉贤和宁连举，2022）。当今环境充满复杂性和多样性，价值共创的关键前提是企业内部跨层次、企业间跨组织资源整合。蒂斯（Teece，1998）提出，企业在进行资源重构和利用的过程中，有助于企业更好地识别与获取外部环境信息。价值共创是不断优化资源配置进行创新的过程，古梅松和梅尔（Gummesson and Mele，2010）认为，价值共创是一个互动与资源整合的动态过程，各利益相关者共同参与价值共创、协同面对竞争、建构共生价值生态。资源依赖理论认为，组织间关系本质上是资源依赖关系，与资源拥有主体共同改变互动行为，从而为企业提供了一个探索价值创新渠道和快速资源整合方式，以减少企业对外部资源的依赖（王琳和陈志军，2020）。

区块链产业生态系统中的资源投入包括企业内部的社会资本、企业与企业之间的社会资本、企业和相关产业间的社会资本以及企业和大学科研机构、政府、行业协会等企业外实体间的社会资本。一是区块链产业生态系统中的资源投入是企业价值创造的基础，对企业价值创造活动进行一定资源储备决定区块链产业生态系统比较优势，以刺激新的产业、创新点产生。生态系统中的资源投入越多,企业可利用资源越多,给了企业更大的施展空间,在此基础上进行价值创造所能达到的高度也就越高(解学梅和王宏伟,2020)。二是资源投入形成的良好循环效应,区块链产业生态系统的投入也在一定程度上展示了其发展前景与发展实力,对区块链产业生态系统中的企业吸引投资、知识型人才的流入等都具有促进作用。而对这些资源进行投入,则会进一步提升区块链产业生态系统的创新发展力量。三是区块链产业生态系统中的企业通过自身具有的资源以及企业间的资源与信息流动,实现学习与创新,通过基于信任的生态系统资源建立连通度很高的开放、动态、复杂的关系网络,依赖这一共同信任基础,企业在信息的共享和交流中实现价值创造(廖民超、金佳敏、蒋玉石和高增安,2023)。区块链产业生态系统的资源投入不仅使企业享有资源优势和控制优势,巩固、发展其资源权力中心位置,还在企业与企业间构建价值共创主体间的紧密价值网络(谢凤燕、陈烨和林花,2020)。区块链产业生态系统内部资源对组织的多方面能力产生作用,主要表现为,区块链产业生态系统各参与主体价值共创行为会在内部资源影响下不断增强,区块链产业生态系统成果转化也会在内部资源支持下顺利实现。

4.1.1.2 种群合作

价值网络成员间的互动是价值共创的基本实现方式。瓦戈和卢什(2008)认为,价值共创不是交换价值,而是通过互动合作共同创造的"使用价值"。杨、秦和陈(Yang,Qin and Chen,2017)认为,在价值共创系统中,共创价值是通过整合利用各方资源,并伴随着这一合作互动方式不断地动态生成价值。在区块链产业生态系统中,产业种群之间也存在着相互作用关系。区块链产业生态系统的价值共创不仅要依赖于核心企业和平台,更需要系统内各个参与者相互高效合作。企业间的合作与适度竞争是保持生态系统及单个企业活力和竞争优势的决定性因素(蔡猷花、孟秋语和陈国宏,2022)。从结构—功能主义视角来看,网络结构和关系特征直接影响系统内资源的获取和利用水平，进而影响生态系统整体的功能和绩效（赵艺璇和成琼文，2021）；从行为—功能主义视角来看，生态系统优势来自"外部性＋联合行动"，区块链产业生态系统主体自身拥有丰富资源并通过主体间的资源与信息流动实现优势互补（刘伟红，2018）；从契约主义视角来看，系统各大种群的构成具有异质性，其价值共创的行为很大程度上会受到彼此之间的信任所影响，实现学习与创新等对提升区块链产业生态系统竞争力和发展具有重要影响（李宇和刘乐乐，2022）。

区块链产业生态系统不仅是一个内部的生态链系统，还是一个与系统外存在互动合作的开放系统。开放合作就是要达到合作共赢，而系统开放的关键就是要做到资源共享与协作，实现开放式创新（周全、程梦婷、陈九宏和李正利，2023）。对于区块链产业生态系统而言，系统资源向外开放也就意味着要吸引外部资源，并通过建设开放性系统来促使内外资源进行有效融合，以推动多方共赢目标的达成。伊和龚（Yi and Gong，2013）认为，区块链产业生态系统在对外开放互动的过程中，与外部不断地进行着信息、物质和能量等的交换，产生新的需求和动力，在价值创造的基础上进一步实现价值增值。各组织之间相互联系是因为区块链产业生态系统，它推动生态内组织间形成互信关系并强化内部生态间的相互关联与支撑。布德雷和吉普森（Boudrea and Jeepesen，2015）提出，生态系统对外关系的开源性又促进了组织之间基于合作的竞争关系。在这种内外种群合作过程中，区块链产业生态系统向着更加高效合作、共创价值以及共生演化的方向发展。基于此，本书认为，在技术合作研发过程中，内部资源能为其提供物质基础，以至于各层价值主体的价值共创行为得到加强，还有助于区块链产业生态系统成果转化。

4.1.1.3 技术水平

技术驱动力作为产业生态系统发展的最本质特征，与区块链在产业生态系统中的技术先进性与前瞻性有着直接联系。科技水平是区块链产业价值创造的重要推动力。首先，在经典经济增长理论中，莱昂内、斯齐亚沃尼和焦（Leone，Schiavone and Chiao，2021）的研究均证实，技术在经济发展中起着举足轻重的推动作用。斯约丁、帕里达、科塔玛基和温森特（Sjödin，Parida，Kohtamäki and Wincent，2020）认为，具有高创新能力与高科技产业的国家和地区，在创造新产品、新服务、新财富、新职业等方面具有优势，并有利于持续经济增长。其次，区块链技术是现代技术进步的产物，科学技术的发展极大推进了现代新兴产业的出现，区块链产业生态系统的发展就是其中受益者之一。

包括熊彼特在内的经济学家认为，科学技术上的重大突破是产业发展的原动力，它是推动产业生态系统中有关主体开展技术创新活动的本质原因。产业技术水平为系统内企业的价值创造活动提供了一个新的平台，价值创造主体可以在更高的技术层次上进行技术创新（Leone，Schiavone and Chiao，2021）。对于区块链产业生态系统来说，生态系统内的科技资源和持续创造能力直接影响该生态系统的价值创造能力。在区块链产业生态系统内，一方面，科学技术的进步能够推动系统内价值主体开展相关的技术创新活动，提高技术水平（张越、潘春星和毛秀梅，2022）。另一方面，系统内实力强大的核心企业在积极从事基础性技术研究的同时，也将带动系统内其他创新主体开展与此创新成果相关的创新活动（Leone，Schiavone and Chiao，2021）。这说明一方面科技水平是产业生态系统产生的主要动力。另一方面，科技创新带来的技术水平提升也可以促进产业生态系统的持续发展，通过技术创新的支撑，促进产业分工和融合，并不断衍生出新产业，形成新的供给和需求关系、新的投入产出关系，以及新的技术经济联系，成为产业生态系统价值共创的重要动力源泉。

4.1.1.4 制度规范

制度往往是"人们之间存在着一定的契约形式或者契约关系"，是人们为限制人与人之间相互沟通的行为而创造出来的一个框架，一般是指所有人共同遵循的行动准则，在生态系统中，价值主体相互关系通过制度来规范、协调价值共创行为（Pinho，Gabriela and Lia，2014）。威廉姆森（Williamson，1985）认为，作为一种无形成分，制度或者社会规范构成了价值共创与生态系统之间的核心动力，也构成了价值共创得以实现的关键要素。产业生态系统制度规范由政治、法律和体制多个层面互动而成，它主要由生态系统内部政策法规、管理体制、法律制度和市场机制以及其他价值共创相关制度构成。制度可以提供社会经济活动与关系的基本框架来解决层出不穷的社会问题，并对竞争与合作方式进行调节。规范的体系可以遏制可能发生的随意和机会主义现象，有利于合作关系的形成与延续。瓦戈和阿卡卡（Vargo and Akaka，2009）认为，规范合同、契约和其他制度建设以增强平台透明化程度和形成相互信任的社会规范，以此为基础来管理系统参与者和平台互动的接口，这是联系生态系统中人类与技术共同创造价值最核心的问题。所以区块链产业生态系统价值共创依赖于健全的制度规范。区块链产业生态系统内价值中枢层、价值融合层和价值服务层三个群体价值共创时的相互关系和行为规范均由存在区块链产业生态系统的制度安排决定，这些制度安排通常会通过激励、约束机制作用于各参与方的行为态度和主观规范行为，从而影响产业生态系统中各参与方群体的合作意愿和合作行为。

4.1.1.5　功能定位

在复杂多变的市场环境中，为抵御外部风险、突破环境约束，多数企业会选择联合其他企业以价值共创的方式实现"共同富裕"，而这些企业的功能定位往往不尽相同。当区块链产业生态系统联合多元化的创新主体，便能促进多边优势互补，进而实现 $1+1>2$ 的价值共创效应（赵艺璇、成琼文和李紫君，2022）。在区块链产业生态系统中，占主导地位的领先企业价值外溢成为其他企业获取信息的首要方式，行业内部、企业之间信息传递速度快、精度高，所以系统内部其他企业在这一价值吸收和交互过程中能非常迅速地实现价值创造，进而实现区块链产业生态系统价值共创量的全面增长。同时，赵艺璇、成琼文和郭波武（2022）指出，产业生态系统中的核心企业可以利用生态优势，通过社会网络嵌入调动多元异质性参与者的积极性，从而达到价值共创的目的。这进一步表明，在区块链产业生态系统中，当不同企业扮演不同角色，并且企业之间有明确的权利和义务之分时，区块链产业生态系统中的价值共创活动将达到较优状态。

此外，马克和帕沃（Mark and Paavo，2019）认为，根据价值主张不同，创新产业生态系统可以被划分为两种类型，分别是市场主导型和技术主导型，前者以及时响应市场需求为核心价值主张，后者以培育新兴技术为核心价值主张。市场主导型的产业生态系统需要依赖良好的市场环境和数字环境，其参与者通过整合外部资源、扩大合作网络以实现价值共创。而技术主导型的产业生态系统主要依赖其内生动力，即主导者和其他参与者都需要具备良好的创新能力，其中主导者的创新能力最为重要（Bhat and Sharma，2021）。因此，区块链产业生态系统的机能定位对其价值共创活动也有一定影响。

4.1.2 外生动力因素

为了在市场经济中保持竞争优势，区块链产业生态系统的发展要善于借用区域资本和政府政策等外部环境，将外部优势转化为自身优势，以政府政策为引导，更新自身知识技术，主动连接区域生态，追求价值创造。阿德波瓦尔和奥耶兰（Adebowale and Oyelaran，2012）指出，在价值创造过程中政府政策能够对其产生积极作用。同时，区域资本和创新生态也会助力区块链产业生态系统中的价值创造活动（陈菊红、同世隆和姚树俊，2014）。因此，本书认为，区块链产业生态系统的价值创造过程会受到以区域资本、政策推动和政策环境为主的外生动力的影响。

4.1.2.1 区域资本

区块链产业生态系统区位特征显著，传统产业生态系统通常属于资源依赖型产业且对地理区位依赖性较强，现代产业生态系统通过借助交通和通信技术弱化了其限制作用，但是地理区位因素依旧是影响产业生态系统发展的重要因素（孙楚、曾剑秋和董豪，2021）。区域资本对于区块链产业生态系统中价值共创行为有如下影响。

（1）基础资源是一个企业和机构的集合体，区域的基础资源水平的高低决定了产业生态系统的形成和发展，例如地理优势、资本水平、人力资源水平等（赵琨和隋映辉，2008）。区块链产业生态系统中为用户提供算力和网络带宽的区块链技术则成为区块链产业生态系统价值共创的核心技术资源。

（2）基础设施包括知识产权体系、资本市场、交通网络、信息网络和教育培训体系。区域内基础设施对产业发展至关重要，对区块链产业生态系统具有重要影响与约束（赵长轶、刘海月、邓金堂和张琴，2023）。一个地区交通、通信及网络等公共设施建设乃至良好生活环境均能推动产业生态系统形成与持续发展。

（3）区域经济水平是由市场环境与金融环境两大要素共同构成的（王娟娟和佘干军，2021）。对区块链产业生态系统而言，市场容量、结构和规范程度对地区资源配置具有重要影响，并决定其发展方向。而金融环境作为产业生态系统得以稳定与持续发展的主要保证，其资金渠道是否通畅与高效，决定着产业生态系统发展的快慢与大小（姚金海和钟国辉，2022）。可以看到，全球较为成功的产业集群尤其是高科技产业集群，往往是资金雄厚、风险资本较为集中的场所（王鹏和钟敏，2021）。

4.1.2.2 政策推动

政策推动是区块链产业生态系统发展初级阶段的重要选择，通常表现为政府通过土地倾斜、财税返还、金融扶持、创新技术风险补偿等一揽子发展政策（包括空间的生产力布局及规划制定）来推动产业生态系统升级（胡秋阳和张敏敏，2022）。政府政策不仅为区块链产业生态系统发展指明方向，保驾护航，还通过政府补贴降低了企业的固定成本，缓解了企业的资金约束和融资压力。

一方面，区块链产业生态系统的持续发展离不开对政府政策的深入解读，应加强与政府之间的合作交流。阿金（Ajzen，2002）认为，自由的市场经济不能解决所有的问题，产业生态系统的发展涉及大量的公共产品与服务，过度竞争、信息不对称以及由于盲目扩张导致的市场无效问题、产能过剩等影响着企业的资源配置。政府作为相关政策法规的制定者和市场秩序的维护者，积极推动区块链产业生态系统的发展以克服系统缺陷与市场无效等问题，并通过产业政策和经济政策的制定给予系统化的环境支持（曹阳春、刘贻新和张光宇，2021）。政府政策通过营造良好的生态系统环境和提供有效的公共产品与服务（曹霞、邢泽宇和张路蓬，2018），使得各个价值主体对于政策的信任度与依赖性增强，更多的个体加入机制共创活动中，从而形成了正反馈良性循环，价值共创活动参与积极性进一步增强。

另一方面，政府补贴对于区块链产业生态系统的发展具有积极的正向作用，政府补贴是国家扶持重点产业，以及市场表现良好的产业或企业，具有资源属性与信号属性（樊自甫、陶友鹏和龚亚，2022）。乔治和乔（George and Jo，2019）认为，政府补贴所具有的资源属性可以减少区块链产业生态系统中企业在创新方面的投入风险与成本，激发企业更多地投入创新中去，从而推动企业实现创新产出。与此同时，魏和肖（Wei and Xiao，2023）提出，企业接受政府补贴的多寡也传达了政府是否承认企业所在行业前景这一信号。政府对于一个产业或者一个企业，其补贴程度通常预示了其政策倾向与支持方向。对于区块链产业生态系统来说，政府补贴得越多，将被认为是受到了政府更高程度上的肯定，这其中就涉及了产品与市场前景。当信息不对称时，这些利好信息可以作为投资者、合作者、顾客和其他利益相关者对行业发展前景进行判断的重要依据；不仅让区块链产业生态系统内的企业更易从银行得到贷款，得到投资者青睐和合作者支持，还进一步推动高校、科研院所等同产业生态系统开展产学研合作，知识型人才大量涌入等优势为区块链产业生态系统注入了更多资源并支撑了整个生态系统开展价值创造活动。

4.1.2.3 应用环境

区块链产业生态系统的价值创造不仅依赖于技术创新的突破，外部环境体系往往在产业生态系统发展过程中起关键作用，"产业生态系统发展初期，通常取决于良好的外部环境因素"。一般来说，产业生态系统所处环境有内部环境与外部环境之分。内部环境主要探讨生态系统内的气氛、制度规范及政策环境（吴松强、石岿然和郑垂勇，2009），而外部环境则主要探讨产业生态系统成长过程中所必须倚重且不可逃避的外部系统问题（王亚男、王宏起和李永华，2016）。米歇尔（Michele，2012）等指出，新市场和新产品不断涌现，这就要求企业必须不断地寻找新的研发伙伴进行技术合作。另外，竞争压力和技术进步双重影响使区块链产业生态系统中各个价值主体之间必须进行技术合作研发。在此基础上，该部分得出结论，各层级在参与协作时受外部应用环境影响较大，这又使得区块链产业生态系统的价值共创行为增强。本次讨论的环境是区块链产业生态系统的外部环境，包括地理环境、竞争环境、科技环境、文化环境和营商环境。

（1）地理环境。包括静态环境和动态环境，如产业生态系统所处的自然地理位置、基础设施建设以及区域经济发展水平等（李明武和綦丹，2017），这些地理环境形成区块链产业生态系统价值共创的重要基础支撑。位于一定地理范围或区域范围内的各价值创造主体通过协同作用促进共同发展。

（2）竞争环境。高竞争环境水平将驱动区块链产业生态系统各参与方获得更多异质性资源并增加可持续创新行为从而提升自身在不确定性下的应对能力。在竞争环境中，参与各方都要对产品及发展战略进行调整，使之适应多变的市场需求，这对区块链产业生态系统中的各价值主体的知识信息获取能力和动态发展能力提出了更高的要求。当竞争环境程度较低时，与其他合作伙伴的沟通和互动较少。此时区块链产业生态系统中价值共创行为优先级下降且感知成本高于感知价值，从而使得参与主体价值共创动力不足，价值关系网络投资下降，导致资源共享价值大幅下降。

（3）科技环境。高校、科研机构作为产业生态系统中科技环境的主体，其优秀科技人才、先进科技成果通常都集中于高校、科研机构中（李维梁和高雅，2016）。有效的产学研结合可以优化配置科技资源，推动区块链产业生态系统价值共创和发展。

（4）文化环境。社会文化环境就是社会成员理想信念、价值取向、行为准则、精神风尚相结合而形成的价值观念系统（解学芳和臧志彭，2016）。产业生态系统根植于该地区社会文化环境中，不可避免地受到社会文化因素如社会传统文化因素、制度文化因素和道德规范文化因素的影响。如美国"硅谷"模式与我国"温州模式"均具有明显的人文特点，这一文化因素大大增强了产业发展竞争力与独特性。社会文化环境也可以提供相对弹性的发展空间（范方志、虞拱辰和李海海，2015），以认同或排斥的方式为产业发展创造外部环境（于晓宇，2011），刺激或制约连锁产业的价值创造和发展，影响生态系统各主体间的竞争与合作。

（5）营商环境。营商环境是系统内部各主体从事价值共创活动时面临的外部环境的一个综合性生态系统（李志军、张世国、李逸飞和单册，2019）。营商环境生态内政府与市场关系以及生态的承载力，决定了价值主体加入价值种群的速度，从而影响价值共创行为。

4.2 区块链产业生态系统价值共创的内在机理

4.2.1 概念模型

本书研究中，区块链产业生态系统的价值共创过程是在价值服务层、价值融合层和价值中枢层划分的基础上，以区块链技术为载体，秉承创新资源共享、在资源共享过程中创新、在创新过程中实现价值的增值和价值的最大化理念，进行多层次、多类型、多方式的资源创新整合交互与重组，实现区块链产业生态系统内不同价值层面的资源互补，提高协同共创效益。同时，以价值服务层、价值融合层和价值中枢层为主体，在区块链产业生态系统价值共创过程中形成了错综交叉的价值流转路径，每条路径的每个节点都有可能为生态系统带来价值增值。价值在价值链中流转与增值，形成一个循环路径，在这个路径中，价值服务层、价值融合层和价值中枢层三者互为输入和输出，实现区块链产业生态系统整体的价值共赢。通过对相关文献的梳理发现，在内生动力因素方面，区块链产业生态系统内部的资源水平、制度规范是区块链产业生态系统能够良好发展的基础，其间的种群合作水平、技术水平决定了区块链产业生态系统价值共创的上限，同时其功能定位也会影响参与主体的发展路线；在外生动力因素方面，区域内的资本和环境水平会显著影响区块链产业生态系统的市场规模和市场容量，而政府制定的相关政策会成为区块链产业生态系统价值共创的"助燃剂"。因此，参与主体在区块链产业生态系统中选择参与与否，他们的主观规范、行为态度和知觉行为控制等均会受上述因素影响从而对价值共创行为产生作用。因此，本书认为，在区块链产业生态系统的价值共创过程中，通过系统内生动力、外生动力及两者的共同作用，促进价值服务层、价值融合层和价值中枢层三个层面价值主体的主观规范、行为态度以及知觉行为，共同推动区块链产业生态系统的价值共创。基于以上分析，本章构建了区块链产业生态系统价值共创的概念模型，如图 4.1 所示。

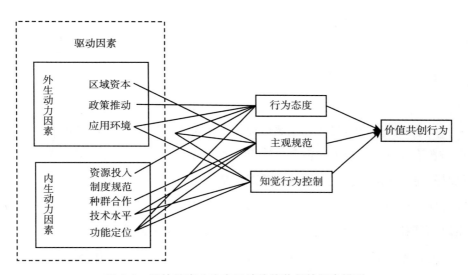

图 4.1　区块链产业生态系统价值共创的概念模型

4.2.2　研究假说

本章在上述理论描述和分析的基础上提出了如下假设。

假设 4-1：区块链产业生态系统价值共创行为受其区域资本的正向影响。

假设 4-2：区块链产业生态系统价值共创行为受其政策推动的正向影响。

假设 4-3：区块链产业生态系统价值共创行为受其应用环境的正向影响。

假设 4-4：区块链产业生态系统价值共创行为受其资源投入的正向影响。

假设 4-5：区块链产业生态系统价值共创行为受其种群合作的正向影响。

假设 4 - 6：区块链产业生态系统价值共创行为受其技术水平的正向影响。

假设 4 - 7：区块链产业生态系统价值共创行为受其制度规范的正向影响。

假设 4 - 8：区块链产业生态系统价值共创行为受其功能定位的正向影响。

4.3 数据来源及变量设定

4.3.1 数据来源

本章的数据均来自对区块链产业生态系统参与主体的线上线下问卷调查。在问卷设计阶段，根据价值共创内涵、产业生态系统领域的文献以及专家意见对问卷多次进行修改和调整，最终形成正式问卷。调查对象广泛分布于全国各地，样本产业领域涵盖电子信息、生物医药、航空航天、新材料、新能源、新技术、环境资源等，主要选取已形成区块链产业生态系统的企业为研究样本，共向 228 家主要业务包括区块链相关产品和服务的企业发放问卷，收回 175 份。经过对问卷筛选剔除不合格和无效问卷，最终获得 152 份有效问卷，有效率为 86.86%。受访企业的描述性统计分析如表 4.2 所示，描述性统计分析数据显示，研究样本中企业性质多样，其中民营企业占比最高，约占总样本数的 43.42%；从企业成立时间来看，绝大多数受访企业成立时间超过 3 年，其中成立时间在 3~5 年的企业最多，共有 76 家，占总样本数的 50.00%；大多数受访企业规模大于 100 人（占比 88.82%），其中规模在 500~1999 人的企业数量最多，共有 74 家，占总样本数的 48.68%，规模在 2000 人以上的大型企业数量较少，仅占总样本数的 1.97%。

表 4. 2   描述性统计分析

特征	分组	样本数量	占比（%）
企业性质	国有投资或国有控股	31	20. 39
	集体企业	19	12. 50
	民营企业	66	43. 42
	外资或合资企业	24	15. 79
	其他	12	7. 89
成立时间	3 年以下	50	32. 89
	3 ~ 5 年	76	50. 00
	6 ~ 10 年	17	11. 18
	11 ~ 15 年	6	3. 95
	16 年以上	3	1. 97
企业规模	<100 人	17	11. 18
	100 ~ 499 人	58	38. 16
	500 ~ 1999 人	74	48. 68
	2000 人以上	3	1. 97

4.3.2　变量选择

区块链产业生态系统下的价值共创并不只是体现为各层参与方需求的满足，更体现为生态系统内各参与方均能从价值共创中受益；但不同价值主体在实现区块链产业生态系统价值共创过程中扮演着不同的角色、发挥着不同的作用（Michele，2012）。区块链产业生态系统中的价值中枢层、价值服务层、价值融合层往往是某一细分领域的价值主体，常常被有限的资源与能力所束缚，这就要求区块链产业生态系统的其他主体（比如价值服务）给予服务与资源上的帮助与支持（Nambisan and Nambisan，2008）。在中国区块链产业生态系统内，区块链产业生态系统各参与主体规模偏大，技术研发投入不足，进而给区块链产业生态系统整体技术研发水平造成不利影响。针对上述情况，本书认为，加入区块链产业生态系统之后，各参与主体的技术研发投入是否会受到区块链产业生态系统中领导企业推动而持续提升，它不但是衡量参与主体合作行为是否巩固与加强的一个重要维度，而且关系到中国区块链产业生态系统是否能够持续、健康地发展。

基于上述分析，为了对影响我国区块链产业生态系统价值共创行为因素进行合理地解释，本章结合前文构建的区块链产业生态系统价值共创模型，选择以下三组变量进行观测：（1）区块链产业生态系统参与者参与区块链产业生态系统价值共创意愿；（2）区块链产业生态系统参与者增加技术研发投入强度的意愿；（3）区块链产业生态系统价值共创行为可持续发展能力。各变量组的观测变量如表4.3所示。

表4.3　　　　　　　　　各变量组的观测变量说明

变量组	驱动因素	变量
价值共创意愿（y_1）	政策推动	了解相关政策；对相关政策满意
	应用环境	适应市场变化的能力
	资源投入	技术成果在内部资源支持下能顺利转化
	制度规范	了解资源共享制度；各主体权利和义务明确；是否可以自由退出
	功能定位	对产品或服务的偏好变化较快；是否为核心企业
增强研发投入意愿（y_2）	区域资本	对区域内相关基础设施满意；对区域提供的资源满意
	制度规范	各主体权利和义务明确
	种群合作	信任核心企业
	技术水平	是否获得了技术溢出；对技术突破成果满意
	功能定位	对产品或服务的偏好变化较快
价值共创可持续发展能力（y_3）	应用环境	适应市场变化的能力
	制度规范	各主体权利和义务明确
	技术水平	要求各主体技术共享；对降低技术创新成本的作用满意
	功能定位	对产品或服务的偏好变化较快；是否为核心企业

4.4 检验模型和实证结果分析

4.4.1 检验模型

有序 Probit 模型是被广泛应用于处理离散有序变量的一种方法，因此本章研究采用有序 Probit 模型估计相关影响因素与区块链产业生态系统价值共创行为之间的关系，以此检验本章研究所提出的假设。影响区块链产业生态系统价值主体之间价值共创行为的影响因素是模型的输入，即向量组 X 由 x_i，$\cdots$，x_k 所构成；区块链产业生态系统中价值共创行为 y 为模型的输出。假设可观测变量为 y_i，存在潜在变量 y_i^*，具有不可观测性。y_i^* 线性依赖于变量 X_i，即

$$y_i^* = \lambda X_i + \sigma_i \tag{4.1}$$

其中，λ 表示估计向量系数；σ_i 表示独立同分布的随机变量，$i = 1$，2，3，$\cdots$；N 表示样本序号。X_i 在本章研究中有 2 种情况，当其为表示程度的变量时，划分为五个等级，分别是"非常同意""同意""中立""不同意""非常不同意"，代表 1、2、3、4、5；当其为 $0 \sim 1$ 变量时，0 即"否"，1 即"是"。

$$y_i = \begin{cases} 0 & 如果 \quad y_i^* \leqslant \alpha_1 \\ 1 & 如果 \quad \alpha_1 \leqslant y_i^* \leqslant \alpha_2 \\ 2 & 如果 \quad \alpha_2 \leqslant y_i^* \leqslant \alpha_3 \\ & \cdots \\ n & 如果 \quad \alpha_n \leqslant y_i^* \end{cases} \tag{4.2}$$

在上述式子中，有 $\alpha_1 < \alpha_2 < KK < \alpha_n$，其中 $\alpha_1 < \alpha_2 < \alpha_3 < \cdots < \alpha_n$ 为待估

系数，也可以称之为切点；y_i 在本章研究中划分为五个等级，分别是"非常同意""同意""中立""不同意""非常不同意"，代表 1、2、3、4、5。

假设 σ_i 的分布函数为积累标准正态分布函数 $\Omega(\cdot)$，可得到如下有序 Probit 模型：

$$f(y_i = 0) = \Omega(\alpha_1 - \lambda X_i)$$
$$f(y_i = 1) = \Omega(\alpha_2 - \lambda X_i) - \Omega(\alpha_1 - \lambda X_i)$$
$$f(y_i = 2) = \Omega(\alpha_3 - \lambda X_i) - \Omega(\alpha_2 - \lambda X_i)$$
$$\cdots$$
$$f(y_i = n) = 1 - \Omega(\alpha_n - \lambda X_i)$$

4.4.2　估计结果和分析

在分析和处理数据过程中使用了统计软件 Stata17，并在考察模型总体拟合效果上使用对数似然比。在设定显著性水平范围内，若统计量对应对数似然比考验显著性指标值低于 0.1，则自变量整体对因变量影响显著。对于模型优化问题，本章采用了回归中 Backward 法，即先将全部变量代入回归方程中，再根据极大似然估计统计量概率值剔除因变量无显著影响自变量，得到最终估计结果且判断概率定为 0.1。表 4.4 ~ 表 4.6 分别列出了 Probit 模型估计结果。

表 4.4　　　　区块链产业生态系统价值主体参与价值共创意愿（y_1）

影响因素的有序 Probit 模型估计结果

变量	系数	标准误	Z 值	显著性水平
了解相关政策	1.2395	0.3086	4.02	0.000
对相关政策满意	2.5722	0.4815	5.34	0.000
适应市场变化的能力	0.2275	0.2841	0.80	0.423

变量	系数	标准误	Z 值	显著性水平
技术成果在内部资源支持下能顺利转化	2.2201	0.4750	4.67	0.000
了解资源共享制度	1.3788	0.3726	3.70	0.000
各主体权利和义务明确	1.1655	0.3533	3.30	0.001
是否可自由退出	0.1838	0.3672	0.50	0.617
对产品或服务的偏好变化较快	1.0472	0.3175	3.30	0.001
是否为核心企业	0.6347	0.4995	1.27	0.204
$LR\chi^2$		307.2500		
$Prob > chi2$		0.0000		
$Log\ likelihood$		−34.8894		
$Pseudo\ R2$		0.8149		

表 4.5　　区块链产业生态系统价值主体增加研发投入意愿（y_2）的

有序 Probit 模型估计结果

变量	系数	标准误	Z 值	显著性水平
对区域内相关基础设施满意	1.0637	0.2892	3.68	0.000
对区域提供的资源满意	0.7326	0.2323	3.15	0.002
各主体权利和义务明确	0.3225	0.2562	1.26	0.208
信任核心企业	0.9372	0.3211	2.92	0.004
是否获得了技术溢出	1.8500	0.4899	3.78	0.000
对技术突破成果满意	1.0417	0.2706	3.85	0.000
对产品或服务的偏好变化较快	0.1009	0.2245	0.45	0.653
$LR\chi^2$		220.3800		
$Prob > chi2$		0.0000		
$Log\ likelihood$		−41.4715		
$Pseudo\ R2$		0.7266		

表 4.6 区块链产业生态系统价值共创行为持续性发展（y_3）的

有序 **Probit** 模型估计结果

变量	系数	标准误	Z 值	显著性水平
适应市场变化的能力	0.4417	0.2532	1.74	0.081
各主体权利和义务明确	0.4371	0.2132	2.05	0.040
要求各主体技术共享	1.9753	0.3006	6.57	0.000
对降低技术创新成本的作用满意	1.6304	0.2945	5.54	0.000
对产品或服务的偏好变化较快	0.4592	0.2064	2.22	0.026
是否为核心企业	0.6067	0.3838	1.58	0.114
$LR\chi^2$		209.3900		
$Prob > chi2$		0.0000		
$Log\ likelihood$		-53.0147		
$Pseudo\ R2$		0.6638		

由表 4.4 可知，区块链产业生态系统内部动力因素以及外部动力因素和区块链产业生态系统参与者在区块链产业生态系统中的某些角色特征对区块链产业生态系统成员参与区块链产业生态系统价值共创意愿（y_1）有显著的正向影响。根据回归系数可知，各参与者对相关政策的满意程度、各参与者的技术成果在内部资源支持下的转化程度影响最大（回归系数均大于 2.0），即各价值共创参与者对政府政策满意度越高，其技术创新成果在内部资源支持下转化情况越好，则区块链产业生态系统各成员的价值共创意愿越强。同时，各参与者对相关政策的了解程度、对资源共享制度的了解程度、对产品或服务的偏好变化程度以及价值共创模式下各参与者权利和义务的明晰程度也能一定程度地正向影响（回归系数均大于 1.0）各价值主体的价值共创意愿。

由表 4.5 可知，区块链产业生态系统内部动力因素、外部动力因素对区块链产业生态系统价值共创参与者增加研发投入意愿（y_2）有显著的正向影响。根据回归系数可知，各参与者对区域内相关基础设施的满意程度、对技术突破的满意状况以及各参与者是否获得了技术溢出影响最大（回归系数均大于 1.0），即当价值共创参与者对区域内相关基础设施的满意程度越高，取得了技术溢出效应，并且对所取得技术突破的满意程度越高，区块链产业生态系统中价值共创参与者增加研发投入的意愿就越强烈。其中，是否获得了技术溢出的影响最为显著，回归系数达到 1.85。

由表 4.6 可知，区块链产业生态系统内部动力因素、外部动力因素对区块链产业生态系统价值共创行为持续性发展（y_3）具有显著的影响。对区块链产业生态系统参与者维持区块链产业生态系统价值共创行为持续性发展影响最大的有两点：一是区块链产业生态系统中各参与者的技术共享程度（回归系数为 1.9753），技术共享有利于价值共创行为的实现，当各参与者都趋向于积极共享技术，区块链产业生态系统价值共创行为就越稳定；二是价值共创行为所带来的降低技术创新成本的程度（回归系数为 1.6304），考虑利润因素，当价值共创行为能显著地降低各参与者的技术创新成本时，各参与者会寻求长期稳定的合作，这有利于区块链产业生态系统参与者维持区块链产业生态系统价值共创行为持续性发展。

4.4.3 研究结果

（1）加入区块链产业生态系统后，区块链产业生态系统价值主体的合作程度会根据区块链产业生态系统内外部环境以及自身条件的变化而不断进行调整，因此假设 4 - 1 和假设 4 - 3 部分得到验证。对于区块链产业生态系统价值主体来说，其加入区块链产业生态系统价值共创过程是不断演变的。就目前来看，区块链产业生态系统在我国还处于成长期，为了使其能够更好更快地发展，必须形成一套良性且完善的区块链产业生态系统自我发展机制。而外部区域发展水平和区块链技术相关应用环境通常不确定性较大，区块链产业生态系统受外部区域发展水平和应用环境的影响可以体现为区域内相关的基础设施完善程度和其适应市场变化能力，当区块链产业生态系统中各参与者对区域内相关的基础设施越满意，其适应市场变化的能力越强，区块链产业生态系统各成员参与价值共创的意愿、加大研发投入的意愿就越强烈，进而使得各成员倾向于长期稳定合作。

（2）对区块链产业生态系统政策推动对区块链产业生态系统价值共创行为具有显著正向作用，假设4-2得到验证。主要体现在：区块链产业生态系统价值主体加入区块链产业生态系统、加大技术研发投入以及积极参与区块链产业生态系统合作方面的意愿随着其对区块链产业生态系统政府政策推动的提升而增强。同时，吸引区块链产业生态系统价值主体技术研发投入的最重要因素就是政府保障区块链产业生态系统价值主体的价值创造活动。其中原因可能有两个方面：一方面，价值中枢层多数对区块链产业生态系统具有治理权，区块链产业生态系统价值融合层与价值服务层难以获取创新投入分红，或者区块链产业生态系统共享金额受限，这时就要求政府政策来促进三大价值种群间的价值交互，实现资源共享；另一方面，区块链产业生态系统的参与者在加大对区块链产业生态系统创新投入时面临诸多阻碍，如行业集中度等、区块链产业生态系统的治理权和区块链产业生态系统中资源共享与分红比例受法律约束。若政府政策的推出能化解部分遇到的阻碍，方可提升价值主体的参与协作热情，从而影响区块链产业生态系统稳定和发展。

（3）区块链产业生态系统价值资源投入和种群合作对区块链产业生态系统价值共创行为具有显著的正向作用，假设4-4、假设4-5得到验证。主要体现在两个方面：一方面，当区块链产业生态系统各参与主体在进行价值共创时，他们协作的意愿会受区块链产业生态系统资源投入程度的影响，区块链产业生态系统的价值主体对区块链产业生态系统投入资源的获取程度越高，其技术成果越容易成功转化，也就越愿意参与区块链产业生态系统的价值共创行为，增加技术研发，积极维持区块链产业生态系统的价值共创活动。

另一方面，种群合作会影响区块链产业生态系统价值主体的技术研发投入意愿。具体表现为，区块链产业生态系统中各价值主体在参与价值共创时，增加技术研发投入的意愿会受到自身对区块链产业生态系统发展战略认同度、对核心企业信任度的影响。种群合作是价值中枢层、价值服务层、价值融合层之间建立关系的主要形式，三大种群在资源创新与价值共创等方面在区块链产业生态系统的演化中同样发挥着重要的作用。所以，区块链产业生态系统种群之间合作战略的合理性，有利于一个长期、稳定的利益预期的建立，进而使得区块链产业生态系统价值主体对技术研发资源的投入以及向区块链产业生态系统共性技术研发投入的意愿大大加强。

（4）区块链产业生态系统价值主体在价值共创过程中所得到技术溢出和技术突破情况对区块链产业生态系统价值共创行为具有显著的正向作用，假设 4 - 6 得到验证。主要体现在，区块链产业生态系统价值主体得到的技术溢出越多，对取得的技术突破满意度越高，那么其加入区块链产业生态系统、加大技术研发投入以及积极参与区块链产业生态系统合作的意愿就越强烈。其原因在于：首先，区块链产业生态系统中各价值主体本身的资源和运营条件极大地制约着它们在技术研发方面的投入强度，所以，技术水平就成了区块链产业生态系统中价值主体决策时最需要考虑的问题。其次，在区块链产业生态系统稳定技术开发项目方面，价值共创行为参与者取得了较为满意的技术突破，能为其带来不可小觑的利润提升，其向区块链产业生态系统投入的意愿就越大。这说明，能否获得利润回报是区块链产业生态系统各价值主体增加技术投资的主要考虑因素。最后，区块链产业生态系统的稳定合作关系也受到区块链产业生态系统价值主体在技术研发过程中所取得的技术溢出情况的影响。技术效益越高，各参与者对价值共创的认可度越高，进而倾向于长期稳定合作以提升企业的可持续发展能力。

（5）区块链产业生态系统制度规范以及功能定位对区块链产业生态系统价值共创行为具有显著的正向作用，假设 4 - 7、假设 4 - 8 得到验证。主要体现在两个方面：一方面，对于区块链产业生态系统中的价值主体而言，区块链产业生态系统资源共享制度和退出制度对于拓展技术合作项目意向具有非常重要的作用，若对区块链产业生态系统中资源共享和价值共创参与者的退出设定一定门槛，则能够有效保护区块链产业生态系统中价值主体的技术合作与研发收益。同时，区块链产业生态系统中各价值主体对区块链产业生态系统的价值共创参与意愿受到区块链产业生态系统相关制度规范影响。这说明区块链产业生态系统中各价值主体的技术共享意愿可以通过规范的区块链产业生态系统资源共享制度来增强，从而使得区块链产业生态系统合作与创新始终处于健康稳定的发展状态。另一方面，区块链产业生态系统功能定位可以显著提高区块链产业生态系统中价值主体参与区块链产业生态系统的意愿，也可以提高其增加技术投资的意愿，享受技术研发服务，提高技术研发经济效益，是区块链产业生态系统中价值主体参与区块链产业生态系统建设的主要目标（甚至是唯一目标）。从合作需求来看，区块链产业生态系统中的价值主体更加关注服务内容和品质。这表明，区块链产业生态系统中各参与者的技术研发意愿随自身在技术项目上的突破和外部环境压力的上升而不断上升。同时，各参与者对合作共赢关系的选择也会基于技术研发需要的资源和自身条件来考虑。

4.5 系统动力学模型构建

系统动力学是美国麻省理工学院福瑞斯特（Jay W Forrester）教授于1956年创建的一门分析和模拟动态复杂系统的学科，它是一门介于自然科学与社会科学及其他领域之间的横向学科，对于解决社会科学中的复杂问题有很大的帮助。系统动力学指出，一个系统的表现行为由其内部结构和各个要素之间的反馈作用所决定。已经在宏观经济学、生态与环境、生物学和工程技术领域的复杂性系统预测分析方面得到了成功运用。近年来，系统动力学在产业生态系统研究中的运用越来越多（刘刚、张泠然和殷建瓴，2020；张晶，2014）。本章运用系统动力学方法模拟区块链产业生态系统价值共创的影响因素，先要构建因果关系图、系统流图以及设计模型方程，然后利用 Vensim PLE 对其进行了仿真和分析，并通过灵敏度分析对机制的研究提供了可靠的依据。区块链产业生态系统有着很明确的边界，其价值共创行为各个因素之间能够不断进行反馈，而且区块链产业生态系统具有耗散的特征，采用系统动力学可以有效地描述和分析价值共创行为的复杂变化规律。因此，本章运用系统动力学方法探讨区块链产业生态系统价值共创行为的影响因素。

4.5.1　因果关系模型与主要回路

因果关系图通过定性分析来描述复杂系统中不同因素间的作用，可以明确而直接地反映出变量间的相互影响关系。所以建立因果关系图在系统动力学模型中占有重要地位，也是后续系统流图研究的必要依据。区块链产业生态系统包括多主体间的互动并形成的网络架构，为简化研究，将区块链产业生态系统的利益相关主体归为价值服务层、价值融合层和价值中枢层三个价值网络层面。在内部因素和外部环境对区块链产业生态系统的作用下，系统资源密度发生变化，各价值层面通过资源的整合、创新和传递过程不断进行价值创造。各价值层的价值存量取决于其资源创新量和价值遗失量。同时，在价值服务层、价值融合层和价值中枢层三者的价值传递过程中，转移阈值是对互动双方价值的衡量，将会决定价值传递活动的发生与否。综上所述，本章构建了区块链产业生态系统价值共创的因果关系，如图 4.2 所示。

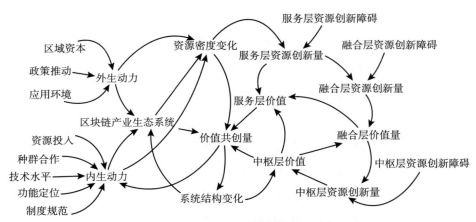

图 4.2　区块链产业生态系统价值共创因果关系

区块链产业生态系统价值创造受生态系统内外部因素的综合作用，通过服务层、融合层和中枢层的资源创新、价值传递等过程在系统内形成了复杂的正负反馈回路。价值共创活动正是在这些正负反馈回路的作用下不断发展。区块链产业生态系统价值共创过程的主要反馈回路如表 4.7 和图 4.3 所示。

表 4.7　　　　　区块链产业生态系统价值共创的主要反馈回路

回路类型	反馈回路线路
回路 1	区块链产业生态系统——$^+$资源密度变化——$^+$区块链产业生态系统价值共创量——$^+$系统结构变化——$^+$区块链产业生态系统
回路 2	服务层价值——$^+$融合层资源创新量——$^+$融合层价值——$^+$中枢层资源创新量——$^+$中枢层价值——$^+$服务层价值
回路 3	区块链产业生态系统——$^+$资源密度变化——$^+$服务层价值资源创新量——$^+$服务层价值——$^+$价值共创量——$^+$系统结构变化——$^+$区块链产业生态系统
回路 4	内生动力——$^+$区块链产业生态系统——$^+$资源密度变化——$^+$价值共创量——$^+$内生动力

续表

回路类型	反馈回路线路
回路 5	价值共创量 $\xrightarrow{+}$ 系统结构变化 $\xrightarrow{+}$ 中枢层价值 $\xrightarrow{+}$ 融合层价值 $\xrightarrow{+}$ 服务层价值 $\xrightarrow{+}$ 价值共创量

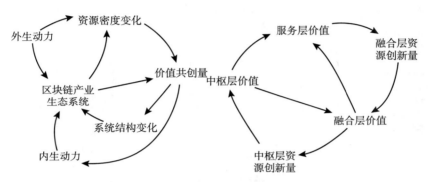

图 4.3　区块链产业生态系统价值共创回路

4.5.2　模型假设与系统流图

为保障系统的稳定运行，本章研究做出如下基本假设。

假设 4-9：为简化模拟，模型不考虑其他不可控或突发状况的影响，如新冠疫情对区块链产业生态系统造成的影响等。

假设 4-10：价值服务层、价值融合层和价值中枢层的吸收能力和创新障碍均是时间的函数，且随着时间的推移，价值层的吸收能力会逐渐增强，而各价值层的创新障碍会逐渐趋于稳定。

假设 4-11：价值服务层、价值融合层和价值中枢层之间的资源创新并不同步，因此三者在价值存量上会存在差别，故设置 0.9 为临界值的转移阈值来影响三者之间价值互动情况。

系统流图是运用系统动力学进行动态演化分析的基础。根据区块链产业生态系统价值共创因果关系图中各因素的性质以及因素之间的因果关系，建立了区块链产业生态系统价值共创流图，如图4.4所示。

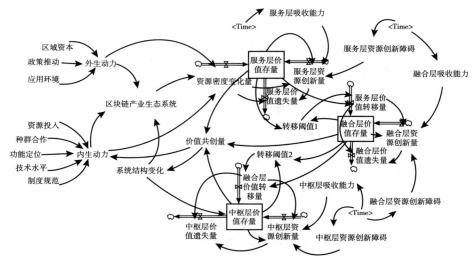

图4.4 区块链产业生态系统价值共创流图

4.5.3 原因树图分析

在系统流图的基础上，可以对系统模型中状态变量局限性原因做树图分析，进而可以明确其变化的原因及与其他变量之间的关系。图4.5为各状态变量的原因树图分析。

4.5.4 模型方程设计

本章借鉴现有文献对模型参数进行初始赋值，并在区块链产业生态系统价值流图基础上结合各变量的实际含义，进行系统动力学的方程设计。仿真

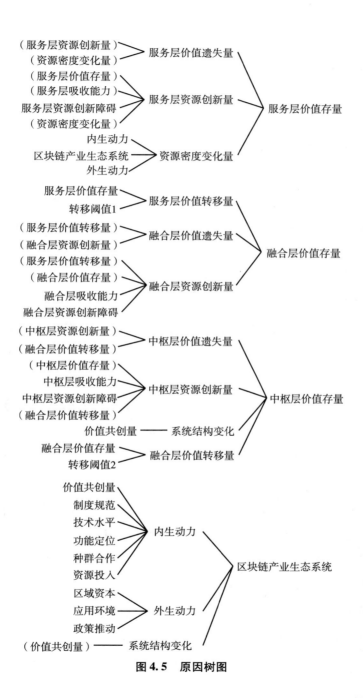

图 4.5 原因树图

时间设定为 60 个月，仿真步长为 1 个月，利用 Vensim PLE 提供的公式编辑器建立量化的系统模拟模型。以下是主要方程设计。

$L1$ 服务层价值存量 $= INTEG$ [$0.2 \times$ (服务层资源创新量 + 资源密度变化量) $- 0.5 \times$ 服务层价值遗失量，服务层价值存量初始值]

$L2$ 融合层价值存量 $= INTEG$ [(服务层价值转移量 + 融合层资源创新量) $\times 0.2 - 0.5 \times$ 融合层价值遗失量，融合层价值存量初始值]

$L3$ 中枢层价值存量 $= INTEG$ [(中枢层资源创新量 + 融合层价值转移量) $\times 0.2 - 0.5 \times$ 中枢层价值遗失量 $+ 0.2 \hat{}$ 系统结构变化，中枢层价值存量初始值]

$N1$ 服务层价值存量初始值 $= 10$

$N2$ 融合层价值存量初始值 $= 10$

$N3$ 中枢层价值存量初始值 $= 10$

$R1$ 资源密度变化量 $=$ (区块链产业生态系统 + 外生动力 + 内生动力) $\hat{} 0.5$

$R2$ 服务层资源创新量 $=$ (服务层价值存量 + 资源密度变化量) $\times$ 服务层吸收能力 $- 0.1 \hat{}$ 服务层资源创新障碍

$R3$ 服务层价值遗失量 $=$ (服务层资源创新量 + 资源密度变化量) $\hat{} 0.3$

$R4$ 服务层价值转移量 $=$ 服务层价值存量 $\hat{}$ 转移阈值 1

$R5$ 融合层资源创新量 $=$ (服务层价值转移量 + 融合层价值存量) $\times$ 融合层吸收能力 $- 0.2 \hat{}$ 融合层资源创新障碍

$R6$ 融合层价值遗失量 $=$ (融合层资源创新量 + 服务层价值转移量) $\hat{} 0.3$

$R7$ 融合层价值转移量 $=$ 融合层价值存量 $\hat{}$ 转移阈值 2

$R8$ 中枢层资源创新量 $=$ (中枢层价值存量 + 融合层价值转移量) $\times$ 中枢层吸收能力 $- 0.2 \hat{}$ 中枢层资源创新障碍

$R9$ 中枢层价值遗失量 $=$ (中枢层资源创新量 + 融合层价值转移量) $\hat{} 0.3$

$A1$ 外生动力 $=$ 区域资本 $\times$ 政策推动 $\times$ 创新生态

$A2$ 内生动力 $=$ 制度规范 $\times$ 技术水平 $\times$ 功能定位 $\times$ 种群合作 $\times$ 资源投入 $+ 0.5 \hat{}$ 价值共创量

$A3$ 系统结构变化 = 1 + 0.2 × 价值共创量

$A4$ 区块链产业生态系统 = 内生动力 × 外生动力 × 系统结构变化

$A5$ 价值共创量 = 中枢层价值存量 + 服务层价值存量 + 融合层价值存量

$A6$ 服务层吸收能力 = $WITH\ LOOKUP$($Time$, ([(0, 0) − (60, 1)], (0, 0.3), (60, 0.9))

$A7$ 融合层吸收能力 = $WITH\ LOOKUP$($Time$, ([(0, 0) − (60, 1)], (0, 0.3), (60, 0.9))

$A8$ 中枢层吸收能力 = $WITH\ LOOKUP$($Time$, ([(0, 0) − (60, 1)], (0, 0.3), (60, 0.9))

$A9$ 服务层资源创新障碍 = $WITH\ LOOKUP$($Time$, ([(0, 0) − (60, 0.9)], (0, 0.1), (30, 0.5), (60, 0.8))

$A10$ 融合层资源创新障碍 = $WITH\ LOOKUP$($Time$, ([(0, 0) − (60, 0.9)], (0, 0.1), (30, 0.5), (60, 0.8))

$A11$ 中枢层资源创新障碍 = $WITH\ LOOKUP$($Time$, ([(0, 0) − (60, 0.9)], (0, 0.1), (30, 0.5), (60, 0.8))

$A12$ 转移阈值 1 = $IF\ THEN\ ELSE$（融合层价值存量/服务层价值存量 < 0.9，融合层价值存量/服务层价值存量, 0.9)

$A13$ 转移阈值 2 = $IF\ THEN\ ELSE$（中枢层价值存量/融合层价值存量 < 0.9，中枢层价值存量/融合层价值存量, 0.9)

$C1$ 区域资本、$C2$ 政策推动、$C3$ 应用环境、$C4$ 资源投入、$C5$ 种群合作、$C6$ 功能定位、$C7$ 技术水平、$C8$ 制度规范均在（0, 1）内取值。

上述方程中，$L1$，$L2$，$L3$ 表示状态变量；$N1$，$N2$，$N3$ 表示初始值；Ri（其中 i = 1, 2, …, 8, 9）表示速率变量；Ai（其中 i = 1, 2, …, 12, 13）表示辅助变量；Ci（i = 1, 2, …, 11, 12）表示常量。

4.6　模型仿真与灵敏度分析

4.6.1　仿真分析

本章采用 Vensim PLE 软件对模型进行模拟仿真，并验证其有效性及灵敏性。设置 $INITIAL\ TIME = 0$，$FINAL\ TIME = 60$，$TIME\ STEP = 1$，$Units\ for\ Time = Month$。将内生动力和外生动力中各变量初始值设定为 0.4，得到仿真结果如图 4.6 所示。分析仿真结果可知，服务层价值存量、融合层价值存量、中枢层价值存量和价值共创量在仿真时间内都呈增长趋势，且边际效应逐渐增大；服务层价值转移量和融合层价值转移量随转移活动的进行迅速增长，且增幅不断变大。图 4.6 中各模型曲线所呈现态势与发展规律基本与现实中区块链产业生态系统价值共创情形相符。可知外生动力和内生动力影响价值共创的系统动力学模型在一定程度上具备有效性及合理性，可以进一步对该模型进行灵敏度分析。

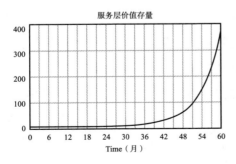

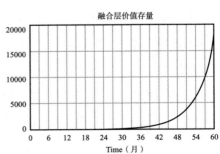

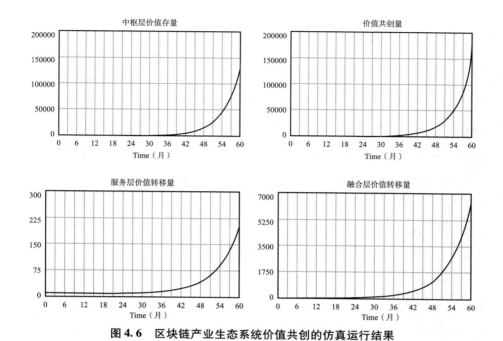

图 4.6　区块链产业生态系统价值共创的仿真运行结果

4.6.2　灵敏度分析

　　灵敏度分析就是要调整模型中各参数、各结构，对比不同参数和结构下的运行模型，分析它们对整个系统产生影响的大小，然后为现实提供宝贵的参考信息及合理建议。为研究区块链产业生态系统价值共创的内外部影响因素，首先分别调整单一外部动力的数值，即在保持内部动力各变量不变的情形下调整外部动力各变量，以此探讨外部动力对区块链产业生态系统服务层、融合层和中枢层价值存量变动情形的影响，内部动力同理。然后，将内部动力和外部动力的各变量共同进行调整进而分析内外部因素对区块链产业生态系统价值共创影响的综合效应。

4.6.2.1 外生动力的灵敏度分析

将内生动力中各变量的值保持在 0.4 不变，将外生动力中的区域资本、政策推动和应用环境从 0.4 依次调至 0.6、0.8，对应仿真结果从 current 到 current2。由表 4.8 和图 4.7 可以看出，当外生动力幅度依次增加时，服务层价值转移量和融合层价值转移量均逐渐增加，表明外生动力有利于区块链产业生态系统的价值转移，提升价值转移过程的高效性与便捷性；同时，服务层价值存量、融合层价值存量和中枢层价值存量也逐渐增加，这表明外生动力可以有效提高区块链产业生态系统各价值层的价值存量，促使达到更好的价值共创效果。区块链产业生态系统的外部动力通过资本的投入和良好的政策等，不仅为区块链产业生态系统注入了更多的可用资源，增强了参与主体对所属生态系统的支持，提高资源共享的程度，还为生态系统的发展营造了良好的环境，减少了区块链产业生态系统发展的后顾之忧。由此也表明外生动力是区块链产业生态系统价值共创过程中必不可少的因素。

表 4.8　　外生动力变化对服务层、融合层和中枢层价值存量的影响

变化量		数值					
		10 个月	20 个月	30 个月	40 个月	50 个月	60 个月
服务层价值存量	current	8.717	8.444	9.978	16.643	43.609	172.397
	current1	9.143	9.780	13.703	28.230	87.456	376.529
	current2	9.778	11.809	19.558	47.185	161.373	725.724
融合层价值存量	current	29.713	77.151	221.674	752.118	3054.73	14800.5
	current1	30.066	80.026	236.666	825.354	3432.13	16956.7
	current2	30.589	84.302	259.143	936.149	4008.05	20270.4
中枢层价值存量	current	46.839	213.044	928.850	4247.31	21353.3	120849
	current1	46.993	216.024	954.064	4418.70	22475.3	128504
	current2	47.221	220.434	991.459	4673.68	24150.4	139970

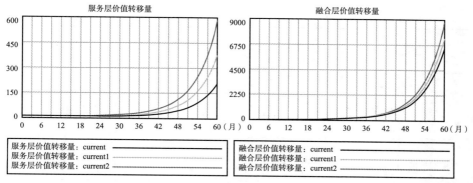

图 4.7　外生动力的灵敏度分析

4.6.2.2　内生动力的灵敏度分析

将外生动力中各变量的值保持在 0.4 不变，依次调整内生动力中各变量的值到 0.8。表 4.9 反映了外生动力改变下区块链产业生态系统服务层、融合层和中枢层价值存量的变化情况。结果显示，当内生动力逐渐增大时，服务层和融合层的价值转移量也均逐渐增加，表明内生动力有利于提升价值转移量，促进价值共创过程的高效与便捷；同时，服务层、融合层和中枢层价值存量也有增加趋势，说明内生动力对提高区块链产业生态系统各层面价值存量具有积极作用，推动获得更优价值共创效果。一般情况下，内生动力是维持区块链产业生态系统良好运行的机制保障，在资源分配、利益协调、秩序建立、风险规避等方面具有重要作用，为区块链产业生态系统内的价值创造活动提供了和谐有序的内部环境。

表 4.9　　　内生动力变化对服务层、融合层和中枢层价值存量的影响

变化量		数值					
		10 个月	20 个月	30 个月	40 个月	50 个月	60 个月
服务层价值存量	current	8.717	8.444	9.978	16.643	43.609	172.397
	current2 − 1	8.830	8.844	11.319	21.717	65.923	286.073
	current2 − 2	9.425	10.914	18.052	46.391	171.479	811.978

变化量		数值					
		10 个月	20 个月	30 个月	40 个月	50 个月	60 个月
融合层价值存量	current	29.713	77.151	221.674	752.118	3054.73	14800.5
	current2-1	29.804	77.941	226.170	776.411	3192.5	15651.5
	current2-2	30.284	82.052	249.119	897.185	3858.33	19664.8
中枢层价值存量	current	46.839	213.044	928.850	4247.31	21353.3	120849
	current2-1	46.878	213.834	935.907	4298.37	21709.6	123425
	current2-2	47.086	217.974	972.375	4557.83	23485.8	136031

模拟服务层价值转移量和融合层价值转移量，如图 4.8 所示。

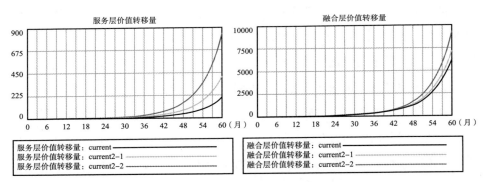

图 4.8　内生动力的灵敏度分析

4.6.2.3　外生动力和内生动力互补的灵敏度分析

将外生动力和内生动力各维度变量分别由 0.4 调整为 0.6 和 0.8，服务层价值转移量、融合层价值转移量以及服务层、融合层和中枢层的价值存量变化情况如表 4.10、图 4.9 所示。可知，随着外生动力和内生动力各变量的逐渐增大，服务层和融合层价值转移量均逐渐增加，表明外生动力和内生动力的综合作用有利于增加价值转移量。同时，服务层、融合层和中枢层价值存量也大幅提升，说明共同作用也可提高区块链产业生态系统服务层、融合层和中枢层的价值存量。此外，综合分析图 4.7～图 4.9 可知，相对于单独增大外生动力或内生动力，共同提高两者所得的价值转移量和服务层、融合层、中枢层价值存量明显大幅增多。表 4.10 反映了外生动力、内生动力以及两者共同作用下区块链产业生态系统价值共创量的变化情况，可以明显看出，在两者的共同作用下价值共创量呈大幅增长，且增速更快，说明外生动力和内生动力存在互补效应，相对于单一提高某种动力，内外部因素的共同作用可以获取更迅捷的价值共创过程及更令人满意的价值共创效果。

表 4.10　外生动力和内生动力变化对区块链产业生态系统价值共创的影响对比

调整的变量		数值					
		10 个月	20 个月	30 个月	40 个月	50 个月	60 个月
外生动力变化对价值共创量的影响	0.4	85.268	298.638	1160.50	5016.07	24451.6	135822
	0.6	86.203	305.829	1204.43	5272.28	25994.9	145838
	0.8	87.588	316.545	1270.16	5657.02	28319.8	160966
内生动力变化对价值共创量的影响	0.4	85.268	298.638	1160.50	5016.07	24451.6	135822
	0.6	85.512	300.620	1173.40	5096.50	24968.0	139363
	0.8	86.795	310.940	1239.55	5501.41	27515.7	156508
共同变化对价值共创量的影响	0.4	85.268	298.638	1160.50	5016.07	24451.6	135822
	0.6	86.428	307.882	1219.30	5373.98	26696.0	150899
	0.8	90.044	339.586	1436.87	6774.85	35831.0	213923

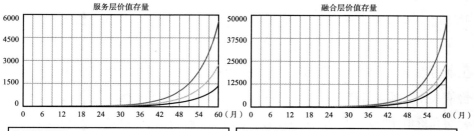

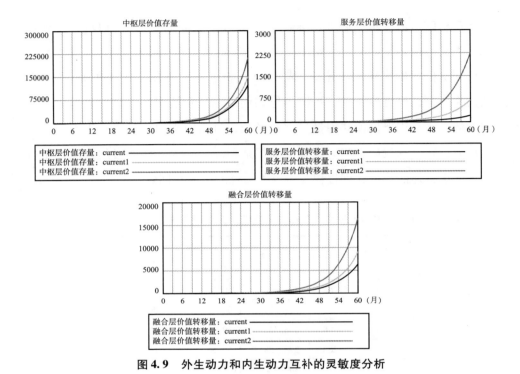

图 4.9 外生动力和内生动力互补的灵敏度分析

4.6.3 研究结果

本章以区块链产业生态系统价值共创的动力机制为研究内容，运用系统动力学方法，构建了内生动力、外生动力影响价值共创的系统动力学模型，并运用 Vensim PLE 软件进行仿真和灵敏度分析。研究结果如下所述。

（1）区块链产业生态系统价值共创的影响因素可分为内生动力因素和外生动力因素，且内生动力和外生动力都能够正向影响区块链产业生态系统的价值共创，即两者都有利于提升区块链产业生态系统中价值服务层、价值融合层和价值中枢层的价值互动过程和效果。外部动力中创新生态和政策环境为区块链产业生态系统的价值创造活动营造了良好的生态环境和制度环境。同时，通过区域资本和政策的制定意味着更多的初始资源和享有政策的支持与优惠，丰富了区块链产业生态系统价值共创的资源来源，降低了资源创新和系统运行的风险。内部动力因素中通过人才支撑、资源投入和技术水平为区块链产业生态系统的发展提供了"人—财—物"，保障了生态系统中人才资源和底层技术设施的健全，基于共同的价值主张，知识分享和种群间的合作减少了成员间的摩擦，有效提升了区块链产业生态系统中服务层、融合层和中枢层之间的价值互动过程，而清晰的功能定位和良好的制度规范减少了系统成员间的沟通成本和机会助益行为，使之建立起高质量的合作信任关系，共同促进价值创造。因此，外部动力和内部动力对区块链产业生态系统价值共创均会产生促进作用。

（2）外生动力和内生动力两者之间存在互补效应。外生动力为区块链产业生态系统提供了良好的成长环境，内生动力通过对资源的协调、共享，使区块链产业生态系统的价值创造活动更高效，二者存在一种互补关系，并且共同作用大于单独作用，即内外部因素的综合作用比单一通过内部或外部动力更有利于区块链产业生态系统的价值共创。本章研究推动了区块链产业生态系统中价值共创的系统动力学研究，明确了区块链产业生态系统价值共创的内外部驱动因素，以及内部动力和外部动力在区块链产业生态系统价值共创中的作用和相互关系，也在一定程度上丰富了相关理论研究。

4.7 小　　结

首先，本章在区块链产业生态系统价值共创行为影响因素理论文献回顾与总结基础上，将区块链产业生态系统价值共创行为的主要影响因素分为内生动力因素和外生动力因素两个方面，其中内生动力因素包括资源投入、种群合作、技术水平、制度安排和功能定位，外生动力因素包括应用环境、区域资本和政策推动，并构建了区块链产业生态系统价值共创行为影响因素的理论模型。其次，通过线上线下调查问卷的形式获取到相关数据，并通过有序 Probit 模型对影响区块链产业生态系统价值共创行为的因素进行实证分析，研究发现，区块链产业生态系统价值共创行为受到内生动力因素资源投入、种群合作、技术水平、制度安排、功能定位和外生动力因素政策推动的正向影响，受到外生动力因素区域资本和应用环境的部分正向影响。最后，利用系统动力学从动态视角将影响因素的具体实现机制进行仿真分析，结果发现，区块链产业生态系统价值共创的影响因素可分为内生动力因素和外生动力因素，且内生动力和外生动力都能够正向影响区块链产业生态系统的价值共创，即两者都有利于提升区块链产业生态系统中价值服务层、价值融合层和价值中枢层的价值互动过程和效果；外生动力和内生动力两者之间存在互补效应。

第 5 章

区块链产业生态系统绩效评价指标体系的构建与实证研究

准确评估区块链产业生态系统绩效，有利于评估区块链产业生态系统发展程度，判断区块链产业生态系统现状是否符合当前发展目标，及时发现影响区块链产业生态系统绩效水平的重要因素并对影响因素及时进行调控。因此，本章在前文研究及文献研究的基础上构建了价值共创视角下区块链产业生态系统绩效评价指标，建立了评价模型，并进行了实证研究，全面评价了当前各省份区块链产业生态系统的发展水平，以定量分析的方式找出我国现阶段区块链产业生态系统存在的短板和弱项，为区块链产业生态系统的发展与提升对策提供可参考的依据。

5.1 区块链产业生态系统绩效
评价指标体系构建思路

5.1.1 绩效评价指标体系构建原则

区块链产业生态系统绩效评价指标体系的构建应当科学且规范，只有这样才能保证评价结果的客观性和科学性，为区块链产业生态治理提供决策依据，进而推动区块链产业生态系统的可持续发展。因此，在区块链产业生态系统绩效评价指标体系的设计过程中应遵循以下四个基本原则。

（1）目标性原则。在构建区块链产业生态系统绩效评价指标体系之前，必须先了解建构指标体系有哪些目的，也就是运用其来解决哪些问题。本章旨在借助多个科学且可衡量的指标，来比较中国该产业生态系统在价值创造方面的获得状况，并分析各省区市之间的现实发展状况以及发展趋势，寻找到可行的参考标准，以促进中国区块链产业生态体系发展。

（2）系统性原则。区块链产业生态系统内部包含了多种因素，且各个因素之间既相互独立又相互关联。因此，在设计指标体系时，应该全方位探究各个指标所涵盖信息的完备性，以确保所选指标尽可能地体现出评价对象的整体情况。

（3）代表性原则。选择越多的指标信息和指标数量，评价结构的精确性会越高，同时所反映的信息量也会越多。若将可能涉及的评价指标都考虑在内，那么评价工作就会变得更加烦琐复杂，因而也就丧失了建立绩效评价指标体系的初始目标。因此，在挑选度量标准时，除了全面考虑指标的整体特征之外，还要充分考虑指标信息的代表性和全面性。优化评价体系，以最少的指标覆盖更广泛的信息，避免遗漏重点信息，相对全面地呈现出区域内区块链产业生态系统的发展状况。

（4）可操作性原则。区块链产业生态系统绩效评价指标体系包含技术、经济、社会和知识创新等多个方面的内容，牵涉的产业相当丰富，主体内企业业务范围也非常广。为确保获取到的数据资料是有效的，在指标筛选过程中应最大限度确保数据是可衡量的，同时避免出现主观因素的干扰。为了确保评价指标体系的可操作性，需要选择可统计的数据进行计算和整理，以便准确地衡量所评价的对象。

5.1.2　绩效评价指标体系构建思路

前文指出，区块链产业生态系统各成员无法独立整合资源并创造价值，需要通过并购、企业间协作、产学研合作等多种模式互动耦合，充分整合并盘活现有的资源和生产要素，从而实现价值共同创造，以达到区块链产业生态系统的整体目标。基于价值共创范式，区块链产业生态系统各成员之间可以通过开放式的紧密协作满足各自的价值获取目标，并进一步调动系统内各成员的价值创造积极性，进而保证区块链产业生态系统整体的良性发展。因此，在价值共创视角下，区块链产业生态系统中各成员的行为是复杂的、多变的、难以预计的，并且直接地影响着区块链产业生态系统的"寿命"。这要求在评价区块链产业生态系统整体绩效时，不能仅以系统最后的输出绩效为导向，还需要考虑系统内各成员的行为绩效和输出绩效，力求所构建的绩效评价体系能更加系统、准确地体现其整体的发展概况。

在产业生态系统评价的研究中，学者们的研究成果主要集中于产业生态系统的发展评价、产业生态系统的健康性评价、产业生态系统的稳定性评价等内容，为本章研究奠定了理论基础。贾品荣（2023）构建了"高精尖"产业生态系统发展的关键要素指标体系，包含包容性、营养物质、新陈代谢、能量转换、主体要素间的关联、环境支撑六大关键要素；张晶（2016）基于社会、产业、环境和发展支持四个方面，设计了江苏省的产业生态系统发展评价指标体系，充分突出了其独特的生态特征，并在此基础上进行了实证研究；范德成和谷晓梅（2021）选取了 24 个系统健康性影响因素，构建了高技术产业技术创新生态系统健康性评价指标，并认为系统健康性关键影响因素为研发机构的企业数占比、国际竞争力、市场需求、对人员的吸附能力、知识产权保护、国内竞争力、引进外资和高技术企业数量；吴菲菲、童奕铭和黄鲁成（2020）提出了高技术产业四螺旋创新生态系统概念模型，从产业运营子系统、研发创新子系统、创新支持子系统、政策驱动子系统、社会参与子系统五个维度出发，构建了高技术产业创新生态系统有机性评价模型；王宏起、刘梦和武川（2020）结合创新生态系统稳定性表现，从结构、功能以及效益三个维度出发，构建了有关新兴产业创新生态系统稳定水平的评价指标体系；徐建中和王纯旭（2016）在结构、技术和外部环境三个维度上对产业技术创新生态系统运行的关键因素从内涵和外延上进行扩展、细化，最终构建了一个初始评价指标体系，以评估产业技术创新生态系统的运行稳定性。

在产业生态系统绩效评价方面，学者们大多从系统主体和系统环境两个维度构建绩效评价指标体系。在普和兰（Pu and Lam，2021）的研究中，从产业活力、产业环境、产业集群结构、产业恢复力四个维度完成了城市物流产业集群生态系统评价体系的构建；霍洛图克和兰（Holotiuk and Lam，2019）、张玉喜和张倩（2018）将金融生态系统分为内部生态和外部环境两个子系统并构建了相应的指标体系；扎哈拉和南比桑（Zahra and Nambisan，2012）以及索米宁、塞帕宁和德德海耶尔（Suominen，Seppanen and Dedehayir，2019）则从环境、生产、互动机制等方面构建了创新生态系统绩效评价体系。

对于产业生态系统的绩效评价而言，其评价标准可根据绩效水平划分为三类，即结果导向、过程导向、结果和过程的综合导向。区块链产业生态系统是区域创新发展的产物，旨在提升区块链技术的创新能力并推动区块链技术的应用发展。博世（Bosch，2015）认为，产业生态系统是由区块链产业发展主体、其他参与主体以及支持产业发展的一些外部环境等要素构成的相互依存、相互作用的有机整体。因此，我们可以以结果导向评价区块链产业生态系统绩效。借鉴以往学者们构建产业生态系统评价指标的方法，本章将基于"目标层—准则层—指标层"的框架来构建区块链产业生态系统的评价指标体系。

根据第 3 章对价值共创视角下区块链产业生态系统的结构模型构建，可认为区块链产业生态系统结构主要由区块链技术生产主体、区块链技术扩展主体、区块链技术应用主体、区块链产业服务种群和区块链产业环境 5 个主体构成。因此，在目标层，以实现区块链产业生态系统整体绩效最大化和协同发展为总目标；在准则层，参考刘志华、李林和姜郁文（2014）以及姜庆国（2018）的研究，以结果为导向依据区块链产业生态系统的结构构成，将其绩效划分为 5 个二级评价准则，分别是区块链技术生产主体绩效、区块链技术扩展主体绩效、区块链技术应用主体绩效、区块链产业服务主体绩效以及区块链产业环境绩效。由于区块链产业生态系统是各要素相互依存的有机整体，各主体绩效之间应当具备相互依存性，因此指标层必须在证明二级准则之间有相关关系之后才能确定，否则就没有意义。

5.2 价值共创视角下区块链产业生态系统绩效评价二级指标分析

区块链产业生态系统由多个主体构成，各主体之间存在着密切联系、不可分割的关系。在价值共创视角下，区块链产业链中的各主体在进行技术生产活动时会主动寻求其他利益相关者的服务支持，通过资源共享等方式提升自身的竞争力，实现自身的发展目标，并与周围环境互相作用。因此，在构建区块链产业生态系统绩效评价体系前，有必要对区块链技术生产主体绩效、区块链技术扩展主体绩效、区块链技术应用主体绩效、区块链产业服务主体绩效以及区块链产业环境绩效 5 个二级指标进行典型相关分析，以证明各主体之间的互相依存性。其具体步骤为：计算及检验典型相关系数—构建典型相关模型—分析典型结构—典型冗余分析与解释能力。

5.2.1　典型相关分析的理论基础

典型相关分析（CCA）又称规则相关分析，是一种借助主成分降维思想，研究两个整体变量组的相关关系，而非两个单独变量间的相关关系的多元统计分析方法，最早由霍特林提出（程毛林、韩云和易雅馨，2013）。在典型相关分析中，两个整体变量组具有共同属性且指代某种含义，通过统计方法的计算，找出相关系数。

典型相关分析的数学模型表述为（孙玮、王九云和成力为，2010）：假设两组整体变量分别为 $x = (X_1, X_2, \cdots, X_p)'$ 和 $y = (Y_1, Y_2, \cdots, Y_p)'$，按照选取规则，分别选取若干具有代表性的综合变量 U_i、V_i，使每一个综合变量都是原有变量的线性组合，即：

$$U_i = a_{i1}X_1 + a_{i2}X_2 + \cdots + a_{ip}X_p = a'x \; ; \; V_i = b_{i1}Y_1 + b_{i2}Y_2 + \cdots + b_{ip}Y_p = b'y$$

选取方差为 1 的 x 和 y 的线性函数 $a'x$ 与 $b'y$，求出使得它们的相关系数最大的一组常向量。若存在常向量 a_1、b_1，在 $D = (a'x) = (b'y) = 1$ 的条件下，使相关系数 $R = (a'x, b'y)$ 达到最大，则得到 x 和 y 的第一对典型相关变量 $a'x$ 与 $b'y$，它们之间的相关系数就叫典型相关系数。以此方法类推可以求出第二对、第三对典型相关变量。

最后，对典型相关系数进行显著性分析，以判别选取的整体变量组是否有足够的解释作用。若显著性检验通过，则说明变量组的选取具有代表性，且变量组之间具有显著的相关关系；反之，说明变量组之间无明显逻辑关系，变量组的选取存在一定问题。

5.2.2 典型相关分析观测变量的选择

前文已经提出区块链产业生态系统绩效评价指标体系的 5 个二级指标，因此典型相关分析应当从这 5 个维度出发。在进行典型相关分析时，除了分析区块链产业链绩效、区块链服务主体绩效和产业环境绩效之间的相关性之外，还需要额外分析区块链技术生产主体绩效、区块链技术扩展主体绩效和区块链技术应用主体绩效之间的相关性。基于数据的代表性原则和可操作性原则，本章分别选取 3 个指标变量对各个主体绩效进行测量。观测指标的选取依据如下所述。

（1）区块链产业链主体包含区块链上游企业和区块链下游企业，因此区块链产业链主体绩效应当包含区块链上下游企业的直接产出绩效。由于区块链技术属于创新技术，创新技术成果从权力化程度可以分为专利技术成果和非专利技术成果，而非专利技术成果难以统计、量化，出于数据的可操作性原则，本章在观测区块链产业链主体绩效时主要以区块链专利技术成果为导向。因此，最终选取"区块链相关专利申请数量""区块链相关专利授权数量""区块链应用领域专利数量"3 个变量来衡量区块链产业链主体的绩效（刘越群，2022），它们分别代表区块链技术生产主体、区块链技术扩展主体、区块链技术应用主体的直接产出。

（2）由于区块链技术生产主体、区块链技术扩展主体和区块链技术应用主体构成了一个较为完整的区块链产业链，则认为这 3 类主体能在一定程度上反映产业链主体绩效。基于此，在筛选出区块链产业链主体绩效的观测变量之后，仍需进一步细化其 3 个主体的观测变量，从而证明三者之间的相互依存性。其中，区块链技术生产主体作为区块链技术的主要创造者，"专利申请数量"代表其技术成果的产出数量,"研发人员数量"和"研发经费支出"代表其在技术研发上的投入;区块链技术扩展主体主要涉及区块链平台和技术开发服务,因此,"专利授权数量"代表其对区块链技术成果的转化情况,"新产品销售收入"代表其区块链相关产品带来的效益,"区块链企业数量"反映了技术扩展主体绩效的提升所带来的联动效应,即代表吸引企业家"入局"的程度;区块链技术应用主体作为区块链技术的主要受用者,"应用领域专利数量"反映其与区块链相关的技术成果产出数量,"应用案例数量"代表其产品(服务)与区块链技术的融合情况,"产业园区数量"反映了技术应用主体绩效的提升所带来的联动效应,即代表吸引相关企业集聚的程度。

(3)除并购、合资和合作外,区块链产业生态系统进行价值创造的模式还有产学研合作,而产学研合作离不开区块链产业服务主体的支持,区块链产业服务主体主要包含政府、高校和科研机构,因此产业服务主体绩效变量的选择主要从政府、高校和科研机构角度考虑。其中,"区块链政策数量"和"区块链项目政府补助"代表政府为支持区块链产业发展所提供的良好政策环境和资金帮助,"开设区块链专业高校数量"代表高校对区块链行业发展的重视程度。

(4)区块链产业环境绩效的观测变量应当充分体现区块链产业链的发展所带来的整体效益和区域可持续发展能力的提升。区块链产业环境复杂多样,主要包含市场环境、科技环境、文化环境、政策环境等,其可持续发展能力难以量化,而各种环境绩效变化最终都会反作用于技术创新,因此本章主要从区域技术可持续创新能力角度考量。其中,"区域专利总量增长率"可以代表区域整体的技术产出情况,"区域研发经费增长率"和"区域研发人员增长率"可以代表技术的可持续创新能力。

表5.1和表5.2呈现了最终筛选出的观测指标。

表 5.1　　　　　　　区块链产业链构成主体绩效观测变量

项目	产业链主体绩效（X）	产业服务主体绩效（Y）	产业环境绩效（Z）
变量 1	区块链相关专利申请数量（X_1）	区块链相关政策数量（Y_1）	区域研发经费增长率（Z_1）
变量 2	区块链相关专利授权数量（X_2）	区块链项目政府补助（Y_2）	区域专利总量增长率（Z_2）
变量 3	区块链应用领域专利数量（X_3）	开设区块链专业高校数量（Y_3）	区域研发人员增长率（Z_3）

表 5.2　　　　　　区块链产业生态系统构成主体绩效观测变量

项目	技术生产主体绩效（X'）	技术扩展主体绩效（Y'）	技术应用主体绩效（Z'）
变量 1	研发人员数量（X'_1）	专利授权数量（Y'_1）	应用领域专利数量（Z'_1）
变量 2	研发经费支出（X'_2）	区块链企业数量（Y'_2）	应用案例数量（Z'_2）
变量 3	专利申请数量（X'_3）	新产品销售收入（Y'_3）	产业园区数量（Z'_3）

　　在数据选取方面，本章选取了 2020 年我国各省区市的区块链产业生态系统数据为研究样本。由于部分省区市的统计数据缺失，因此在研究过程中选取了数据相对全面的 15 个省区市的区块链产业生态系统数据作为研究样本。其中专利数据来源于 Innojoy 专利检索平台，企业主体层面数据来源于 CSMAR 数据库和企业年报检索，产业园区数据来源于《链上新趋势：中国区块链产业发展普查报告（2020）》等。对区块链产业各方面的普查发展报告的相关数据进行整理之后，进一步分析我国区块链产业生态系统各主体绩效间的相关性。

5.2.3　区块链产业链绩效、服务主体绩效与环境绩效间的典型相关结果分析

　　将区块链产业链绩效的 3 个变量（X_1、X_2、X_3）作为第一组变量，区块

链产业服务主体绩效的 3 个变量（Y_1、Y_2、Y_3）作为第二组变量，区块链产业环境绩效的 3 个变量（Z_1、Z_2、Z_3）作为第三组变量，使用 SPSS 25.0 软件两两分析组与组之间的相关关系。

5.2.3.1 典型相关系数及检验

简单的变量相关性分析并不能展示出各组之间变量的实质性关系。因此，还需要利用典型相关系数进一步检验。各组之间的典型相关系数及显著性检验结果如表 5.3 ~ 表 5.5 所示。

表 5.3　区块链产业链绩效与服务主体绩效间的典型相关系数及检验值

典型变量	典型相关系数	特征值	Wilk's	NumD. F	Denom D. F.	Sig.
1	0.948	8.931	0.025	9.000	22.054	0.000
2	0.770	1.459	0.253	4.000	20.000	0.006
3	0.615	0.609	0.622	1.000	11.000	0.025

表 5.4　区块链产业链绩效与产业环境绩效间的典型相关系数及检验值

典型变量	典型相关系数	特征值	Wilk's	NumD. F	Denom D. F.	Sig.
1	0.887	3.699	0.100	9.000	22.054	0.005
2	0.663	0.783	0.469	4.000	20.000	0.094
3	0.404	0.195	0.837	1.000	11.000	0.171

表 5.5　服务主体绩效与产业环境绩效间的典型相关系数及检验值

典型变量	典型相关系数	特征值	Wilk's	NumD. F	Denom D. F.	Sig.
1	0.762	1.389	0.186	9.000	22.054	0.042
2	0.734	1.167	0.444	4.000	20.000	0.075
3	0.195	0.039	0.962	1.000	11.000	0.524

表 5.3 的统计分析结果显示，共提取了 3 对典型相关变量，其载荷系数分别为 0.948、0.770、0.615，且 3 对典型相关变量均通过显著性检验（Sig. <

0.05）。因此，对区块链产业链绩效与区块链服务主体绩效间的相关性研究可以转换为这 3 对典型相关变量的关系研究。

表 5.4 的统计分析结果显示，共提取了 3 对典型相关变量，其载荷系数分别为 0.887、0.663、0.404，但仅有第一对典型相关变量通过显著性检验（Sig. < 0.05）。因此，对区块链产业链绩效与产业环境绩效间的相关性研究可以转换为第一对典型相关变量的关系研究。

表 5.5 的统计分析结果显示，共提取了 3 对典型相关变量，其载荷系数分别为 0.762、0.734、0.195，但仅有第一对典型相关变量通过显著性检验（Sig. < 0.05）。因此，对区块链服务主体绩效与产业环境绩效间的相关性研究可以转换为第一对典型相关变量的关系研究。

5.2.3.2　典型相关模型构建

典型相关系数表示变量在典型变量表达式中的重要程度。由于各观测指标的计量量纲存在差异性，本章采用标准化的典型系数。

（1）区块链产业链绩效与区块链服务主体绩效的典型相关模型。

典型相关方程 1：

$$U_{11} = 2.430X_1 - 3.165X_2 - 0.099X_3 \text{；} V_{11} = 0.141Y_1 - 1.103Y_2 + 0.011Y_3$$

典型相关方程 2：

$$U_{12} = -2.336X_1 + 0.459X_2 + 2.528X_3 \text{；} V_{12} = 1.368Y_1 - 1.402Y_2 + 0.617Y_3$$

典型相关方程 3：

$$U_{13} = -8.112X_1 + 5.403X_2 + 2.546X_3 \text{；} V_{13} = -0.251Y_1 - 1.737Y_2 + 2.120Y_3$$

在第一组典型相关方程中，区块链相关专利申请数量（X_1）和区块链相关专利授权数量（X_2）对 U_{11} 贡献度最大，区块链项目政府补助（Y_2）对 V_{11} 贡献度最大；在第二组典型相关方程中，区块链相关专利申请数量（X_1）和区块链应用领域专利数量（X_3）对 U_{12} 贡献度最大，区块链相关政策数量（Y_1）和区块链项目政府补助（Y_2）对 V_{12} 贡献度最大；在第三组典型相关方程中，区块链相关专利申请数量（X_1）、区块链相关专利授权数量（X_2）和区块链应用领域专利数量（X_3）对 U_{13} 贡献度均较大，区块链项目政府补助（Y_2）和开设区块链专业高校数量（Y_3）对 V_{13} 贡献度最大。

（2）区块链产业链绩效与产业环境绩效的典型相关模型。

典型相关方程：

$$U_{21} = -1.722X_1 + 1.367X_2 - 0.542X_3 ; \quad W_{21} = 0.666Z_1 - 0.375Z_2 - 1.044Z_3$$

在此典型相关方程中，区块链相关专利申请数量（X_1）和区块链相关专利授权数量（X_2）对 U_{21} 贡献度最大，区域研发人员增长率（Z_3）对 W_{21} 贡献度最大。

（3）区块链服务主体绩效与产业环境绩效的典型相关模型。

典型相关方程：

$$V_{31} = -1.200Y_1 - 0.072Y_2 + 0.616Y_3 ; \quad W_{31} = 0.729Z_1 - 0.547Z_2 - 0.938Z_3$$

在此典型相关方程中，区块链相关政策数量（Y_1）对 V_{31} 贡献度最大，区域研发人员增长率（Z_3）对 W_{31} 贡献度最大。

5.2.3.3 典型结构分析

典型结构分析主要探讨原始变量组对典型变量的影响程度和方向，它由典型负载系数和交叉负载系数构成。其中，典型负载系数是指原始变量组与本组典型变量之间的相关系数，交叉负载系数是指原始变量组与另一组典型变量之间的相关系数。各原始变量组与各典型变量的典型负载系数和交叉负载系数如表 5.6 所示。

表 5.6　　　　　　　　　　典型负载系数和交叉负载系数

变量	X_1	X_2	X_3	Y_1	Y_2	Y_3	Z_1	Z_2	Z_3
U_{11}	-0.752	-0.877	-0.536	-0.587	-0.943	-0.842	—	—	—
U_{12}	0.453	0.324	0.755	0.582	0.076	0.131	—	—	—

变量	X_1	X_2	X_3	Y_1	Y_2	Y_3	Z_1	Z_2	Z_3
U_{13}	-0.479	-0.356	-0.378	-0.133	0.014	0.263	—	—	—
V_{11}	-0.713	-0.831	-0.508	-0.619	-0.995	-0.888	—	—	—
V_{12}	0.349	0.250	0.582	0.755	0.098	0.170	—	—	—
V_{13}	0.295	0.219	0.232	0.216	0.023	0.427	—	—	—
U_{21}	-0.888	-0.774	-0.975	—	—	—	0.269	-0.136	-0.629
W_{21}	-0.788	-0.686	-0.865	—	—	—	0.303	-0.154	-0.709
V_{31}	—	—	—	-0.890	-0.358	-0.151	0.316	-0.271	-0.410
W_{31}	—	—	—	-0.678	-0.273	-0.115	0.414	-0.355	-0.537

由表 5.6 中的数据可知，典型变量 U_{11} 和 V_{11} 与区块链相关专利授权数量（X_2）、区块链项目政府补助（Y_2）、开设区块链专业高校数量（Y_3）具有较强的负相关关系（系数均达到 $-0.8 \sim -1.0$），但典型变量 U_{11} 和 V_{11} 所负载的主要变量也为负向，可以理解为其主要负载信息与区块链相关专利授权数量（X_2）、区块链项目政府补助（Y_2）、开设区块链专业高校数量（Y_3）实际呈正相关；典型变量 U_{21} 和 W_{21} 均与区块链相关专利申请数量（X_1）、区块链应用领域专利数量（X_3）具有较强的负相关关系（系数均达到 -0.8 左右），但典型变量 U_{21} 和 W_{21} 所负载的主要变量也为负向，可以理解为其主要负载信息与区块链相关专利申请数量（X_1）、区块链应用领域专利数量（X_3）实际呈正相关。

因为各典型变量之间负载的主要变量和各原始观测变量有所重叠，经过梳理，上述相关关系的逻辑可以表现为：区块链项目政府补助和开设区块链专业的高校数量越多，说明区块链产业的发展越受到重视，适当的政府补助能为区块链产业提供资金支持，以保证技术研发和企业运营活动正常进行，开设足够的区块链专业或课程的高校数量能保证区块链技术开发人才的输送，进而使得区块链技术不断创新，具体表现为区块链相关专利申请数量和授权数量的增多。

5.2.3.4 典型冗余分析与解释能力

典型冗余是用来衡量一组典型变量对于本组和另外一组观测变量总方差的解释程度。其中，第一典型冗余指的是典型变量自身解释观测变量组方差的能力大小，第二典型冗余是指另一组观测变量组的典型变量解释观测变量组方差的能力大小。

从表5.7中可以看出，在区块链产业链绩效和服务主体绩效的相关分析中，本组典型变量对于区块链产业链绩效和服务主体绩效的观测变量总方差的解释比例均达到100%，且两组交叉解释的效果也比较强，均在70%以上，表明二者相关性确实很强；在区块链产业链绩效和产业环境绩效的相关分析中，本组典型变量对于区块链产业链绩效和产业环境绩效的观测变量总方差的解释比例分别为77.9%和50.6%，并且区块链产业链绩效组的方差被产业环境绩效组的典型变量解释的比例达到61.4%；在服务主体绩效和产业环境绩效的相关分析中，本组典型变量对于服务主体绩效和产业环境绩效的观测变量总方差的解释比例分别为57.6%和47.1%，但两组的交叉解释作用不够强。

表5.7   典型变量的解释能力

典型变量	第一典型冗余	典型相关系数平方	第二典型冗余
U_{11}	0.540	0.899	0.486
U_{12}	0.294	0.593	0.174
U_{13}	0.166	0.378	0.063
$U_{11} + U_{12} + U_{13}$	1.000	……	0.723
V_{11}	0.721	0.899	0.648
V_{12}	0.203	0.593	0.120

典型变量	第一典型冗余	典型相关系数平方	第二典型冗余
V_{13}	0.077	0.378	0.029
$V_{11} + V_{12} + V_{13}$	1.000	……	0.797
U_{21}	0.779	0.787	0.614
W_{21}	0.506	0.787	0.162
V_{31}	0.576	0.581	0.183
W_{31}	0.471	0.581	0.254

综合上述分析，区块链产业链绩效和服务主体绩效的 3 个典型相关系数分别为 0.948、0.770 和 0.615，区块链产业链绩效和产业环境绩效的典型相关系数为 0.887，服务主体绩效和产业环境绩效的典型相关系数为 0.762，即三者之间的两两相关性均较强。其间隐含的逻辑关系为：当区块链产业服务主体为区块链产业链主体提供资金支持、人才输入和政策帮助时，能有效带动区块链相关产业的发展，具体表现为区块链相关专利申请数量增多、授权数量增多以及区块链技术应用领域的专利数量增多。而区块链相关产业的发展又带动了区域产业环境绩效的提升，具体表现为区域技术可持续创新能力的提升。同时，区块链产业环境绩效的提升又反作用于区块链产业链主体和服务主体，促使二者的绩效再次攀升。

由此可知，区块链服务主体绩效、区块链产业环境绩效以及区块链产业链绩效之间具备互相依存性，并且环环相扣，符合区块链产业生态系统的绩效评价二级指标的要求。

5.2.4 技术生产主体绩效、技术扩展主体绩效与技术应用主体绩效间的典型相关结果分析

将区块链技术生产主体绩效的 3 个变量（X_1'、X_2'、X_3'）作为第一组变

量，区块链技术扩展主体绩效的 3 个变量（Y'_1、Y'_2、Y'_3）作为第二组变量，区块链技术应用主体绩效的 3 个变量（Z'_1、Z'_2、Z'_3）作为第三组变量，使用 SPSS 25.0 软件两两分析组与组之间的相关关系。本小节的分析过程与第 5.2.3 小节相似，因此，对于每一步骤的概念解释不做过多赘述。

5.2.4.1 典型相关系数及检验

简单的变量相关性分析并不能展示出各组之间变量的实质性联系，因此，还需要利用典型相关系数进行进一步检验。各组之间的典型相关系数及显著性检验结果如表 5.8 ~ 表 5.10 所示。

表 5.8 区块链技术生产主体绩效与技术扩展主体绩效间的典型相关系数及检验值

典型变量	典型相关系数	特征值	Wilk's	NumD. F	Denom D. F.	Sig.
1	0.999	460.460	0.000	9.000	22.054	0.000
2	0.913	5.026	0.059	4.000	20.000	0.000
3	0.802	1.806	0.356	1.000	11.000	0.001

表 5.9 区块链技术生产主体绩效与技术应用主体绩效间的典型相关系数及检验值

典型变量	典型相关系数	特征值	Wilk's	NumD. F	Denom D. F.	Sig.
1	0.994	78.045	0.002	9.000	22.054	0.000
2	0.828	2.180	0.196	4.000	20.000	0.002
3	0.613	0.602	0.624	1.000	11.000	0.026

表 5.10 区块链技术扩展主体绩效与技术应用主体绩效间的典型相关系数及检验值

典型变量	典型相关系数	特征值	Wilk's	NumD. F	Denom D. F.	Sig.
1	0.993	66.159	0.005	9.000	22.054	0.000
2	0.757	1.346	0.359	4.000	20.000	0.030
3	0.399	0.189	0.841	1.000	11.000	0.177

表 5.8 的统计分析结果显示，共提取了 3 对典型相关变量，其载荷系数分别为 0.999、0.913、0.802，且 3 对典型相关变量均通过显著性检验（Sig. < 0.05）。因此，对区块链技术生产主体链绩效与区块链技术扩展主体绩效间的相关性研究可以转换为这 3 对典型相关变量的关系研究。

表 5.9 的统计分析结果显示，共提取了 3 对典型相关变量，其载荷系数分别为 0.994、0.828、0.613，且 3 对典型相关变量均通过显著性检验（Sig. < 0.05）。因此，对区块链技术生产主体链绩效与区块链技术应用主体绩效间的相关性研究可以转换为这 3 对典型相关变量的关系研究。

表 5.10 的统计分析结果显示，共提取了 3 对典型相关变量，其载荷系数分别为 0.993、0.757、0.399，且前 2 对典型相关变量均通过显著性检验（Sig. <0.05）。因此，对区块链技术扩展主体链绩效与区块链技术应用主体绩效间的相关性研究可以转换为这 2 对典型相关变量的关系研究。

5.2.4.2 典型相关模型构建

典型相关系数表示变量在典型变量表达式中的重要程度。由于各观测指标的计量量纲存在差异性，本章采用标准化的典型系数。

（1）区块链技术生产主体绩效与区块链技术扩展主体绩效的典型相关模型。

典型相关方程 1：

$U'_{11} = 0.080X'_1 - 0.476X'_2 - 0.645X'_3$；$V'_{11} = -0.645Y'_1 - 0.070Y'_2 - 0.318Y'_3$

典型相关方程 2：

$U'_{12} = -1.357X'_1 - 0.419X'_2 + 1.626X'_3$；$V'_{12} = -1.879Y'_1 + 2.002Y'_2 + 0.161Y'_3$

典型相关方程 3：

$U'_{13} = 2.117X'_1 - 2.512X'_2 + 0.505X'_3$；$V'_{13} = 2.588Y'_1 - 0.382Y'_2 - 2.359Y'_3$

在第一组典型相关方程中，区块链相关专利申请数量（X'_3）对 U'_{11} 贡献度最大，区块链专利授权数量（Y'_1）对 V'_{11} 贡献度最大；在第二组典型相关方程中，研发人员数量（X'_1）和专利申请数量（X'_3）对 U'_{12} 贡献度最大，区块链相关专利授权数量（Y'_1）和区块链企业授权数量（Y'_2）对 V'_{12} 贡献度最大；在第三组典型相关方程中，研发人员数量（X'_1）、研发经费支出（X'_2）对 U'_{13} 贡献度均较大，区块链相关专利授权数量（Y'_1）和新产品销售收入（Y'_3）对 V'_{13} 贡献度最大。

（2）区块链技术生产主体绩效与区块链技术应用主体绩效的典型相关模型。

典型相关方程 1：

$$U'_{21} = 0.138X'_1 - 0.351X'_2 - 0.811X'_3; \quad W'_{21} = -0.478Z'_1 - 0.557Z'_2 - 0.093Z'_3$$

典型相关方程 2：

$$U'_{22} = 1.660X'_1 - 2.553X'_2 + 0.896X'_3; \quad W'_{22} = 0.023Z'_1 - 0.801Z'_2 + 1.046Z'_3$$

典型相关方程 3：

$$U'_{23} = 1.885X'_1 - 0.265X'_2 - 1.362X'_3; \quad W'_{23} = -1.566Z'_1 + 0.872Z'_2 + 0.922Z'_3$$

在第一组典型相关方程中，区块链相关专利申请数量（X'_3）对 U'_{21} 贡献度最大，区块链应用案例数量（Z'_2）对 W'_{21} 贡献度最大；在第二组典型相关方程中，研发人员数量（X'_1）和研发经费支出（X'_2）对 U'_{22} 贡献度最大，区块链产业园区数量（Z'_3）对 W'_{22} 贡献度最大；在第三组典型相关方程中，研发人员数量（X'_1）和区块链相关专利申请数量（X'_3）对 U'_{23} 贡献度均较大，应用领域专利数量（Z'_1）对 W'_{23} 贡献度最大。

（3）区块链技术扩展主体绩效与区块链技术应用主体绩效的典型相关模型。

典型相关方程 1：

$$V'_{31} = -0.750Y'_1 - 0.129Y'_2 - 0.150Y'_3; \quad W'_{31} = -0.369Z'_1 - 0.624Z'_2 - 0.145Z'_3$$

典型相关方程 2：

$$V'_{32} = -3.110Y'_1 + 1.207Y'_2 + 2.212Y'_3; \quad W'_{32} = 1.269Z'_1 - 0.199Z'_2 - 1.357Z'_3$$

在第一组典型相关方程中，区块链相关专利授权数量（Y'_1）对 V'_{31} 贡献度最大，区块链应用案例数量（Z_2'）对 W_{31}' 贡献度最大；在第二组典型相关方程中，区块链相关专利授权数量（Y_1'）和新产品销售收入（Y_3'）对 V_{32}' 贡献度最大，应用领域专利数量（Z_1'）和区块链产业园区数量（Z_3'）对 W_{32}' 贡献度最大。

5.2.4.3 典型结构分析

各原始变量组与各典型变量的典型负载系数和交叉负载系数如表 5.11 所示。

表 5.11　　　　　　　　典型负载系数和交叉负载系数

变量	X_1'	X_2'	X_3'	Y_1'	Y_2'	Y_3'	Z_1'	Z_2'	Z_3'
U_{11}'	-0.876	-0.933	-0.971	-0.990	-0.853	-0.948	—	—	—
U_{12}'	-0.421	-0.318	0.182	-0.008	0.455	-0.083	—	—	—
U_{13}'	0.236	-0.168	0.154	0.107	0.119	-0.243	—	—	—
V_{11}'	-0.875	-0.932	-0.970	-0.991	-0.854	-0.949	—	—	—
V_{12}'	-0.384	-0.290	0.166	-0.009	0.498	-0.091	—	—	—
V_{13}'	0.189	-0.135	0.123	0.133	0.149	-0.302	—	—	—
U_{21}'	-0.840	-0.893	-0.989	—	—	—	-0.897	-0.901	-0.671
U_{22}'	0.059	-0.303	0.141	—	—	—	0.196	-0.266	0.584
U_{23}'	0.540	0.332	-0.052	—	—	—	-0.220	0.167	0.133
W_{21}'	-0.835	-0.887	-0.982	—	—	—	-0.903	-0.907	-0.675
W_{22}'	0.049	-0.251	0.117	—	—	—	0.237	-0.321	0.705
W_{23}'	0.331	0.204	-0.032	—	—	—	-0.360	0.272	0.216
V_{31}'	—	—	—	-0.997	-0.884	-0.919	-0.867	-0.920	-0.676
V_{32}'	—	—	—	-0.077	0.120	0.279	0.146	0.012	-0.423
W_{31}'	—	—	—	-0.989	-0.877	-0.912	-0.873	-0.927	-0.681
W_{32}'	—	—	—	-0.058	0.091	0.211	0.193	0.016	-0.559

由表 5.11 中的数据可知，典型变量 U'_{11}、V'_{11} 与研发经费（X'_2）、区块链相关专利申请数量（X'_3）、区块链相关专利授权数量（Y'_1）和区块链相关专利授权数量（Y'_3）具有较强的负相关关系（系数均达到 -0.9 左右），但典型变量 U'_{11}、V'_{11} 所负载的主要变量也为负向，可以理解为其主要负载信息与研发经费（X'_2）、区块链相关专利申请数量（X'_3）、区块链相关专利授权数量（Y'_1）和区块链相关专利授权数量（Y'_3）实际呈正相关；典型变量 U'_{21} 和 W'_{21} 均与区块链相关专利申请数量（X'_3）、应用领域专利数量（Z'_1）和应用案例数量（Z'_2）具有较强的负相关关系（系数均为 -0.9 左右），但典型变量 U'_{21} 和 W'_{21} 所负载的主要变量也为负向，可以理解为其主要负载信息与区块链相关专利申请数量（X'_3）、应用领域专利数量（Z'_1）和应用案例数量（Z'_2）实际呈正相关；典型变量 V'_{31} 和 W'_{31} 均与区块链相关专利授权数量（Y'_1）、区块链相关专利授权数量（Y'_3）和应用案例数量（Z'_2）具有较强的负相关关系（系数均为 -0.9 左右），但典型变量 V'_{31} 和 W'_{31} 所负载的主要变量也为负向，可以理解为其主要负载信息与区块链相关专利授权数量（Y'_1）、区块链相关专利授权数量（Y'_3）和应用案例数量（Z'_2）实际呈正相关。

因为各典型变量之间负载的主要变量和各原始观测变量有所重叠，经过梳理，上述相关关系的逻辑可以表现为：研发经费越多，区块链技术生产主体的技术创新能力就越强，因而区块链相关专利申请数量也越多，大大增加了区块链相关专利成功授权的数量，使得区域的区块链技术得到发展。区块链技术扩展主体受区块链技术发展的影响，会更加着重开发区块链相关产品，其新产品销售收入也会越多，而区块链相关产品的推出，加速了区块链技术与其他行业的融合发展，具体表现为区块链技术应用案例数量增多、应用领域专利数量增多。

5.2.4.4 典型冗余分析与解释能力

从表 5.12 中观察到，在区块链技术生产主体绩效和区块链技术扩展主体绩效的相关分析中，二者的观测变量总方差可被本组典型变量解释的比例均为100%，且这两组的交叉解释作用也较强，均在90%以上；在区块链技术生产主体绩效和区块链技术应用主体绩效的相关分析中，二者的观测变量总方差可被本组典型变量解释的比例均为100%，并且两组的交叉解释的比例均在80%以上；在区块链技术扩展主体绩效和区块链技术应用主体绩效的相关分析中，二者的观测变量总方差可被本组典型变量解释的比例分别为90.6%和81.2%，并且两组的交叉解释的比例分别为87.9%和75.2%。

表5.12　　　　　　　　　　　　　典型变量的解释能力

典型变量	第一典型冗余	典型相关系数平方	第二典型冗余
U'_{11}	0.860	0.998	0.859
U'_{12}	0.104	0.834	0.086
U'_{13}	0.036	0.643	0.023
$U'_{11} + U'_{12} + U'_{13}$	1.000	……	0.968
V'_{11}	0.871	0.998	0.869
V'_{12}	0.086	0.834	0.071
V'_{13}	0.044	0.643	0.028
$V'_{11} + V'_{12} + V'_{13}$	1.000	……	0.968
U'_{21}	0.827	0.988	0.816
U'_{22}	0.039	0.686	0.026
U'_{23}	0.135	0.376	0.051
$U'_{21} + U'_{22} + U'_{23}$	1.000	……	0.893
W'_{21}	0.698	0.988	0.689
W'_{22}	0.219	0.686	0.150
W'_{23}	0.083	0.376	0.031
$W'_{21} + W'_{22} + W'_{23}$	1.000	……	0.870
V'_{31}	0.873	0.986	0.860
V'_{32}	0.033	0.573	0.019

典型变量	第一典型冗余	典型相关系数平方	第二典型冗余
$V'_{31} + V'_{32}$	0.906	……	0.879
W'_{31}	0.695	0.986	0.685
W'_{32}	0.117	0.573	0.067
$W'_{31} + W'_{32}$	0.812	……	0.752

综合上述分析，区块链技术生产主体绩效和区块链技术扩展主体绩效的 3 个典型相关系数分别为 0.999、0.913 和 0.802，区块链技术生产主体绩效和区块链技术应用主体绩效的 3 个典型相关系数分别为 0.994、0.828 和 0.613，区块链技术扩展主体绩效和区块链技术应用主体绩效的 2 个典型相关系数分别为 0.993 和 0.757，即三者之间的两两相关性均较强。这意味着以上 3 类主体之间具备互相依存性，能较好地体现区块链产业链的整体绩效。其间隐含的逻辑关系为：随着区块链技术生产主体所创造的成果数量的增加，区块链技术扩展主体和应用主体的规模也会随之扩大，并且相关产品的营收也会增多。而区块链技术应用主体的绩效主要体现在应用案例数增加以及相关专利数上升，将会带动产业集聚，从而促进产业园区数量的增多，进而为区块链技术生产主体和区块链技术服务主体提供更多发展的可能。

5.2.5　二级指标分析结果

通过以上分析结果可知，区块链产业链绩效可以通过区块链技术生产主体绩效、区块链技术扩展主体绩效和区块链技术应用主体绩效这 3 个指标相对准确地体现出来。而第 5.2.3 小节已经证明区块链产业链绩效与区块链服务主体绩效和区块链产业环境绩效之间具有相关关系，因此，采取前文选取的 5 个二级指标能够相对精确地描述区块链产业生态系统的整体绩效水平。

5.3 价值共创视角下区块链产业生态系统绩效评价三级指标识别

5.3.1 评价指标体系构建

前文已经证明准则层的 5 个维度之间具备相关性，因此，可以进一步构建每个维度下的具体指标层。在指标层，基于绩效指标评价结果，综合了佩尔特、詹森和巴尔斯（Pelt，Jansen and Baars，2021），谢和马丁内斯（Xie and Martinez，2019），以及南比桑和巴伦（Nambisan and Baron，2013）的研究成果，同时参考了《中国区块链产业生态地图报告》《2020～2021 年中国区块链产业发展白皮书》等政策文件资料，构建了一个包含 20 个评价指标的区块链产业生态系统评价指标体系，具体如表 5.13 所示。

表 5.13 　　　　区块链产业生态系统绩效初步评价指标体系

一级指标（目标层）	二级指标（准则层）	三级指标（指标层）
区块链产业生态系统绩效	区块链技术生产主体绩效	区块链研发人员数量（a_1）
		区块链研发经费支出（a_2）
		区块链专利申请数量（a_3）
		区块链科研项目数量（a_4）
		区块链学术论文数量（a_5）
	区块链技术扩展主体绩效	区块链相关企业总产值（b_1）
		区块链相关企业数量（b_2）
		区块链产品（服务）销售收入（b_3）
		区块链专利授权数量（b_4）

一级指标（目标层）	二级指标（准则层）	三级指标（指标层）
区块链产业生态系统绩效	区块链技术应用主体绩效	区块链产业园区数量（c_1）
		区块链应用案例数量（c_2）
		区块链应用领域专利数量（c_3）
	区块链产业服务主体绩效	开设区块链专业高校数量（d_1）
		融资数量（d_2）
		政策数量（d_3）
		政府补助（d_4）
	区块链产业环境绩效	区域研发人员增长率（e_1）
		区域研发经费增长率（e_2）
		区域专利增长率（e_3）
		区域经济总量增长率（e_4）

三级指标层应当能精准而全面地反映区块链产业生态系统中各构成主体的行为绩效和输出绩效。前文进行典型相关分析时对部分三级指标的选取已经做过相关阐述，在此进行补充说明。

（1）区块链技术生产主体绩效主要取决于区块链技术创新企业、研发机构和高等院校等主体所产出的创新成果的数量（张慧、熊欢欢和刘越群，2023），这些产物的质量和数量将直接影响到区块链技术的发展和推广。因此，基于可操作性原则，本章主要选取"区块链专利申请数量""科研项目数量""学术论文数量"来衡量技术生产主体的技术创新产出绩效。同时，区块链技术创新的重要性还可以从区块链"研发人员数量"和"研发经费支出"中得到体现，这些因素在一定程度上影响着区块链技术生产主体绩效产出。因此，衡量其绩效的指标不仅包括以上三个指标，还包括"研发人员数量"和"研发经费支出"等指标。

（2）区块链技术扩展主体主要包括区块链平台和区块链技术开发服务。因此，区块链技术扩展主体绩效主要体现在区块链创新技术成果的转化情况以及转化后的相关产品（服务）所带来的绩效成果（张慧、熊欢欢和刘越群，2023）。区块链专利授权意味着区块链技术成果能够成功地被转化，意味着创新技术成果转化情况可以用区块链专利授权数量表示。而应用了区块链技术的新产品（服务）所带来的销售收入，可以直观地反映区块链技术所带来的经济效益和市场情况。同时，相关企业数量和企业总产值可以反映区域内区块链技术应用的支撑强度和区块链产业发展水平。因此，区块链技术扩展主体绩效可以用"区块链专利授权数量""区块链产品（服务）销售收入""区块链相关企业数量""区块链相关企业总产值"这 4 个指标来衡量。

（3）区块链技术应用主体绩效主要包括对于区块链技术创新成果的应用情况，即区块链技术与其他行业深度融合的情况。使用区块链应用案例数量以及区块链应用领域专利数量可以直观地表示区块链产品的应用情况。而产业园区作为产业集聚的载体，能有效推动产业集群的形成，因此可以根据区块链园区的数量来衡量区块链相关产业聚集情况，从而间接反映出区块链产品的应用能力及其在其他行业中的应用所带来的效益和影响。因此，区块链技术应用主体绩效将通过"区块链产业园区数量""区块链应用案例数量""区块链应用领域专利数量"等指标来评估。

（4）区块链产业服务主体绩效主要包括其提供服务的范围、服务效率、创新能力等内容，而产业服务机构的服务质量对整个区块链产业生态系统的发展至关重要。由于我国的区块链产业是刚刚发展起来的，所以离不开各服务主体的资金、人才支持。政府可以通过相关政策、专项经费补助等方式来引导、鼓励和规范该产业的发展；金融机构则可通过融资助力区块链技术生产企业研发、拓展区块链项目，高等院校则可以开设与区块链相关的专业以及教学方案来为该产业培养更多的专业人才。因此，区块链产业服务主体绩效主要通过"政策数量""政府补助""融资数量""开设区块链高校数量"等指标来评估。

（5）区块链产业环境绩效即区块链产业发展对区域可持续发展和区域整体效益的提升程度，可通过"区域研发人员增长率""区域研发经费增长率""区域专利增长率""区域经济总量增长率"来衡量。区域研发人员增长率、区域研发经费增长率和区域专利增长率能直观地反映出区域对创新技术发展的重视程度以及创新技术相关产业的勃兴程度，三者的指标越高，则区域可持续发展能力越强。同时，"区域经济总量增长率"可以反映区域整体经济效益的提升情况。

5.3.2　相关性评价指标识别

前文构建的区块链产业生态系统绩效评价指标体系是建立在对区块链产业生态系统结构、功能和过往文献的分析基础之上的。为了排除主观因素的干扰，提高评价指标的科学准确性，本章选取 2020 年 15 个省份的区块链产业生态系统的相关数据，并使用 SPSS 25.0 软件对五个二级指标下的三级指标进行了相关性评价和鉴别能力分析。

基于代表性原则，绩效评价体系中的指标应当少而精，并且能够揭示区域区块链产业生态系统发展全貌，这意味着选择的指标信息重叠度不能过高。如果所选指标信息存在高度重叠，在不相重叠的信息部分，评价对象之间的差距会扩大，无法反映评价对象的全貌，从而影响评价结果的准确性，进而降低评价指标体系的可靠性。

因此，为确保指标体系的科学性和规范性，本章将采取相关性分析来确定各指标之间的关联程度，并设置相应的相关系数阈值。通过计算相关系数，我们可以评估变量之间的相关性，进而筛选并剔除相关性较大的变量，以减少评价指标之间的信息重叠部分。通常相关系数的临界值为绝对值在 0~1 的数值。参考陈洪海（2021）的取值标准，本章将相关系数的范围设定在 0~1，临界值设定为 0.9。当相关系数小于临界值时，可认为两个指标之间的相关性较小；相反，如果相关系数超过临界值，则表示两个指标之间存在较强的相关性。在这种情况下，需要对具有较高相关性的指标进行比较和分析，可选择删除其中之一，或将两个相关性较高的指标合并为一个指标。相关性分析的结果如表 5.14 ~ 表 5.18 所示。

表 5.14　　　　　　　　　区块链技术生产主体绩效相关性系数

指标	a_1	a_2	a_3	a_4	a_5
a_1	1.00	—	—	—	—
a_2	0.93	1.00	—	—	—
a_3	0.85	0.92	1.00	—	—
a_4	0.09	0.28	0.44	1.00	—
a_5	0.58	0.69	0.45	− 0.20	1.00

表 5.15　　　　　　　　　区块链技术扩展主体绩效相关性系数

指标	b_1	b_2	b_3	b_4
b_1	1.00	—	—	—
b_2	0.84	1.00	—	—
b_3	0.89	0.85	1.00	—
b_4	0.88	0.92	0.89	1.00

表 5.16　　　　　　　　　区块链技术应用主体绩效相关性系数

指标	c_1	c_2	c_3
c_1	1.00	0.29	0.60
c_2	0.29	1.00	0.33
c_3	0.60	0.33	1.00

表 5. 17 区块链产业服务主体绩效相关系数

指标	d_1	d_2	d_3	d_4
d_1	1.00	——	——	——
d_2	0.95	1.00	——	——
d_3	0.45	0.61	1.00	——
d_4	0.79	0.90	0.79	1.00

表 5. 18 区块链产业环境绩效相关系数

指标	e_1	e_2	e_3	e_4
e_1	1.00	——	——	——
e_2	0.64	1.00	——	——
e_3	-0.45	0.18	1.00	——
e_4	0.19	0.04	-0.51	1.00

从表 5. 14 ~ 表 5. 18 的数据可以观察到，指标 a_2、b_4 和 d_2 与其他指标的相关系数均超过了预设的临界值 0. 9，因此需要将其剔除以减少指标之间的信息重叠。经过剔除，可以发现保留下来的指标之间的相关系数都低于预设的临界值 0. 9。这表明当前指标之间的相关性较低，信息重叠度较小。因此，该处理步骤有助于提高评价指标体系的科学性和准确性，确保选取的指标互相独立，减少重复信息的影响。

5.3.3 变异系数鉴别能力分析

通过相关性分析，剔除信息高度重叠的指标之后，还应深入分析现有指标的鉴别能力，以保证其准确性和可靠性。指标的鉴别能力在于其区分评价对象特征差异的能力（邓富民、张金光和梁学栋，2014）。通常情况下，采用变异系数来衡量指标的鉴别能力。变异系数越大，指标的鉴别能力越强，反之则越弱。变异系数的计算公式如下所示：

$$V_i = \frac{S_i}{\bar{X}_i} \tag{5.1}$$

其中，V_i 表示第 i 个指标对应的变异系数，S_i 表示第 i 个指标的标准差，$\bar{X}_i$ 表示第 i 个指标的均值。根据邓富民、张金光和梁学栋（2014）的研究，本章将变异系数的临界值设定为 0.3。当 $V_i < 0.3$，则说明该指标区分各省份区块链产业生态系统绩效水平的效果不明显，应该考虑剔除该指标；反之，若 $V_i > 0.3$，则说明该指标的区分效果显著，应予以保留。

基于式（5.1），本章使用 SPSS 25.0 分析了 2020 年 15 个省份的区块链产业生态系统绩效评价指标的鉴别能力，具体结果如表 5.19 所示。

表 5.19   **区块链产业生态系统绩效指标变异系数**

指标	均值（$\bar{X}_i$）	标准差（S_i）	变异系数（V_i）
a_1	16199.2700	21859.2600	1.3494
a_3	590.9333	910.2245	1.5403
a_4	48.9333	25.3616	0.5183
a_5	22.8000	24.0333	1.0541
b_1	179.0000	241.0000	1.3464
b_2	64.3333	74.4472	1.1572
b_3	116.0000	171.0000	1.4741
c_1	1.7333	1.7915	1.0336
c_2	82.4000	130.4891	1.5836
c_3	13.0667	12.4640	0.9539
d_1	1.4667	2.2636	1.5434
d_3	4.2667	2.8652	0.6715
d_4	86.8000	117.0000	1.3479
e_1	5.4302	11.0242	2.0302

指标	均值（$\bar{X}_i$）	标准差（S_i）	变异系数（V_i）
e_2	14.7275	10.2850	0.6984
e_3	2.1218	11.8219	5.5716
e_4	10.0639	8.6229	0.8568

由表5.19的数据可得，各项指标的变异系数都超过了预先设定的临界值0.3，表明各项指标的鉴别能力比较强，且区分效果比较显著，因此不需要排除以上指标。

5.3.4 区块链产业生态系统绩效评价指标体系的构建

本章先后通过相关性分析与鉴别能力分析对指标进行识别、分析和筛选，并基于剔除强相关性指标、保留强鉴别性指标的原则，最终形成了区块链产业生态系统绩效评价指标体系，具体内容如表5.20所示。

表5.20　　　　　区块链产业生态系统绩效评价指标体系

一级指标	二级指标	三级指标	数据来源
区块链产业生态系统绩效	区块链技术生产主体绩效	区块链研发人员数量（a_1）	CSMAR数据库
		区块链专利申请数量（a_3）	Innojoy专利检索平台
		区块链科研项目数量（a_4）	泛研全球科研项目数据库
		区块链学术论文数量（a_5）	CNKI
	区块链技术扩展主体绩效	区块链企业总产值（b_1）	CSMAR数据库
		区块链企业数量（b_2）	天眼查商业查询平台
		区块链产品（服务）销售收入（b_3）	CSMAR数据库、企业年报

续表

一级指标	二级指标	三级指标	数据来源
区块链产业生态系统绩效	区块链技术应用主体绩效	区块链产业园区数量（c_1）	《链上新趋势：中国区块链产业发展普查报告（2020）》
		区块链应用案例数量（c_2）	《中国区块链产业生态地图报告》
		区块链应用领域专利数量（c_3）	Innojoy 专利检索平台
	区块链产业服务主体绩效	开设区块链专业高校数量（d_1）	网络检索
		政策数量（d_3）	《中国区块链发展报告（2020）》
		政府补助（d_4）	企业年报
	区块链产业环境绩效	区域研发人员增长率（e_1）	国家、省份统计年鉴
		区域研发经费增长率（e_2）	
		区域专利增长率（e_3）	
		区域经济总量增长率（e_4）	

针对上述构建的绩效评价指标体系，本章对部分评价指标的定义进一步解释说明如下。

（1）区块链技术生产主体绩效指标。"区块链研发人员数量"是指从事区块链技术研发的科技人员数量。区块链产业的健康发展离不开持续不断的技术创新，而这些创新成果的取得与区块链技术的推广和应用水平密不可分。"区块链科研项目数量""区块链论文数量""区块链专利数量"则直观展示了区块链技术创新发展，对这三个指标本章研究将以年度为单位进行数据统计。

（2）区块链技术扩展主体绩效指标。"区块链企业的总产值"反映了区域内区块链企业的总体发展水平，一般通过其主营业务包括区块链的所有企业年度生产产品（服务）的总价值之和来衡量。"区块链企业数量"表明，从事区块链方向的企业数量越多，区块链产业的发展范围就会越大，区块链产业的发展进程也会越快。"区块链产品（服务）销售收入"是区块链技术成果市场化后的产物，这一指标的增长反映了区块链技术扩展应用能力的增强，也间接反映了企业的绩效。销售收入越高，则表明区块链企业的产品和服务具备一定的市场竞争力，并且能够满足用户的需求，从而绩效也就相对越好。

（3）区块链技术应用主体绩效指标。"区块链应用领域专利数""区块链应用案例数"是技术扩展平台将区块链技术领域发生的技术创新转化成了真正有商业价值的产品和解决方案，这直接影响了区块链产业生态系统的绩效产出。通过增加专利数量和应用案例数，技术扩展平台能够进一步夯实自身的技术实力和市场地位，推动区块链技术的全面发展和应用推广。其中采用区块链技术成功应用于其他行业业务的数量来表示"区块链应用案例数量"，采用年度区块链相关的实用新型专利申请数量来表示"区块链应用领域专利数量"。"区块链产业园区数量"一定程度上也反映了区块链产业聚集程度。产业集聚程度越高，区块链产业链上下游之间的信息、资源的流通效率也就越高，从而能实现更好的协同合作，进而提高整体绩效。

（4）区块链产业服务主体绩效指标。"政策数量"和"政府补助"情况能够反映出政府对于企业区块链技术创新以及应用等方面的认可程度和支持力度，其中这两个指标均以年度为单位进行数据统计。高等院校开设区块链相关专业、培养方案等可以为该产业输送更多更专业的人才，助力产业的可持续发展，其中将采用年度开设区块链相关课程或专业的高校数量来表示"开设区块链专业高校数量"。

（5）区块链产业环境绩效指标。"区域研发人员增长率""区域研发经费增长率""区域专利增长率"即三者在某年的数据与前年相比的增长程度，是从纵向角度考量区域对区块链产业的支持情况、区块链产业的发展程度。"区域经济总量增长率"即年度区域内总体经济体量的膨胀程度，该指标将区块链产业生态系统的发展所带来的各种效益统一量化成经济效益，以衡量区块链技术产业生态系统为区域带来的可持续发展能力。

5.4 价值共创视角下我国区块链产业生态系统绩效评价模型构建

在区块链产业生态系统绩效评价体系构建完成之后，还需要对各指标的重要性进行量化处理，计算各个指标对结果的贡献度，以此构建区块链产业生态系统绩效评价模型。区块链产业生态系统绩效评价的目的是为政府制定相关政策、指导区块链产业良性发展提供依据，因此绩效评价的结果必须相对客观，且能反映出区域间区块链产业发展状况的差异性。鉴于此，本章选用熵权 TOPSIS 法构建区块链产业生态系统的绩效评价模型，具体步骤为先用熵权法计算各指标权重，接着用 TOPSIS 法综合各个指标的评价值，通过对比分析得出对整体的综合评价结果。

5.4.1 熵权法

熵权法通常用于确定权重，其原理是通过测量指标熵值所包含信息量的多少来确定指标权重，并通过计算熵值来评估评价对象信息的离散程度。对于指标而言，如果某个指标的熵值越小，说明该指标的信息更加集中和确定，即离散程度较大。而离散程度越大的指标对综合评价的影响就越大，因此在权重确定过程中，熵值越小的指标包含的信息就越完整，其所占的权重也就越大。如果某项指标的值全部相等，则该指标在综合评价中不起作用。运用熵权法对指标的权重进行确定，以提高权重确定过程的客观性和准确性，从而完成对多个指标的全面评估。

熵权法的详细计算步骤如下所示。

（1）计算各个指标的熵值。

首先，将原始数据以评价矩阵的形式排列，假设有 m 个评价对象 Q_i，n 个评价指标 $X_j = (X_1，X_2，X_3，\cdots，X_n)$，令评价对象 Q_i 对应指标 X_j 的值为 $Y_{ij}(i = 1，2，3，\cdots，m；j = 1，2，3，\cdots，n)$。

其次，由于不同的数据单元可能具有不同的量纲、取值范围和数据分布特征，这会导致在进行数据的横向比较与分析中出现较大偏差。因此，对原始数据进行标准化处理是不可避免的。此外，正向指标和负向指标的数值所代表的含义是不同的，因此，需要使用不同的标准化处理公式对不同的指标进行处理。

正向标准化：

$$T_{ij} = \frac{Y_{ij} - \min(Y_{1j}，Y_{2j}，Y_{3j}，\cdots，Y_{mn})}{\max(Y_{1j}，Y_{2j}，Y_{3j}，\cdots，Y_{mn}) - \min(Y_{1j}，Y_{2j}，Y_{3j}，\cdots，Y_{mn})} + 1$$

$$(5.2)$$

负向标准化：

$$T_{ij} = \frac{\max(Y_{1j}，Y_{2j}，Y_{3j}，\cdots，Y_{mn}) - Y_{ij}}{\max(Y_{1j}，Y_{2j}，Y_{3j}，\cdots，Y_{mn}) - \min(Y_{1j}，Y_{2j}，Y_{3j}，\cdots，Y_{mn})} + 1$$

$$(5.3)$$

T_{ij} 表示原始数据 Y_{ij} 无量纲处理后的指标值。则第 j 个指标对应的熵值为：

$$E_j = \frac{-1}{\ln m} \sum_{i=1}^{m} L_{ij} \ln L_{ij}$$

$$(5.4)$$

其中，L_{ij} 为第 i 年份第 j 项指标的比重：

$$L_{ij} = \frac{T_{ij}}{\sum_{i=1}^{r} T_{ij}}$$

$$(5.5)$$

（2）确定各指标的效用值。

当第 j 个指标的效用值逐渐变大，那么其对最终评价结果的影响也随之增强，相应的熵值则呈现出减小的趋势，效用值 f_j 的计算公式为：

$$f_j = 1 - E_j \qquad\qquad (5.6)$$

（3）各指标权重计算。

第 j 个指标的权重为：

$$W_j = \frac{f_j}{\sum\limits_{i=1}^{n} f_j} \qquad\qquad (5.7)$$

当底层指标权重被计算出来后，还需要对其效用值进行求和，得到对应的上层指标效用值 $F_m(m=1, 2, 3, \cdots, t)$，最后通过公式计算出相应的上层指标权重，以此类推，直到计算出所有指标权重。

$$W_m = \frac{F_m}{\sum\limits_{m=1}^{t} F_m} \qquad\qquad (5.8)$$

通过对指标的熵值和效用值的计算，最终得到了各个评价指标的权重。权重越高的指标，则指标对决策结果的影响越大。

5.4.2 TOPSIS 法

TOPSIS 法又称为优劣解距离法，是一种用于评估多个对象优劣的方法。它基于经过归一化的原始数据矩阵，通过计算每个评价对象与正理想解的距离（$D+$）和负理想解的距离（$D-$），选择出最优的方案。

TOPSIS 法的详细计算过程如下所示。

（1）需要对不同类型的指标进行无量纲化处理，即将原始矩阵正向化，用 $Z = (Z_{ij})_{m \times n}$ 来表示，其中，

$$Z_{ij} = \frac{y_{ij}}{\sqrt{\sum\limits_{i=1}^{m} y_{ij}^2}} (1 \leqslant i \leqslant m, 1 \leqslant j \leqslant n) \qquad\qquad (5.9)$$

结合指标权重得到加权决策矩阵：

$$X = (x_{ij})_{m \times n} = \left[w_j \times z_{ij} \right]_{m \times n} \qquad\qquad (5.10)$$

（2）确定理想解。

正理想解 $A^+ = [x_1^+,\ x_2^+,\ x_3^+,\ \cdots,\ x_n^+]$，负理想解 $A^- = [x_1^-,\ x_2^-,$

$x_3^-,\ \cdots,\ x_n^-]$。

$$x_j^+ = \min\{w_j \times z_{ij} \mid 1 \leq i \leq m\},\ x_j^+ = \max\{w_j \times z_{ij} \mid 1 \leq i \leq m\} \quad (5.11)$$

（3）计算欧式距离，评价方案 A 到最优解 A^+ 和 A^- 的距离分别表示为：

$$d_i^+ = \sqrt{\sum_{j=1}^n (x_j^+ - w_j \times z_{ij})^2} \quad (5.12)$$

$$d_i^- = \sqrt{\sum_{j=1}^n (x_j^- - w_j \times z_{ij})^2} \quad (5.13)$$

（4）计算各个方案与最优解之间的距离，用公式表示如下：

$$c_i^* = \frac{d_i^-}{d_i^- + d_i^+} \quad (5.14)$$

c_i^* 的数值大小即代表了评价对象的最终综合得分情况。

5.5　区块链产业生态系统绩效综合评价分析

5.5.1　数据来源及处理

鉴于国内区块链发展时间较短，目前仍缺乏专业数据库对区块链产业的经济和创新效益规模进行统计。因此，基于科学性、系统性以及数据有效性原则，本章通过下面 3 种渠道收集相关数据：（1）CSMAR 数据库、泛研全球科研项目数据库等数据库统计数据；（2）《中国区块链产业发展普查报告》、清华大学《中国区块链产业生态地图报告》等统计报告；（3）国家统计局网站统计年鉴、各省份统计年鉴。从原始数据中进行筛选和整理，在删除了部分数据缺失的省份以及没有涉及区块链产业生态建设的省份之后，统计得到了 2018～2020 年 15 个省份的区块链产业发展数据。在对数据进行分析之前，对原始数据进行了标准化处理，结果详见附录 2。

5.5.2　熵权法指标权重计算

将原始数据作为评价矩阵进行无量纲化处理，从而确保指标数值不会出现负数或 0，同时整体向右平移 0.0001 单位，这一操作不会对原始指标的内在逻辑产生任何影响。利用公式（5.2）对区块链产业生态系统绩效的相关指标进行标准化处理，并按照熵权法的步骤计算各指标的熵值和效用值（见表 5.21），最终得出 2018～2020 年各年份的指标权重以及综合权重，如表 5.22 所示。

表 5.21　　　　区块链产业生态系统绩效评价指标熵值及效用值

代号	2018 年		2019 年		2020 年		综合	
	熵值	效用值	熵值	效用值	熵值	效用值	熵值	效用值
a_1	0.7704	0.2296	0.7447	0.2553	0.7464	0.2536	0.8226	0.1774
a_3	0.7292	0.2708	0.7072	0.2928	0.7222	0.2778	0.7928	0.2072
a_4	0.9517	0.0483	0.9567	0.0433	0.9662	0.0338	0.9427	0.0573
a_5	0.7687	0.2313	0.8302	0.1698	0.8877	0.1123	0.8655	0.1345
b_1	0.7300	0.2700	0.7332	0.2668	0.737	0.263	0.8102	0.1898
b_2	0.4492	0.5508	0.6038	0.3962	0.7322	0.2678	0.7244	0.2756
b_3	0.6837	0.3163	0.6821	0.3179	0.6764	0.3236	0.7724	0.2276
c_1	0.7541	0.2459	0.8150	0.1850	0.8495	0.1505	0.8593	0.1407
c_2	0.7912	0.2088	0.7192	0.2808	0.6632	0.3368	0.7073	0.2927
c_3	0.7042	0.2958	0.8778	0.1222	0.8141	0.1859	0.8234	0.1766
d_1	0.3797	0.6203	0.7145	0.2855	0.8076	0.1924	0.7661	0.2339
d_3	0.9334	0.0666	0.9247	0.0753	0.9243	0.0757	0.8436	0.1564
d_4	0.7805	0.2195	0.7547	0.2453	0.7278	0.2722	0.8179	0.1821
e_1	0.9452	0.0548	0.9506	0.0494	0.9568	0.0432	0.9757	0.0243

代号	2018 年		2019 年		2020 年		综合	
	熵值	效用值	熵值	效用值	熵值	效用值	熵值	效用值
e_2	0.9546	0.0454	0.9568	0.0432	0.9841	0.0159	0.9755	0.0245
e_3	0.9605	0.0395	0.9364	0.0636	0.9923	0.0077	0.9747	0.0253
e_4	0.9918	0.0082	0.9417	0.0583	0.9706	0.0294	0.9726	0.0274

表 5.22   区块链产业生态系统绩效评价指标权重   单位：%

代号	指标名称	2018 年	2019 年	2020 年	综合
a_1	区块链研发人员数量	6.17	8.10	8.93	6.95
a_3	区块链专利申请数量	7.28	9.29	9.78	8.12
a_4	区块链科研项目数量	1.30	1.37	1.19	2.24
a_5	区块链学术论文数量	6.21	5.39	3.95	5.27
b_1	区块链企业总产值	7.25	8.47	9.26	7.43
b_2	区块链企业数量	14.80	12.57	9.42	10.80
b_3	区块链产品服务销售收入	8.50	10.09	11.39	8.91
c_1	区块链产业园区数量	6.61	5.87	5.30	5.51
c_2	区块链应用案例数量	5.61	8.91	11.85	11.46
c_3	区块链应用领域专利数量	7.95	3.88	6.54	6.92
d_1	开设区块链专业高校数量	16.67	9.06	6.77	9.16
d_3	政策数量	1.79	2.39	2.66	6.12
d_4	政府补助	5.90	7.79	9.58	7.13
e_1	区域研发人员增长率	1.47	1.57	1.52	0.95
e_2	区域研发经费增长率	1.22	1.37	0.56	0.96
e_3	区域专利增长率	1.06	2.02	0.27	0.99
e_4	区域经济总量增长率	0.22	1.85	1.04	1.07

根据 2018～2020 年评价指标权重分析结果，区块链应用案例数量、区块链企业数量以及开设区块链专业高校数量等的权重分别是 11.46%、10.8% 和 9.16%，对 2018～2020 年区块链产业生态系统绩效评价结果的影响较大。

这表明在推进区域区块链产业生态系统的协同发展过程中，需要注重以下方面：首先，要确保区块链技术企业实际落地，同时提供有效保障区块链平台和技术扩展服务。其次，应加强产学研合作，促使科研机构、高校等专业人才与区块链企业之间更加紧密联系，以实现技术创新和人才培养的有机结合。为此，需要建立长期稳定的合作机制和平台，促进资源共享和优势互补。同时，通过提供实践机会和项目合作，加强对科研机构和高校人才的培养，以增强他们与区块链企业的沟通与合作能力。另外，应加强区块链企业与专业人才之间的交流，通过组织技术讲座、学术研讨会等活动，促进知识的交流与分享。最后，政府和行业协会需要起到引导和支持的作用，为产学研合作提供政策支持和资源保障，从而进一步提升区块链产业生态系统的发展水平，实现区块链技术的广泛应用和推广。

5.5.3　TOPSIS 法综合评价

首先，采用熵权法计算各个指标权重之后，还需要比较各指标评价值以获得综合评价结果。其次，根据上述计算的综合权重，采用 TOPSIS 法计算出评价对象的欧氏距离，从而推算出我国 15 个省份在 2018 ~ 2020 年区块链产业生态系统绩效各维度得分、排名以及总体绩效综合得分、排名，详细数据如表 5.23 ~ 表 5.26 所示。

表 5.23　　15 个省份 2018 年区块链产业生态系统绩效各维度得分

省份	技术生产主体绩效		技术扩展主体绩效		技术应用主体绩效		产业服务主体绩效		产业环境绩效	
	得分	排名	得分	排名	得分	排名	得分	排名	得分	排名
安徽	0.054	11	0.039	7	0.069	10	0.098	10	0.568	8
北京	0.993	1	0.298	2	0.582	2	0.875	1	0.546	10

续表

省份	技术生产主体绩效		技术扩展主体绩效		技术应用主体绩效		产业服务主体绩效		产业环境绩效	
	得分	排名	得分	排名	得分	排名	得分	排名	得分	排名
福建	0.110	7	0.014	12	0.138	7	0.111	9	0.745	2
广东	0.725	2	0.860	1	0.816	1	0.575	3	0.863	1
广西	0.018	13	0.007	14	0.015	15	0.096	11	0.225	15
河北	0.066	10	0.015	11	0.038	14	0.159	7	0.558	9
河南	0.018	12	0.006	15	0.042	13	0.047	13	0.638	5
湖北	0.014	14	0.009	13	0.054	11	0.043	14	0.584	7
湖南	0.001	15	0.034	9	0.042	12	0.030	15	0.629	6
江苏	0.221	4	0.160	4	0.142	6	0.268	5	0.525	11
辽宁	0.073	9	0.029	10	0.096	8	0.114	8	0.672	4
山东	0.082	8	0.103	5	0.255	5	0.096	12	0.423	13
上海	0.215	5	0.036	8	0.091	9	0.201	6	0.469	12
四川	0.153	6	0.076	6	0.306	3	0.272	4	0.390	14
浙江	0.387	3	0.171	3	0.285	4	0.778	2	0.699	3

表 5. 24　　15 个省份 2019 年区块链产业生态系统绩效各维度得分

省份	技术生产主体绩效		技术扩展主体绩效		技术应用主体绩效		产业服务主体绩效		产业环境绩效	
	得分	排名	得分	排名	得分	排名	得分	排名	得分	排名
安徽	0.070	9	0.034	8	0.076	9	0.064	11	0.501	11
北京	0.990	1	0.317	2	0.939	1	0.939	1	0.619	5
福建	0.125	6	0.030	9	0.179	3	0.084	10	0.517	9
广东	0.685	3	0.868	1	0.459	2	0.551	3	0.527	8
广西	0.035	12	0.001	15	0.087	6	0.061	12	0.655	3
河北	0.069	10	0.014	12	0.064	10	0.098	8	0.656	2
河南	0.018	13	0.004	14	0.138	5	0.060	13	0.497	12

续表

省份	技术生产主体 绩效		技术扩展主体 绩效		技术应用主体 绩效		产业服务主体 绩效		产业环境绩效	
	得分	排名	得分	排名	得分	排名	得分	排名	得分	排名
湖北	0.011	14	0.009	13	0.020	13	0.036	14	0.688	1
湖南	0.002	15	0.025	11	0.021	12	0.030	15	0.620	4
江苏	0.272	4	0.166	4	0.035	11	0.166	6	0.508	10
辽宁	0.082	8	0.027	10	0.014	15	0.090	9	0.435	13
山东	0.049	11	0.096	5	0.020	14	0.186	5	0.328	15
上海	0.206	5	0.045	7	0.082	8	0.151	7	0.538	7
四川	0.084	7	0.075	6	0.085	7	0.212	4	0.362	14
浙江	0.834	2	0.188	3	0.178	4	0.588	2	0.591	6

表 5.25　　15 个省份 2020 年区块链产业生态系统绩效各维度得分

省份	技术生产主体 绩效		技术扩展主体 绩效		技术应用主体 绩效		产业服务主体 绩效		产业环境绩效	
	得分	排名	得分	排名	得分	排名	得分	排名	得分	排名
安徽	0.070	9	0.023	12	0.033	12	0.232	7	0.584	6
北京	0.958	1	0.342	2	0.866	2	0.889	1	0.316	14
福建	0.123	6	0.043	9	0.073	7	0.212	9	0.505	7
广东	0.758	3	0.878	1	0.907	1	0.685	2	0.479	9
广西	0.040	12	0.036	10	0.061	8	0.156	11	0.298	15
河北	0.066	10	0.092	5	0.022	13	0.171	10	0.622	4
河南	0.018	13	0.002	15	0.097	6	0.083	12	0.433	11
湖北	0.016	14	0.004	14	0.013	14	0.053	14	0.365	13
湖南	0.002	15	0.018	13	0.011	15	0.06	13	0.614	5
江苏	0.211	5	0.152	4	0.103	5	0.528	4	0.435	10
辽宁	0.092	7	0.028	11	0.046	11	0.052	15	0.630	3
山东	0.057	11	0.089	6	0.047	10	0.297	6	0.947	1

续表

省份	技术生产主体绩效		技术扩展主体绩效		技术应用主体绩效		产业服务主体绩效		产业环境绩效	
	得分	排名	得分	排名	得分	排名	得分	排名	得分	排名
上海	0.302	4	0.063	8	0.136	4	0.221	8	0.481	8
四川	0.082	8	0.072	7	0.056	9	0.300	5	0.639	2
浙江	0.861	2	0.193	3	0.184	3	0.554	3	0.414	12

表5.26　　15个省份2018～2020年区块链产业生态系统绩效综合得分

省份	2018年		2019年		2020年		综合	
	得分	排名	得分	排名	得分	排名	得分	排名
广东	0.745	1	0.713	2	0.779	1	0.746	1
北京	0.727	2	0.743	1	0.742	2	0.737	2
浙江	0.357	3	0.684	3	0.680	3	0.574	3
江苏	0.211	4	0.256	4	0.200	5	0.222	4
上海	0.196	5	0.188	5	0.269	4	0.218	5
福建	0.101	7	0.115	6	0.112	6	0.109	6
四川	0.143	6	0.082	7	0.080	8	0.102	7
辽宁	0.068	9	0.076	8	0.084	7	0.076	8
山东	0.086	8	0.059	11	0.064	10	0.070	9
河北	0.061	10	0.064	10	0.072	9	0.066	10
安徽	0.052	11	0.066	9	0.064	11	0.061	11
广西	0.017	13	0.033	12	0.039	12	0.030	12
河南	0.017	12	0.017	13	0.017	13	0.017	13
湖北	0.014	14	0.011	14	0.015	14	0.013	14
湖南	0.013	15	0.010	15	0.008	15	0.010	15

5.5.4　绩效评价结果

通过以上对我国 15 个省份的区块链生态系统在 2018～2020 年的发展情况进行综合评价后，得到的绩效各个维度以及综合得分、排名数据结果，观察到我国 2018～2020 年区块链生态系统绩效水平整体呈现上升趋势，但发展速度较为缓慢。具体结果如下所述。

（1）从各维度的绩效得分情况来看，区块链技术生产主体、区块链技术扩展主体和区块链产业服务主体的绩效水平呈现出显著提升的趋势，尤其是区块链产业服务主体的绩效增长幅度最为显著。这主要得益于我们国家高度重视区块链行业的发展，各个省份政府不仅提供大量的资金补助，还积极制定相关政策规定，以引导和支持区块链产业的发展。通过充分投入资源推动区块链技术的创新，在各个领域全面推动并增强了区块链的发展，同时也完善了区块链产业上下游关系，促进了相关技术的快速发展。

（2）我国各省份区块链产业的发展水平存在较大差异，区块链产业主要集中在经济相对发达的地区，存在区域发展不平衡的问题。四川、湖南两个省的绩效评价得分处于中下游水平，然而，随着时间的推移，其得分逐年呈下降趋势。虽然广西、河北、河南、辽宁四个省份的区块链生态表现评分每年都略有提高，但是这些地区的绩效水平还是排在垫底位置。在过去的三年中，广东、北京和浙江在区块链产业生态系统绩效方面表现出色，其总体绩效水平约为河南、湖北和湖南的 50 倍，区域绩效水平存在明显差异。并且以上海和浙江等为主的长三角区块链产业生态系统绩效水平急剧上升。这意味着区块链产业生态系统的绩效水平与区域内的经济基础、人才资源等呈正相关。经济越发达的地区，政府越重视技术创新所带来的效益，其区块链技术发展越成熟，各相关企业越容易集聚，进而导致各省份间区块链产业发展水平鸿沟变大。

（3）根据整体排名，可以观察到北京、广东、浙江、江苏和上海这五个省份的排名略有波动，但它们仍然保持在前五名，区块链产业生态系统绩效水平位于全国领先水平。其中北京和广东排名最为靠前，3 年内绩效得分均高于 0.7。2018 年浙江省区块链产业生态系统绩效得分与北京、广东相比差距较大，仅为 0.375，但是随着两年的迅猛发展，到 2020 年绩效得分已经上升到 0.68，与北京、广东相比差距已大大缩小。江苏和上海的区块链产业生态系统整体处于平稳发展态势，评分波动不大，二者虽处于全国领先水平，但与北京、广东等地仍存在一定的差距。

（4）从各维度排名上看，各省份的区块链产业生态系统发展特征都大不相同。在区块链技术生产主体绩效和区块链产业服务主体绩效方面，北京一直保持着领先地位，其得分超过 0.9，这表明北京的区块链基础设施硬件设施服务以及底层技术创新能力非常强，提供的服务也更全面，更能满足市场的需求。广东在区块链技术的推广和应用方面处于全国领先地位，这表明广东省对于区块链云平台、通用应用、技术扩展服务以及其在其他行业内的应用给予极大的重视。福建在 2018 年的产业环境绩效得分远高于其他维度的绩效得分，且产业环境绩效得分排名位居全国前列，说明福建的区块链产业发展带来了区域整体效益的大幅度提升，显著促进了福建的可持续发展，此结果主要得益于广东等周边地区的带动作用。山东借助区块链技术后来者居上，其 2020 年对区域产业环境绩效的推动作用最大，位居全国第一。河北凭借北京的发展优势，产业环境绩效连年略有提升。尽管广西一直处于区块链产业生态系统表现排序的下游位置，但是区块链技术的运用已经取得了一些突破性进展，广西作为中国发展较为落后的地区，怎么把握好区块链这个风口行业，并利用它推动本地区实体经济的发展，加快区域经济的转型升级，是广西在下阶段区块链发展过程中应该深入考虑的问题。湖南、湖北通过区块链生态系统的发展来获得的回报收效甚微，产业生态表现始终处于垫底位置，所以它们应该在充分利用自身区域发展优势的同时借鉴成功的经验对自己的产业进行相关调整，着力于建设符合自己区域特色的区块链产业生态系统。福建、安徽、辽宁三个省份的绩效得分和排名相对来说处于整体的中间部分，但是区块链产业生态系统的表现评分缺少了稳定性。为了提升区域的可持续发展能力，各地政府需要根据区域实际情况，充分发挥区域优势，弥补区域短板，以响应国家对区块链产业发展的大力倡导。

5.6　小　　结

本章以区块链产业生态系统的构成主体为视角，基于绩效评价指标体系的构建原则，提出了五个维度的绩效评价指标体系，并以此为基础进行分析。经过典型相关分析证明了各个维度间的相关性，并运用相关性分析和鉴别能力分析等方法对五个维度的细分指标进行了删选和优化，得出由五个维度 17个细分指标构成的区块链产业生态系统绩效评价指标体系。最后，采用熵权法和 TOPSIS 法构建了区块链产业生态系统绩效的评价模型，并对我国 15 个省份在 2018～2020 年的绩效水平表现进行了实证分析。研究表明，"区块链企业数量"和"区块链应用案例数量"是对最终评价结果影响最为显著的两个指标。根据各省份 2018～2020 年各个方面的表现得分和综合表现得分进行系统评价，发现我国区块链产业在稳步发展的大环境下，仍然存在诸如区域发展差距较大、发展不均衡等问题，这也为政府制定区块链产业生态系统政策和区块链企业的发展提供了对策参考。

价值共创视角下区块链产业生态系统的演化机制研究

　　面对复杂动态的内外部环境，区块链产业生态系统各价值主体保持竞争优势变得困难。区块链产业生态系统是由三大价值种群在共生体系中不断发展起来的，伴随着价值主体之间种群功能和优势得到强化乃至衍生出新的特征和优势，推动着区块链产业生态系统不断向上向善发展。区块链产业生态系统演化过程动态地反映了体系内部各个价值主体之间竞争与合作的关系（庞博慧，2012）。近几年来，学者们主要从竞争共生和协同作用的视角对产业生态系统的演化机制（叶斌，2015）、演化路径（张敬文、李晓园和徐莉，2016）等进行了研究。一方面，系统内各个价值主体相互合作（曾国屏、苟尤钊和刘磊，2013），突破相互之间传统资源的界限（Li，2009），不断地对内外创新资源进行整合与共享（Iansiti，Levien and Iansiti，2004），使其在保持良性运行的前提下获得独立发展（李万、常静和王敏杰，2014），促进产业生态系统向更深层次演化（王伟光、冯荣凯和尹博，2015）。另一方面，各参与主体间又存在着相互竞争、资源争夺的现象（Gawer，2014），产业生态系统各价值主体间的关系受诸多因素综合作用与制约。价值共创下区块链产业生态系统演化的实现，是多方利益主体在价值中枢层、价值融合层、价值服务层演化的结果，它们的行为关系到生态系统保持演化稳定，价值共创的实现需要协调多方面利益相关主体的行为。作为以价值群落为基础形成的区块链产业生态系统，系统中各要素相互依赖、共生演进，发挥协同效应。

6.1 价值共创视角下区块链产业生态系统的共生演化

根据前面章节对区块链产业生态系统概念的界定，区块链产业生态系统中不同的价值主体分别处于不同的生态位，通过提供独特和专业化的产品或服务，进而扩展和优化各自的生态优势，强化自身存续情况和能力，三者协同共同促进创新资源的整合及价值的增生、再创造，最终驱动区块链产业生态系统运行、演化和发展（庞博慧，2012）。产业生态系统作为一种生态学隐喻的系统架构，本身遵循于自组织演化原则，伴随各个主体间合作关系逐步发展，主体相互间开始有类似自然界中生态学上的"共生"特征出现。在自然生态系统中，共生现象首先出现在生存需求不同的个体之间，最初的共生都是为了生存而形成。在形成过程中，个体之间不断磨合匹配，寻求最佳利益点实现共生共赢。共生是生态学理论中应用领域最广泛的理论之一，主要是指两种生物彼此依靠合作依存，竞争有利位置，共同推进群体的演化进步，后来逐渐被应用于社会科学领域。埃伦费尔德（Ehrenfeld，2003）最早提出产业生态系统的概念，并开创了将共生理论与产业生态结合研究的先例。虽然我国将共生理论与产业生态系统相结合的研究起步较晚，但是目前也拥有较为丰富的研究成果。胡晓鹏（2008）认为，产业生态系统中的共生现象是客观经济现象，从以产业链为视角说明共生关系产生的内在与外在动因，即产业链的延续与增值。李梅英（2007）对产业创新生态系统共生关系的形成过程进行剖析。李晓华和刘峰（2013）提出，产业生态系统内的主体将根据自身资源和外部环境资源的需求构建共生关系，促进系统演进。目前共生演化的相关研究描述了少数价值主体之间的共生关系，但是为区块链产业生态系统的研究打下了基础并提供了借鉴。

共生系统包括共生单元、共生环境、共生界面、共生基质和共生模式五个构成要素，五个组成要素之间是互相联系的，从而影响区块链产业生态系统发展演化（张慧、刘婷和周泯非，2022）。共生单元是区块链产业生态系统存在的基础，是构成共生关系以及共生体的能量生产和交换的单位，区块链产业生态系统的共生单元包括价值中枢层、价值融合层、价值服务层三个核心。共生基质是建立共生关系的必要条件，是共生单元拥有的信息、资源和能量。区块链产业生态系统的共生基质表示共生单元间开展创新活动所需的异质性资源，如信息资源、物质资源、人力资源、数据资源、社会资本等。共生模式是价值主体间演化发展的形式，决定了价值主体之间合作的广度、深度和合作形式，反映了共生单元之间相互作用的强度，根据共生单元之间的交流与联系方式的不同可分为共生组织模式和共生行为方式。共生环境是生态系统正常运行的支撑和保障，是共生单元以外的所有影响因素的总和，主要包括政府政策环境、社会经济环境等辅助环境要素。共生界面作为共生单元间物质、信息与能量传递的介质、渠道或载体，作为共生单元间共生关系确立与形成的核心环节，发挥着信息传输与物质交流的中介功能。价值中枢层、价值融合层、价值服务层通过建立联系，实现资源的跨界整合和互动，产生新的资源和能量，并在共生单元之间循环分配，从而促进区块链产业生态系统中各价值主体的共生演化。

价值共创视角下区块链产业生态系统的共生环境包括政策环境、经济环境以及社会文化环境等，良好的共生环境能够通过合理的内外部治理和监管机制正确引导区块链产业的发展方向，避免参与主体间的机会主义和不正当竞争行为，加快促进区块链应用落地，统筹协调区块链产业生态系统的整体发展，最终实现价值共创。共生演化理论认为，不同物种之间通过创新资源流动和整合形成的合作关系是维系生态系统平衡（Boons，Baas and Lambert，1999；张慧、刘婷和周泯非，2022），由独立发展到互利共生进化的关键所在（Graedel and Allenby，2004）。产业生态系统隐含着生态学概念结构，价值主体共生方式与生物种群进化的过程类似（梅亮、陈劲和刘洋，2014），包括五种共生模式：独立共存、竞争、寄生、偏利共生、互利共生（张慧、刘婷和周泯非，2022）。独立共存模式是指价值主体之间在知识资源流动和互动方面相对独立，且互不影响，各自独立发展；竞争模式是指不同价值主体在创新资源有限的环境中，出于自身发展需求而存在的资源争夺和竞争关系，区块链产业生态系统在价值环境之中相互竞争又相互妥协，而价值主体之间的竞争可能是一种恶意竞争；寄生模式是指价值共创主体间一方发展受损，而另一方发展受益的共生关系，在强调效率和利益的市场经济中，这种关系总有其可以存在的空间；偏利共生模式是指在价值主体交互过程中，一方发展受益而另一方发展不受影响的共生关系，即价值主体依托于区块链产业生态系统中的各种社会资源、基础服务为自身创造相应的价值，但可能价值主体并没有获得相应的价值回报；互利共生模式是指不同价值共创主体间通过彼此合作共享资源所形成的高阶互动关系，在实现自身规模增长的同时促进彼此协同共赢，这种相互促进的共生模式使得价值主体能得到相应的发展。区块链产业生态系统的演化效果取决于不同主体间协同和共生的模式。如图6.1 所示，本节基于 logistic 方程构建了区块链产业生态系统价值共创下共生演化动力模型，深入分析了区块链产业生态系统价值种群之间的互动关系及对系统整体演化的影响，揭示了区块链产业生态系统共生演化规律。

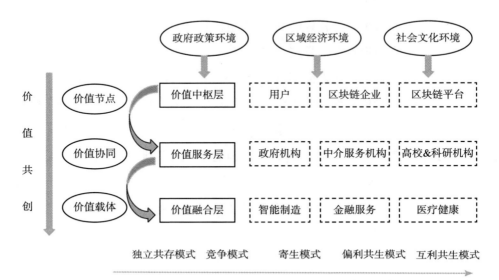

图 6.1 价值共创视角下区块链产业生态系统的概念模型

6.1.1 区块链产业生态系统共生演化模型

由于区块链产业生态系统的复杂性，其中存在着多个种群，为了研究其内部不同价值种群的数量、结构以及整体演化规律，需要借助生态学上的演化方式。区块链产业生态系统从萌生到成长的演化过程实际上是系统内部价值种群数的不断增加。基于上述分析，借鉴生物学中的种群进化思想，构建价值共创下区块链产业生态系统共生演化的模型。

6.1.1.1 研究假设

假设 6-1：区块链产业生态系统是由价值中枢层、价值融合层、价值服务层 3 类价值共生主体构成，由于受到一定的资源、技术等复杂环境要素的限制，与自然界生态系统一样，价值主体从发展到消亡的过程受到多方面因素的制约和影响。

假设 6-2：在资源环境的制约下，价值主体规模最大值为 N，当达到最大值时价值主体的规模不再增加。

假设 6-3：价值中枢层、价值融合层、价值服务层各自质参量独立时的增长符合 Logistic 模型增长，在演化过程中某一类价值主体的增长率受到其他类价值主体规模和密度的影响，由于系统资源总量有限，某一类价值主体规模的密度增加会导致对创新资源的争夺加剧，从而使其他类价值主体的增长率下降。

假设 6-4：当价值主体增长规模的边际成本与边际收益相等时模型处于稳定状态，此时价值主体的规模处于最佳状态并不再增长。

假设 6-5：3 类价值主体的共生发展过程是彼此制约和相互促进的过程，当共生系数为正时各价值主体受益，当共生系数为负时各价值主体发展受到阻滞。

6.1.1.2　模型构建

区块链产业生态系统从产生到发展的演化过程实质上是系统内不同价值主体规模不断增加、创新能力不断提升、各方协同发展共同创造价值的过程，它与自然界的生物群落一样，具有环境适应性、竞争性、协作性等特征，研究其内部主体规模、结构和整体演化规律需借鉴自然生态的演化方法。因此，首先采用生态学中 Logistic 模型探讨生态系统内不同参与主体规模的增长规律，构建区块链产业生态系统共生演化模型。假设价值中枢层、价值融合层、价值服务层的规模分别为 y_1、y_2、y_3，价值中枢层、价值融合层、价值服务层三个种群规模的自然增长率分别为 r_1、r_2、r_3，在创新资源一定的情况下价值中枢层、价值融合层、价值服务层的最大规模分别为 N_1、N_2、N_3，那么，区块链产业生态系统价值主体间的动态演化方程为：

$$\begin{cases} \dfrac{\mathrm{d}y_1}{\mathrm{d}t} = r_1\left(1 - \dfrac{y_1}{N_1}\right)y_1, \quad y_1(0) = y_{10} \\[3mm] \dfrac{\mathrm{d}y_2}{\mathrm{d}t} = r_2\left(1 - \dfrac{y_2}{N_2}\right)y_2, \quad y_2(0) = y_{20} \\[3mm] \dfrac{\mathrm{d}y_3}{\mathrm{d}t} = r_3\left(1 - \dfrac{y_3}{N_3}\right)y_3, \quad y_3(0) = y_{30} \end{cases} \tag{6.1}$$

其中，y_{10}、y_{20}和y_{30}分别表示区块链产业生态系统价值中枢层、价值融合层、价值服务层刚开始不会受任何因素的影响，彼此独立的发展规模；$r_1 y_1$、$r_2 y_2$和$r_3 y_3$分别反映价值中枢层、价值融合层、价值服务层自身在演化过程中的发展趋势；$1 - \dfrac{y_1}{N_1}$、$1 - \dfrac{y_2}{N_2}$、$1 - \dfrac{y_3}{N_3}$分别表示系统内剩余资源占总资源的比例，即价值中枢层、价值融合层、价值服务层三类价值主体由于创新资源、知识、信息、能量总量的限制导致发展受到阻滞。

在资源环境一定的情况下，区块链产业生态系统中各个价值主体的发展规模和演化模式相互作用、彼此影响，三个种群主体间存在复杂的动态耦合关系，并逐渐形成多边合作协同机制。由于三类价值主体之间共生关系强弱不同，通过扩展的 Logistic 模型得到三者之间的共生动态演化模型如下：

$$\begin{cases} \dfrac{\mathrm{d}y_1}{\mathrm{d}t} = r_1\left(1 - \dfrac{y_1}{N_1} + S_{12}\dfrac{y_2}{N_2} + S_{13}\dfrac{y_3}{N_3}\right)y_1, \quad y_1(0) = y_{10} \\[3mm] \dfrac{\mathrm{d}y_2}{\mathrm{d}t} = r_2\left(1 - \dfrac{y_2}{N_2} + S_{21}\dfrac{y_1}{N_1} + S_{23}\dfrac{y_3}{N_3}\right)y_2, \quad y_2(0) = y_{20} \\[3mm] \dfrac{\mathrm{d}y_3}{\mathrm{d}t} = r_3\left(1 - \dfrac{y_3}{N_3} + S_{31}\dfrac{y_1}{N_1} + S_{32}\dfrac{y_3}{N_3}\right)y_3, \quad y_3(0) = y_{30} \end{cases} \tag{6.2}$$

其中，S_{12}表示价值融合层对价值中枢层的共生作用系数；S_{13}表示价值服务层对价值中枢层的共生作用系数；S_{21}表示价值中枢层对价值融合层的共生作用系数；S_{23}表示价值服务层对价值融合层的共生作用系数；S_{31}表示价值中枢层对价值服务层的共生作用系数；S_{32}表示价值融合层对价值服务层的共生作用系数。

6.1.1.3 模型分析

结合共生系数取值进行组合分析可以得出区块链产业生态系统价值主体共生模式，如表6.1所示。

表6.1 区块链产业生态系统的共生演化模式

取值组合	共生模式	特点
S_{12}、S_{13}、S_{21}、S_{23}、S_{31}、S_{32} 分别为 0	独立共存	3 类价值主体互不影响，各自独立发展
S_{12}、S_{13}、S_{21}、S_{23}、S_{31}、S_{32} 分别小于 0	竞争	3 类价值主体争夺同类资源
$S_{12}S_{21} < 0$，$S_{13}S_{31} < 0$，$S_{23}S_{32} < 0$	寄生	3 类价值主体间分别存在寄生关系，某类价值主体受益（共生系数为正）则其他类价值主体受损（共生系数为负）
$S_{12} = 0$，$S_{21} > 0$ 或 $S_{12} > 0$，$S_{21} = 0$；$S_{13} = 0$，$S_{31} > 0$ 或 $S_{13} > 0$，$S_{31} = 0$；$S_{23} = 0$，$S_{32} > 0$ 或 $S_{23} > 0$，$S_{32} = 0$	偏利共生	3 类价值主体间分别存在偏利共生关系，某类价值主体受益（共生系数为正）对其他类价值主体无影响（共生系数为 0）
S_{12}、S_{13}、S_{21}、S_{23}、S_{31}、S_{32} 分别大于 0	互利共生	3 类价值主体间存在互利共生关系，共生系数为正

为了分析价值共创视角下区块链产业生态系统的均衡条件和稳定性，通过雅克比矩阵求得公式（6.2）的解，即 E_1、E_2、E_3、E_4、E_5、E_6、E_7、E_8，这 8 个均衡点构成了价值主体共生演化生态系统的边界，以此为基础讨论价值中枢层、价值融合层、价值服务层之间的动态演化过程，如表6.2所示。

表6.2 区块链产业生态系统演化稳定性分析

均衡点	特征值	稳定条件
$E_1(0, 0, 0)$	均为正值	不稳定
$E_2(N_1, 0, 0)$	均为负值	$S_{21} < -1$，$S_{31} < -1$

均衡点	特征值	稳定条件
$E_3(0, N_2, 0)$	均为负值	$S_{12} < -1$, $S_{32} < -1$
$E_4(0, 0, N_3)$	均为负值	$S_{13} < -1$, $S_{23} < -1$
$E_5\left(0, \dfrac{N_2(1+S_{23})}{1-S_{23}S_{32}}, \dfrac{N_3(1+S_{32})}{1-S_{23}S_{32}}\right)$	有正值	不稳定
$E_6\left(\dfrac{N_1(1+S_{12})}{1-S_{13}S_{31}}, 0, \dfrac{N_3(1+S_{31})}{1-S_{13}S_{31}}\right)$	有正值	不稳定
$E_7\left(\dfrac{N_1(1+S_{12})}{1-S_{12}S_{21}}, 0, \dfrac{N_2(1+S_{21})}{1-S_{12}S_{21}}\right)$	有正值	不稳定
$E_8(p_0, q_0, k_0)$	均为负值	$\begin{cases} \dfrac{S_{12}+S_{13}+S_{12}S_{23}+S_{13}S_{32}-S_{23}S_{32}+1}{S_{12}S_{21}+S_{13}S_{31}+S_{23}S_{32}+S_{12}S_{23}S_{31}+S_{13}S_{21}S_{32}-1} < 0 \\[2mm] \dfrac{S_{12}+S_{13}+S_{12}S_{23}+S_{13}S_{32}-S_{23}S_{32}+1)}{S_{12}S_{21}+S_{13}S_{31}+S_{23}S_{32}+S_{12}S_{23}S_{31}+S_{13}S_{21}S_{32}-1} < 0 \\[2mm] \dfrac{S_{31}+S_{32}+S_{12}S_{31}+S_{21}S_{32}-S_{12}S_{21}+1}{S_{12}S_{21}+S_{13}S_{31}+S_{23}S_{32}+S_{12}S_{23}S_{31}+S_{13}S_{21}S_{32}-1} < 0 \end{cases}$

注：在均衡点 E_8 中，$p_0 = \dfrac{-N_1(S_{12}+S_{13}+S_{12}S_{23}+S_{13}S_{32}-S_{23}S_{32}+1)}{S_{12}S_{21}+S_{13}S_{31}+S_{23}S_{32}+S_{12}S_{23}S_{31}+S_{13}S_{21}S_{32}-1}$，$q_0 = \dfrac{-N_2(S_{21}+S_{22}+S_{13}S_{21}+S_{23}S_{31}-S_{13}S_{31}+1)}{S_{12}S_{21}+S_{13}S_{31}+S_{23}S_{32}+S_{12}S_{23}S_{31}+S_{13}S_{21}S_{32}-1}$，$k_0 = \dfrac{-N_3(S_{31}+S_{32}+S_{12}S_{31}+S_{21}S_{32}-S_{12}S_{21}+1)}{S_{12}S_{21}+S_{13}S_{31}+S_{23}S_{32}+S_{12}S_{23}S_{31}+S_{13}S_{21}S_{32}-1}$。

6.1.2　区块链产业生态系统共生演化仿真分析

区块链产业生态系统中，各价值主体基于价值的流动，会产生更多新的价值，上述分析可看出，共生最本质的特征就是合作与互利，但是它并不等于不存在竞争，而更多地强调通过竞争而产生新的合作，因此它最本质的特征就包含了合作与竞争两种关系。同为区块链产业生态系统，价值主体更倾向于从市场压力、成本压力、风险压力、收益诱惑和创造优势等方面来选择共生演化的路径。从前文表 6.1 与表 6.2 可知，价值主体之间共生度强弱将影响区块链产业生态系统均衡状态与共生模式演变轨迹，但是，数值仿真可以明显反映不同共生系数时各个价值主体模式演变规律以及共生演化的发展轨迹。假定区块链产业生态系统价值中枢层、价值融合层和价值服务层的自然增长率分别为 0.05、0.1、0.03，初始规模都是 100，创新资源总量受限时，3 类价值主体最大开发规模都是 1000，演化周期都是 800。运用 MATLAB 2018 对 5 种共生模式分别进行了数值仿真和分析，主要内容如下。

6.1.2.1 独立共生模式

价值主体间共生系数均为 0，区块链产业生态系统 3 类价值主体独立发展、互不影响，其发展速度和发展规模只会与自身增长率相关，彼此间不存在共生效应；经过一段时间的发展后，当 3 类价值主体均处于稳定状态的时候，种群规模分别达到其各自上限即各自独立发展时的最大规模，如图 6.2 所示。表明区块链产业生态系统中，独立共生模式下受到的价值共创环境的影响较小，彼此之间独立生存的空间比较大，与当今发展中的自然生态系统和谐发展的观点不谋而合。3 个价值种群在此时都处于相对平衡的状态，一般来说，独立共生的模式会出现在区块链产业生态系统的萌芽阶段和成熟阶段，然而萌芽阶段的独立共生模式更像是一种初级阶段的独立共存，相对来说成熟阶段的独立共生是突破价值主体之间约束的平衡共存模式。

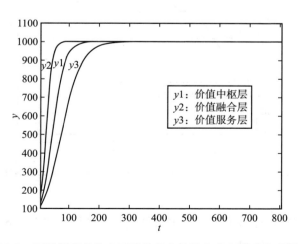

图 6.2 区块链产业生态系统价值主体独立共存模式仿真结果

6.1.2.2　竞争共生模式

当 $-1 < S < 0$ 时，为平等竞争模式，此时 $S_{12} = -0.2$，$S_{13} = -0.1$，$S_{21} = -0.3$，$S_{23} = -0.2$，$S_{31} = -0.1$，$S_{32} = -0.4$，区块链产业生态系统三大价值主体演化的仿真结果如图 6.3 所示。价值中枢层的发展不仅与自身密切联系，还将受到来自价值融合层和价值服务层的共同影响，再加上社会资源环境的限制和种群资源的争夺，价值中枢层的发展过程经历了从上升到下降的波动，但最终没有达到最佳规模；价值融合层和价值服务层也分别受到其他价值主体发展的影响，最终发展受到阻滞。价值融合层的资源依赖性较强，会受到价值中枢层和服务层较大的影响，处于价值融合层的个体虽然自身发展速度比较快，但随着数字化技术的快速发展，未来如果未能更好地将区块链技术与自身实际应用场景相结合，最终规模数量将不断下降。

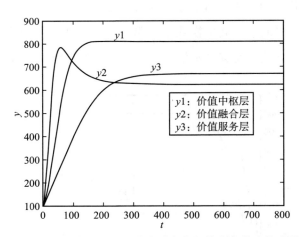

图6.3　区块链产业生态系统价值主体平等竞争模式仿真结果

当满足其中某一类价值主体对另外两类价值主体的共生度 S 均小于 -1 时，为恶性竞争模式，此时 $S_{12} = -0.2$，$S_{13} = -0.1$，$S_{21} = -1.3$，$S_{23} = -0.2$，

$S_{31} = -1.2$，$S_{32} = -0.3$，区块链产业生态系统价值主体演化的仿真结果如图 6.4 所示。在这一模式中，价值融合层和价值服务层的共生系数较大，资源消耗严重，只经历了一个短暂的发展过程，最终趋于衰亡；而价值中枢层在竞争过程中不断得到发展壮大，最终突破自身规模上限。

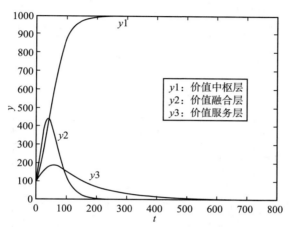

图 6.4 区块链产业生态系统价值主体恶性竞争模式仿真结果

在竞争共存模式下，区块链产业生态系统中价值中枢层、价值融合层、价值服务层三大种群之间相互竞争但又相互妥协，而这三者之间也存在着恶性竞争，当其中价值中枢层无休止地扩张、发展，区块链产业生态系统中的价值共创环境可能会被污染，资源被耗费殆尽，以至于被破坏到无法修复的状态，但是这种竞争共生模式当中也有可能发展成良性的竞争共生模式。如果区块链产业生态系统中价值中枢层的主体发展是一种有序的状态，并且环境未破坏到无法修复的状态，可以后期通过与其他价值种群的协同调整，使得三方达到一种良性竞争状态，一般区块链产业生态系统发展到后期衰退阶段会出现这两种情况。

6.1.2.3 寄生共生模式

在寄生共生模式中，每类价值主体都希望从其他主体身上获取利益，实现自身规模增长和发展。当 $S_{12} = -0.1$，$S_{13} = -0.1$，$S_{21} = 0.3$，$S_{23} = -0.1$，$S_{31} = 0.2$，$S_{32} = 0.1$ 时（以下简称"情形1"），价值融合层和价值服务层都寄生于价值中枢层，区块链产业生态系统的各价值主体寄生模式的演化仿真结果如图 6.5 所示。在这一模式下，价值中枢层由于被寄生受到价值融合层和价值服务层的资源消耗，规模演化经过短暂增长后就随着价值融合层和价值服务层的发展增长开始下降，最终主体规模没有达到最大值；而价值融合层和价值服务层则由于寄生而受益，最终规模因受益而有所增加。

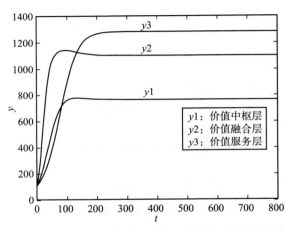

图 6.5　区块链产业生态系统价值主体寄生共生模式仿真结果（情形 1）

当 $S_{12} = 0.2$，$S_{13} = 0.1$，$S_{21} = -0.3$，$S_{23} = -0.2$，$S_{31} = -0.3$，$S_{32} = 0.1$ 时（以下简称"情形2"），价值中枢层分别寄生在价值融合层和价值服务层之中，区块链产业生态系统中价值主体演化的仿真模拟结果如图 6.6 所示。该模式下，价值中枢层因寄生获益，从而实现自身利益最大化，整个种群顺利发展，并突破了价值中枢层种群规模的上限；而价值融合层和价值服务层由于受到价值中枢层的影响和资源被占用受损，发展规模受到制约，两个种群的增长速度均放缓，最终双方都没有达到种群规模的发展上限。

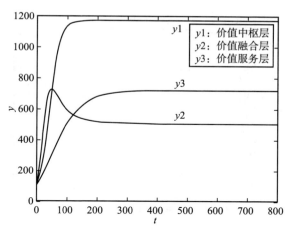

图 6.6　区块链产业生态系统价值主体寄生共生模式仿真结果（情形 2）

在寄生共生模式下，区块链产业生态系统中的价值中枢层可能会无节制地去占领并且使用价值共创环境中的各种技术、服务、设备设施等。这种长期寄生在价值服务层、价值融合层当中的现象在区块链产业生态系统中比较常见，因为在数字化快速发展的市场经济中，计生关系总有很大的存在空间，总有一些价值中枢层种群中的个体想要寄生在其他价值种群之中，以避免自己在激烈竞争中被淘汰，但这种寄生共存模式并不利于各价值种群在区块链产业生态系统中生存发展，这种模式较多地存在于区块链产业生态系统演化发展的衰退期。

6.1.2.4　偏利共生模式

当 $S_{12}=0.2$，$S_{13}=0.1$，$S_{21}=0$，$S_{23}=0$，$S_{31}=0$，$S_{32}=0$ 时（以下简称"情形 3"），区块链产业生态系统中各价值主体偏利共生演化仿真结果如图 6.7 所示。在这一模式下，随着创新资源的增加，技术应用和模式落地，价值中枢层从共生关系中获得了更多的创新资源从而获得了很高的收益，发展阻力减小，中枢层种群发展增长突破上限，由 1000 达到 1300；而价值融合层与价值服务层分别能正常地发展演化，且不受其他因素与环境的影响，两个种群增长上限均没有发生变化。

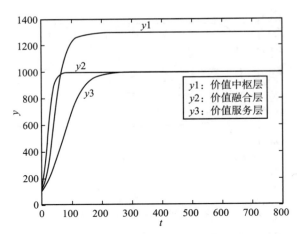

图 6.7　区块链产业生态系统价值主体偏利共生模式仿真结果（情形 3）

当 $S_{12}=0$，$S_{13}=0$，$S_{21}=0.3$，$S_{23}=0$，$S_{31}=0.2$，$S_{32}=0$ 时（以下简称"情形 4"），区块链产业生态系统中各价值主体偏利共生演化仿真结果如图 6.8 所示。在该模式中，价值中枢层发展规模与其自身增长率有关，而不受其他因素影响；价值融合层与价值服务层此时共生关系属受益方，且发展速度加快，发展阻力变小，突破各自规模成长上限且都超过 1000。

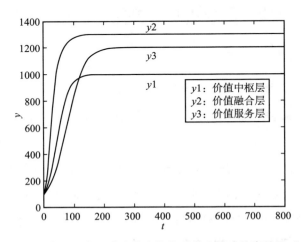

图 6.8　区块链产业生态系统价值主体偏利共生模式仿真结果（情形 4）

在偏利共生模式下，区块链产业生态系统中价值融合层、价值中枢层种群依托于价值服务层的基础服务为自身的发展创造价值，但是价值服务层却无法获得相应的价值回报。随着价值服务层的服务内容不断丰富，其会遇到其他强有力的资源竞争对手，这种偏利共生的模式往往会存在于区块链产业生态系统的成长阶段，虽然这一阶段可能会发展为一种互惠模式，但也有可能成为竞争共生的模式。

6.1.2.5 互利共生模式

当 $S_{12}=0.3$，$S_{13}=0.2$，$S_{21}=0.2$，$S_{23}=0.1$，$S_{31}=0.1$，$S_{32}=0.1$ 时，为互利共生模式，区块链产业生态系统价值主体演化的仿真结果如图6.9所示，模拟了区块链产业生态系统中价值主体的演化过程。此时，3 类价值主体之间的共生作用系数均为正数，彼此在交互协同中受益，因此各自的增长上限上升。共生作用系数决定了价值主体增长上限上升的幅度，共生作用系数越大，价值主体增长上限上升的幅度越大。价值主体最终稳定状态均大于其各自独立发展时的最大规模。在互利共生模式下，区块链产业生态系统共生演化状态和效果达到最佳，此时3 类价值主体能够冲破环境资源限制，实现互利共赢和价值最大化。

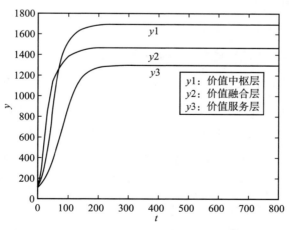

图6.9 区块链产业生态系统价值主体互利共生模式仿真结果

在互利共生模式下，区块链产业生态系统中价值中枢层通过合理地利用相关政府政策、社会服务以及相关技术，实现与其他价值种群的相互协作，使得三方都能够达到相应的期望，实现各自价值，在各取所需当中实现发展的螺旋式上升。这种互利共生模式能够使得价值中枢层、价值融合层、价值服务层三大种群均能够得到相应的发展，是一种利用率高、价值创造能力强的共生模式。这种模式要求各价值主体之间要加强知识共享、资源配置合理，不断加强沟通交流强化合作，从而达到种群之间互利共生的平衡，实现价值共创的效能。

6.1.3 共生演化小结

本章聚焦区块链产业生态系统，构建了价值共创视角下区块链产业生态系统的共生演化模型，并通过对模型的稳定性和均衡状态进行分析和仿真，得出如下主要结论。

（1）区块链产业生态系统是由价值中枢层、价值融合层、价值服务层3类价值主体在一定的共生环境中围绕价值获取和创新互动而协同创造价值的复杂系统，不同的价值主体分别处于不同的生态位，通过彼此间资源集成和重构共同驱动区块链产业生态系统运行、演化和发展。系统主体通过嵌入相应层次开放共生的生态环境中，围绕价值创造与价值获取进行协同交互，并在一个或多个价值中枢主体的影响下进一步巩固完善价值共识与价值活动（Zahra and Nambisan，2012），最终形成良性健康的价值交换生态，与系统达到共同进化。这当中，价值中枢层掌握了区块链的核心技术与系统创新的驱动力，是价值共创起点与价值网络节点，为推动整个区块链产业生态系统的演化发展发挥着不可替代的作用；价值融合层布局区块链全场景运用，是实现价值转移的载体，为整个产业的发展带来更多的正能量和机遇；价值服务层为区块链产业应用提供各种价值服务，包括数字货币、数字身份证、智能合约等，为产业发展提供了重要的支撑。三者价值交互促进了区块链产业生态系统的协同发展，推动了区块链技术的广泛应用。

（2）价值主体之间共生系数的大小决定了区块链产业生态系统共生演化的均衡状态。区块链产业生态系统演化是价值主体间协同耦合、交互作用的过程，每一类价值主体的规模增长与共生体系中其他主体的数量和增长率息息相关：当共生作用系数均为正时，每一类价值主体都会从相互协同中获益，自身发展的增长上限上升，共生作用系数越大则增长上限上升的幅度越大。三大价值主体相互作用，通过多边协同合作机制形成互利共生演化发展路径。

（3）区块链产业生态系统价值主体间共生关系呈现出从独立共存、竞争、寄生、偏利共生向互利共生的转化，随着系统内成员间竞合关系和资源利用情况的改变，在不同的共生系数作用下，各类价值主体的最大规模和增长率随着系数的变化发生变化。在互利共生模式下，区块链产业生态系统发展状态达到最佳，此时 3 类价值主体之间的共生作用系数均为正数。3 类价值主体彼此从合作中受益，价值主体的最终稳定状态均大于各自独立发展时的最大规模。因此，系统成员应致力向互利共生模式发展演进。

6.2 价值共创视角下区块链产业生态系统的演化路径

区块链产业生态系统中价值主体间的共生不仅仅为了生存，更是要通过形成创新链、价值链、产业链，并促进创新链、价值链、产业链融合发展成为创新网络实现生态位重新划分，保障创新物种、创新种群乃至创新群落的最优布局实现利益最大化。区块链产业生态系统的演化阶段是建立在共生演化的基础之上，共生种群的萌生到稳定架构的形成为系统演化做好铺垫。价值中枢层、价值融合层、价值服务层三大种群之间的竞争、合作、竞合演化，推动区块链产业生态系统整体的自组织演化发展。本章基于共生演化，运用

Logistic 模型分析了价值共创区块链产业生态系统演化过程，依据演化过程，归纳出了对应的演化路径。

6.2.1　区块链产业生态系统演化过程模型

Logistic 模型广泛存在于生物学研究中，通常可以用于解释一个种群数量增长的规律，也可以用于阐释不同种群之间的相互关系（张运生，2009）。基于共生演化，区块链的产业生态系统通过内外几个因素的激发和系统内部各主体之间及与环境间资源、信息、能量的转换交互使系统内部形成了竞争和合作两种演化模式并通过对这一模式内在关系的协调最终可以实现稳定的演化状态。区块链产业生态系统中价值主体的演化与自然界多数生命体的演化特征相似，区块链产业生态系统中价值中枢层、价值融合层以及价值服务层三个层次的相互作用与生物学种群之间的相互作用关系也十分类似（刘越群，2022）。所以该部分利用 Logistic 演化方程模拟系统演化过程及演化趋势来判断区块链产业所处生命周期，分析演化过程。区块链产业生态系统的发展资源和空间是有限的，一定程度上会受到外部多方面要素的限制，同时也会受到内部逐步增长带来自身抑制作用影响。其演化过程方程如下：

$$\frac{\mathrm{d}X_t}{\mathrm{d}t} = rX_t\left(1 - \frac{X_t}{K}\right) \tag{6.3}$$

其中，X_t 表示区块链产业生态系统中 t 时刻的产值规模；$\frac{\mathrm{d}X_t}{\mathrm{d}t}$ 则表示整个区块链产业生态系统的经济增长率；r 表示区块链产业生态系统在不受外界环境干扰下的产值增长率；K 代表区块链产业所处环境的负荷量，即环境承载能力，表示如下：

$$K = \lim X_{\max} \tag{6.4}$$

根据式（6.3）中各指标的经济意义可知，当 $r > 0$，承载能力 $K > 0$，$\frac{\mathrm{d}X_t}{\mathrm{d}t} > 0$，

即系统产值增长率为正。若 $r \leqslant 0$，或 $K \leqslant 0$ 时，表示随着时间变化，其产值是在下降的，甚至可能是负值，即此时系统已不可能存在，也完全不符合现实情况的要求。

对式（6.3）求解，得到系统产值 X_t 演化方程：

$$X_t = \frac{K}{1 + C^{(-n)}} \tag{6.5}$$

对式（6.3）求导，得到区块链产业生态系统的规模产值在 t 时刻的加速度为：

$$\frac{\mathrm{d}^2 X_t}{\mathrm{d}t^2} = r^2 X_t \left(1 - \frac{X_t}{K}\right) \left(1 - \frac{2X_t}{K}\right) \tag{6.6}$$

令式（6.6）中 $\frac{\mathrm{d}^2 X_t}{\mathrm{d}t^2} = 0$，得到演化方程的三个拐点，分别是 $X_1 = 0$，$X_2 = \frac{K}{2}$ 及 $X_3 = K$，由于区块链产业生态系统产值 X_t 是一个非负值且一定小于其所处环境的负荷量 K，因此拐点必定为 $\frac{K}{2}$，记 $C_1 = \frac{K}{2}$。将拐点 $C_1 = \frac{K}{2}$ 代入式（6.6）中，得 $t_1 = \frac{\ln C}{r}$，再将 $t_1 = \frac{\ln C}{r}$ 代入式（6.3）中，可得 t_1 时刻区块链产业生态系统产值增长率为 $\frac{rk}{4}$。对式（6.6）进行求导：

$$\frac{\mathrm{d}^3 X_t}{\mathrm{d}t^3} = r^3 X_t \left(1 - \frac{X_t}{K}\right) \left(1 - \frac{6X_t}{K} + \frac{6X_t^2}{K^2}\right) \tag{6.7}$$

令式（6.7）中 $\frac{\mathrm{d}^3 X_t}{\mathrm{d}t^3} = 0$，得拐点 C_0 和 C_2，分别为 $\frac{(3+\sqrt{3})K}{6}$、$\frac{(3-\sqrt{3})K}{6}$。将 C_0 和 C_2 分别代入式（6.6），得到时刻 $t_0 = \frac{\ln C - \ln(2+\sqrt{3})}{r}$、$t_2 = \frac{\ln C + \ln(2+\sqrt{3})}{r}$。再将 t_0 和 t_2 分别代入式（6.4），最终得到 t_0 和 t_2 时刻的区块链产业生态系统产值增长率皆为 $rk/6$。

通过上述演化过程方程运算发现，在整个演化时间 t 内，区块链产业生态系统的演化过程会存在 3 个拐点，分别为 C_0、C_1、C_2；随着时间 t 的变化，$\dfrac{\mathrm{d}X_t}{\mathrm{d}t}$ 也在不断变化，此时区块链产业生态系统的产值 X_t 将呈现"S"型，而区块链产业生态系统的产值增长率将先增加后减小，具体变化如图 6.10 和图 6.11 所示。

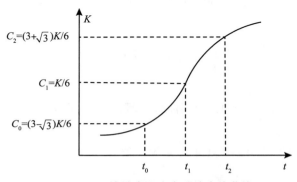

图 6.10　区块链产业生态系统产值曲线

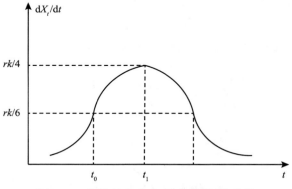

图 6.11　区块链产业生态系统增长率曲线

当区块链产业生态系统中各价值主体之间关系发展到一定程度后，可能会面临着市场需求饱和导致价值解体的问题，在产业生态系统价值主体演化到一定程度后需对未来长期演化进行分析。区块链产业生态系统演化过程，还会受到正负反馈机制与内外要素的共同影响，呈现出不确定的"S"型演化轨迹曲线，而区块链产业生态系统演化轨迹曲线的实际演化轨迹趋势、拐点情况受到产值规模 K 和规模效率 r 的影响。在产值增长率不变的情况下，相同时间内所能达到的产值规模越大，突破产值上限的可能也越大；在产值规模不变的情况下，产值增长率越大，达到既定上限的时间越短，相同时间内所能经历的演化周期就越多。价值共创下区块链产业生态系统在不同演化周期下，演化能力差异、演化个体差异以及资源环境差异，决定着其自身演化阈值和演化周期长短，产值 K 和产值增长率 r 在长期演化进程中呈现动态变化。在正、负反馈机制的交叉影响下，区块链产业生态系统演化轨迹曲线呈现多种态势，通过组合形成动态轨迹的复合 Logistic 曲线结构。区块链产业生态系统的动态复合 Logistic 演化机制方程如下所示：

$$\frac{\mathrm{d}X_i(T_i)}{\mathrm{d}T_i} = r_i(T_i)X_i(T_i)\left(1 - \frac{X_i(T_i)}{K_i(T_i)}\right), \quad (i = 1, 2, 3, \cdots, n) \qquad (6.8)$$

其中，$X_i(T_i)$、$K_i(T_i)$、$r_i(T_i)$ 分别为第 i 个演化周期时区块链产业生态系统的产值、产值增长的上限值以及对应的产值增长率。对式（6.8）求解，可得：

$$X_i(T_i) = \frac{K_i(T_i)}{1 + ce^{-r_i(T_i)}} \qquad (6.9)$$

根据上述结论绘制区块链产业复合 Logistic 演化机制曲线轨迹，如图 6.12 所示。

在不同演化周期 T_i 内有着不同的演化阈值 $K_i(T_i)$，在周期 T_i 与多种上限值 $K_i(T_i)$ 的相互制约下形成各种不同的动态复合 Logistic 演化曲线。

区块链产业生态系统各价值种群的演化从形成、发展、解体，到更新、发展、最终解体，是一个循环往复永无止境的过程。而在每一个演化周期的每一个演化阶段，受到内外部环境的影响，在达到一定的发展上限后，系统可能会发展解体突变或向前进化等情况。为促进区块链产业生态系统发展，在

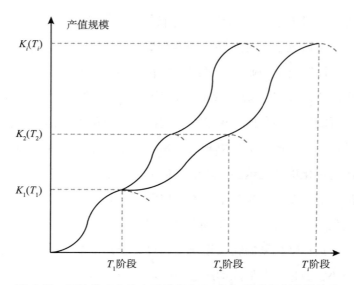

图 6.12　区块链产业生态系统复合 Logistic 演化机制曲线轨迹

经历一定周期阶段后，系统达到演化顶点，价值中枢层、价值融合层以及价值服务层三大种群需要通过对内部价值资源进行整合，资源、信息要素再配置等方式应对内外部竞争刺激，优化环境等承载要素，提升区块链产业生态系统产值规模上限，促使系统进入更高层次的演化周期，即促使区块链产业沿着图中不同的实线组合所示的轨迹演化。

　　若在接收到外部刺激和挑战时，没有及时识别系统所处的状态，未采取相应手段调整产业结构以适应变化了的内外部环境，当区块链产业生态系统演化至规模阈值，则可能随时面临价值主体之间解体，即区块链产业生态系统很可能在任意阶段朝着虚线衰败演化。因此，应当准确识别演化过程中出现的拐点，积极应对，通过政府、市场等的调节提高区块链产业演化的规模上限 $K_i(T_i)$，及时进行价值转换，完善价值生态，帮助区块链产业生态系统调整产业结构与功能升级，以进入更高层次演化周期，实现价值共创下区块链产业生态系统的可持续发展。

6.2.2　价值共创视角下区块链产业生态系统演化过程

通过对区块链产业生态系统演化过程进行解析，能够清晰地把握系统发展进程，归纳梳理系统演化的价值导向以及动力关系，分析区块链产业生态系统各价值主体之间的演化路径。在以往的研究中，罗（Luo，2018）及王宏起、汪英华和武建龙（2016）将演化定义为系统内生成的具有遗传性的价值创造变化能力。霍尔格松、格兰斯特兰德和博格斯（Holgersson，Granstrand and Bogers，2018）认为，生态系统演化性是产生新的有价值功能，其演化行为会受到系统主体联合创造价值的影响。区块链产业生态系统的演化发展，则是系统主体在与环境交互过程中，围绕价值创造和价值获取而相互影响，协同耦合，最终实现价值共生的结果（张越、潘春星和毛秀梅，2022）。基于系统主体间价值形成的基础关系以及生命周期理论，其演化过程可以分为四个阶段。

6.2.2.1　初步形成阶段：资源要素集聚

当演化时间 t 为 $0 \sim t_0$ 时，区块链产业产值规模平缓上升至 $(3 + \sqrt{3})K/6$，系统产值增长率增长至 $rk/6$。区块链产业形成初期，区块链的概念还未得到推广，市场需求小，发展速度缓慢。此时发展的主要特点为技术研发规模小，主导技术尚未确立，市场规模小，商业模式不确定，用户定位不清晰，尚未形成价值创造意识，推动产业生态系统演化的外部环境暂未形成。通常存在着政策制度、技术、资金及人才等产业发展要素极度不充足、不均衡的问题。出于对资源和提升内在价值获取能力的需求，首先是个别领域、独立存在的区块链企业（个体），在外界生态因子（市场、政策、技术、组织环境等）的驱动下，产业要素资源快速集聚，产业领域不断拓宽，相同类型的区块链企业（物种）数量积累，形成区块链企业群（种群）。不同种群之间通过有目的地交换价值主张，彼此联结形成环节互补、互利互惠、协同演化的网络关系。区块链企业借由研发引进新技术、新产品，搭建/接入区块链开放平台，招募合作伙伴部署联盟链并依托主链优势，与用户组织共同构成价值中枢子系统，以开发打造全方位的区块链应用场景，是价值共创共享的起点和价值网络枢纽节点。

6.2.2.2　快速成长阶段：要素交互整合

当演化时间 t 为 $t_0 \sim t_1$ 时，区块链产业产值规模迅速增加至 $K/2$，产业增长速率持续增长到 $rk/4$，产业发展效率开始降低。在区块链产业生态系统的结构基本形成之后，系统内部各成员的分工不断明确，价值链不断形成，多种价值链条促使系统成员间的合作变得更加密切。产业初期的要素积累，为系统资源的进一步整合以及区块链产业群落的形成创造了条件。在技术突破、市场需求、政策制度等因素的支持引导下，区块链企业种群开始向特定区域、特定领域集聚发展，形成结构稳定、功能全面的区块链产业园区（群落），并衍生出相应的价值支持子系统。价值支持子系统由金融机构、政府机构、监管机构、高校和科研机构、第三方中介服务机构等主体组成，通过建立整合机制、合作创新机制以及共识机制等手段来保障技术、资金、信息等要素在系统内的有效流通，以完成价值的生产、完善与升级。此时，群落中的企业为了追求自身价值诉求的最大化满足，同类化企业之间出现竞争协同，造成区块链产业生态群落内种群类型、资源、政策、需求等出现不平衡变化。最终导致在价值网络的每一环节，各个种群占据不同的生态位分别满足不同子系统的异质化需求，使区块链产业群落体现出强大的、全方位的整体竞争力。

6.2.2.3　融合发展阶段：主体协同进化

当演化时间 t 为 $t_1 \sim t_2$ 时，区块链产业产值规模缓慢上升至 $(3 + \sqrt{3})K/6$，但增长率不断降低，直至 $rk/6$，演化速度与加速度此时都呈下降的趋势，逐渐趋于演化稳定平衡状态。随着产业进一步演化，系统主体之间更深入地融合发展并与内外环境相互影响，区块链产业生态系统的企业规模迅速扩大，系统网络中的成员愈加丰富，逐步涵盖金融服务、电子政务、供应链管理、医疗民生、产权保护等诸多领域。在这个阶段，各主体群落的不断进化交互作用下，价值共创种群不断扩大，"竞争—共生—协同"的内部竞合关系形成。区块链产品和服务逐渐渗透进各行各业，技术标准制定和市场监管制度的完善，使区块链产业的内外部服务都优化改善。随着多种群落的协同升级，价值主体之间更深入地融合发展并与内外环境交互，生态系统内部衍生出价值融合子系统，涵盖金融服务、产权保护、物联网、医疗民生、供应链管理等诸多领域。并通过数据沟通与反馈，提升价值主体协同时的整体效率，使得区块链产业生态系统开放性与价值共同创造范围得到进一步丰富。各主体对技术、信息、数据、知识等的协同交互达到新的高度，进而促进区块链产业生态系统中的价值流通，是价值共同创造的最终载体。在各价值子系统的不断协同演化作用下，系统自组织形成了更加灵活、多元且不受环境限制的区块链产业生态系统。产业生态的最终形成使得各主体更注重系统价值创造的总和，重视系统价值传递与价值获取过程的动态性，以及主体间的非线性互动。当某一子系统功能升级或改变时，通过动态能力的相对平衡调节其他价值子系统与其完成协同匹配，并保持各子系统之间协同发展（白彦壮、张莹和薛杨，2017），以实现区块链产业生态系统的价值最大化，最终实现系统总体价值共生。

6.2.2.4　衰退（进化）阶段：更高层次演化

当演化过程处于 $t_2 \sim t$ 时，区块链产业产值规模开始趋于平稳，此时系统产值增长率逐渐趋向于 0。经过前三个阶段的发展，区块链产业生态化目标基本实现，构成完备的生态系统，而此时外部有力竞争者介入、市场需求饱和等现象出现导致整个产业发展陷入不稳定状态，区块链产业生态系统整体竞争力开始被削弱，系统逐渐开始出现解体的倾向。此时产业市场分布、人才供需、企业发展水平、技术创新水平之间存在或多或少的不平衡，这种系统内部的不平衡性最终会导致各价值主体之间的竞争与协作。若整个产业生态系统在面对外部技术快速发展、资源不平衡等问题中，无法做出合理的产业调整，那么系统在环境中失去市场份额，企业个体不断减少，产业规模不断缩小，最终将会向较低层次有序结构退化。若区块链产业生态系统能够及时调整产业发展战略，在不断变化的环境中寻找新的路径，从而使得系统向更高层次演化，则会进入新的轮回。

6.2.3 "资源要素集聚—要素交互整合—主体协同进化"演化路径

作为一项新兴技术，区块链的应用不断地深化和拓展，相应地区块链产业生态系统也在不断发生变化。从最初的数字货币到现在的去中心化金融、供应链管理、智能合约等领域，区块链技术正在不断地为各个行业带来更高效、更安全、更透明的解决方案。在演化的过程中，区块链产业生态系统中的各个参与价值方都发挥着重要作用。价值中枢层不断推出新的解决方案，推动着整个产业向前发展；价值融合层不断挖掘区块链技术的潜力，为用户提供更好的服务；价值服务层为这些公司提供了资金支持，促进整个产业的发展。价值共创是区块链产业生态系统演化路径中的一个重要环节。通过各方的合作与协同，区块链技术可以更好地服务于用户和社会。例如区块链技术可以帮助金融机构更好地管理风险，提高金融服务的可用性和安全性。区块链产业生态系统的顺利演化不仅在于它的技术本身，更在于区块链产业生态系统中各个价值主体的协作和合作，在共同推动下，区块链技术才能不断演化和完善。在此过程中耦合内外部资源，进一步促进各参与主体间的协同匹配。可见，随着生态系统研究的发展，价值共创的视角从企业和顾客的二元互动转变到生态系统参与者及生态系统间的动态互动。从价值的单独创造向共同创造转变，形成了多个参与者共创价值的生态关系。当前我国加快推动区块链产业生态系统的发展，正是要形成以"区块链"技术为基础，以创新驱动、信息技术渗透与整合、结构优化升级、组织形态创新等为抓手，促进产业生态系统实践过程，获得产业增长效应和提质效应的统一，进而形成科学性、自主性和可持续的产业发展机制。

区块链产业生态系统是一个不断自我演进和超越的系统，在共生演化的基础上，经过自组织效应引发三个价值种群不断追逐，基于生命全周期理论实现演化由低级向高级、由稳定态到激发态的演化路径。该部分根据 Logistic 演化方程模拟了系统演化过程及演化趋势，并对价值共创下区块链产业生态系统的演化过程全周期进行分析，进而总结得到区块链产业生态系统价值主体之间的演化路径。价值中枢层、价值融合层、价值服务层三个种群，由区块链产业生态系统种群形成阶段，市场需求小、资源分配极不均衡、价值创造意识不明确等问题的出现开始，形成个别价值主体对资源要素进行集聚推动相似种群的加入；到区块链产业生态系统快速发展，资源要素不断积累，生物种群不断形成，资源要素在价值支持子系统中快速整合流通激发区块链产业生态系统的竞争优势；到产业融合阶段，价值主体之间不断加强价值交互关系，相互协同、共同发展，发展出更加多元、资源丰富且不受环境限制的区块链产业生态系统。最终形成资源要素集聚—要素交互整合—主体协同进化的价值共创下区块链产业生态系统的演化路径。

6.3 价值共创视角下区块链产业生态系统演化动力机制

区块链产业生态系统形成和发展是个动态演化过程，其全过程有非常明显的自组织特征且受诸多因素的影响，具体表现为系统主体自身的进化发展与技术的创新突破，以及政策环境、市场环境、资源环境等生态因素变化带来的影响，系统自身的开放性和不平衡性，使得系统主体间存在着竞争、合作等不同形式的互动，并在多种因素的协同作用下得到放大形成系统巨涨落，最终突破系统稳定临界点，占据优势地位，推动区块链产业生态系统向更高级、更有序演化。技术突破、市场驱动、政策引导以及环境交互的协同作用决定了区块链产业的竞争力（HarleenHarleen，Roshan，Afshar and Bhavya，2023），也是其演化发展的根本动力（王宏起、汪英华和武建龙，2016）。因此，针对区块链产业生态系统演化过程的自组织特性，通过引入哈肯模型，对系统内外部不同状态变量间动态交互而引发的结构演化过程加以分析，即可更深入地揭示区块链产业生态系统的演化机制（孙玉涛和刘凤朝，2014）。

通过梳理区块链产业生态系统的相关研究发现，已有文献多为对系统界定、系统特性等方面的定性研究，鲜有专门针对区块链产业生态系统的定量研究，缺乏对生态系统演化机制的研究。基于区块链产业生态系统的理论基础，系统符合自组织的演化条件。因此，本章采用哈肯模型来识别并揭示区块链产业生态系统的演化机制。

6.3.1　哈肯模型构建

价值共创视角下区块链产业生态系统的演化是一个由无序到有序、由低级到高级的动态发展过程。协同学创始人哈肯认为，系统的有序演化是由系统内多个变量的相互作用而导致的，并提出序参量的概念。也就是说，系统演化是在一定的外部条件下，内部各子系统、参量之间相互竞争协同演化从而形成新的系统的过程。为了更好地探究系统演化行为，哈肯构建了包含系统状态变量、时间参量和随机涨落力的哈肯模型，哈肯模型中影响因素分为快变量和慢变量，两种变量之间的阻尼与速度存在差异性。其中，其快和慢是指变量随时间而发生变化的快慢程度。慢变量一般被理解为起主导作用，通常只有 1 个或几个，是整个复杂系统演化的关键因素。

为了便于分析，利用伺服原理进行微观计算，找到系统线性失衡点，并对系统演化的快、慢变量加以区分，通过运用"绝热消去法则"，消去快变量，即可得到系统的序参量和演化方程组（李琳和刘莹，2014）。本章假设内部系统和外部系统的主导参量分别为 q_1' 和 q_2'，得出两者之间相互作用的方程，其数学表达式为：

$$q_1' = -\lambda_1 q_1 - a q_1 q_2 \tag{6.10}$$

$$q_2' = -\lambda_2 q_2 + b q_1^2 \tag{6.11}$$

其中，λ_1、λ_2、a、b 为控制变量，λ_1、λ_2 为阻尼系数，a 和 b 为方程控制参数，反映 q_1、q_2 之间相互作用的强度。

显然，由式（6.10）、式（6.11）能够解出模型的一个定态解 $q_1 = q_2 = 0$。当 $\lambda_2 \gg \lambda_1$ 且 $\lambda_2 > 0$ 时，模型满足"绝热近似条件"，表明 q_2 为随时间变化快，弛豫时间短的快变量。因此可以进一步利用绝热消去法，令式（6.11）中 $q_2' = 0$，可得：

$$q_2 \approx \frac{b}{\lambda_2} q_1^2 \tag{6.12}$$

将式（6.12）代入式（6.10），解出系统序参量方程为：

$$q_1' = -\lambda_1 q_1 - \frac{ab}{\lambda_2} q_1^3 \tag{6.13}$$

上面式子表明序变量的状态会受到不同参数的影响。通过式（6.13）求得 q_1 后，将其代入式（6.12）即可解出 q_2。由此可见，q_1 是系统的序参量，役使着系统有序结构的形成。接着通过对式（6.13）的相反数进行积分，可得到势函数为：

$$v = \frac{1}{2} \lambda_1 q_1^2 + \frac{ab}{4\lambda_2} q_1^4 \tag{6.14}$$

此时分两种情况进行讨论：当 $\lambda_1 > 0$ 时，式（6.14）有唯一解 $q_1 = 0$；当 $\lambda_1 < 0$ 时，式（6.13）存在 3 个不同解，即 $q_{11} = 0$，$q_{12} = \sqrt{-\dfrac{\lambda_1 \lambda_2}{ab}}$，

$q_{13} = -\sqrt{-\dfrac{\lambda_1\lambda_2}{ab}}$。因为 q_{11} 为非稳定解，通常不予分析。而 q_{12}、q_{13} 是稳定解，说明系统可在状态变量 q_1 的役使下形成新的稳定结构。为便于实际应用，需要对哈肯模型进行离散化处理：

$$q_1(k+1) = (1-\lambda_1)q_1(k) - aq_1(k)q_2(k) \qquad (6.15)$$

$$q_2(k+1) = (1-\lambda_2)q_1(k) + bq_1(k)q_1(k) \qquad (6.16)$$

6.3.2 变量选取与数据来源

6.3.2.1 状态变量选取

本节构建了包括价值中枢层、价值服务层、价值融合层在内的区块链生态系统，系统的演化发展受到多种因素的协同影响，但依据协同学序参量原理，系统最终演化方向与进程是由少数占据主导位置的状态变量所决定的。因此，鉴于哈肯模型在产业生态系统的演化机制研究中已取得了较成功的表现，本节选用少数能够反映系统演化状态的变量来对区块链产业生态系统演化机制加以探究，这不仅能化繁为简，还能清晰明确地揭示出系统演化本质。依据上述对区块链产业生态系统演化过程解析，本节认为，对于区块链产业而言，技术创新、政府政策、市场驱动是影响区块链产业生态系统演化发展的关键因素（刘越群，2022）。因此，本节遵循科学性、可度量性以及可行性的原则，拟选取研发投入、政府补助以及劳动生产率三个状态变量作为演化序参量，进一步分析区块链产业生态系统演化过程，具体指标如下。

研发投入（I_R）主要反映了系统内部的技术突破，用企业当期研发经费表示。研发投入反映了企业在创新和技术方面的投入（宋广蕊、马春爱和肖榕，2023）。不同于传统产业系统，区块链产业系统需要更加优化的算法、技术与应用模式以触发系统涨落并促使其由原来的平衡态改变为不平衡态，进而使区块链产业生态系统向着更有序、更高的层次发展。针对这一现状，研发投入对于区块链产业生态系统来说，有助于促进企业创新成果的产出，能够驱使系统从平衡态发展成为不平衡态。

劳动生产率（P_R）主要反映了系统内部的市场驱动，用企业当期营业收入与员工数量的比值表示。营业收入一方面能够体现区块链产业的经济规模，也可以反映市场对区块链产业的需求程度。同时劳动生产率还可以部分体现区块链生态系统内主体间竞合关系。由于受到资源、市场需求等众多有限性制约的影响，系统内部主体间存在着多种形式的竞争与合作，以不断满足自身价值需求，具体体现在如开放创新、知识共享、环节互补、战略联盟的达成等，以及市场资源、人力资源等的争夺，这种竞争与合作的结果集中反映在劳动生产率的不断增长。因此，劳动生产率是一个可选状态变量。

政策补助（S_R）主要体现系统所处的政策环境，用企业当期政府补助额表示。政府政策是影响区块链产业融合发展的重要因素（Grima，Spiter and Romānova，2020）。政策补助则是政府鼓励特定产业发展，协助产业进行资源配置、调整产业结构、促进创新、释放产业潜能的主要手段（周亚虹、蒲余路和陈诗一，2015），不仅可以补偿企业在资源获取、研发创新等方面的投入，还可以向社会释放出对企业的支持信号，有助于产业的可持续发展（余典范、王超和陈磊，2022）。政府的财政支持主要分为两个方面：一方面，将财政支持用于加入价值种群的新个体，进而生产出满足市场需求的产品和服务；另一方面，通过建设基础设施提供稳定的发展环境，吸纳更多个体加入区块链产业生态系统的价值共创活动中。同时，在政府政策的保障下也会吸引更多区块链优秀人才涌入。作为新一代国家战略核心技术，目前区块链产业正处于发展初期，产业相关政策制度在很大程度上引导着区块链产业生态系统的演化发展。因此，政府补助是一个可行状态变量。

综上所述，本章选取研发投入、劳动生产率以及政府补助三个变量，集中反映区块链产业生态系统的本质特征。

6.3.2.2　样本选取与数据来源

目前，我国的区块链产业正处在发展初期，相关数据统计指标尚不完全一致，使得产业数据不够完整、准确。依据前文所构建的区块链产业生态系统，可以认为，各区块链企业是区块链产业生态系统的价值中枢和核心。因此，本章选取了 A 股区块链板块所有上市公司作为样本来代表我国区块链产业现状，初步得到 232 家区块链上市公司样本，通过剔除经营异常的 ST 类上市公司样本；剔除相关数据严重缺失的上市公司样本，最终选取以深科技（000021）、神州数码（000034）为例的 213 家上市公司作为最终样本。由于我国区块链产业从 2016 年开始进入快速发展阶段，多数企业开始布局区块链，产业规模迅速扩大，考虑到数据的可代表性，本章研究选取滞后两年，即 2018 ~ 2020 年三年间的变量数据作为最终数据样本。数据主要来源于 CS-MAR 数据库，部分缺失数据则收集自各上市公司年度财务报表。

6.3.3　模型运算与分析

哈肯模型主要针对状态变量之间两两进行假设和分析，先将涉及的三个状态变量进行组合，然后提出模型假设，再利用"绝热消去法则"判别模型假设是否成立，以此识别出序参量，构建演化方程。由于哈肯模型适用于识别两个变量之间的序参量，因此本章需要以研发投入、劳动生产率以及政府补助作为三个状态变量，进行 6 次两两分析。本章利用 Stata17.0 对面板数据进行回归分析。以研发投入（I_R）和政府补助（S_R）为例假设研发投入为序参量，政府补助为状态变量，即 $q_1 = I_R$，$q_2 = S_R$，构建运动方程如下所示：

$$I_R(tS_R + 1) = (1 - \lambda_1)I_R(t) - aI_R(t)S_R(t) \tag{6.17}$$

$$S_R(t + 1) = (1 - \lambda_2)S_R(t) + bI_R(t)I_R(t) \tag{6.18}$$

根据本章有三个状态变量，利用变量间两两分析的方法来确定系统的序参量，因此需要进行六次序参量的识别，具体结果如表 6.3 所示（其中，I_R 为研发投入，S_R 为政府补助，P_R 为劳动生产率）。

表 6.3 变量间两两分析结果

模型	模型假设	运动方程及参数	结论
①	$q_1 = I_R$ $q_2 = S_R$	$I_R(k+1) = 0.076I_R(k) + 0.122I_R(k)S_R(k)$ 　　　(1.64*)　　　　　　(5.18***) $S_R(k+1) = -0.027S_R(k) + 0.013I_R^2(k)$ 　　　(34.97***)　　　　　(0.31) $\lambda_1 = 0.924,\ \lambda_2 = 1.027,\ a = -0.122,\ b = 0.0013$	方程成立，满足绝热近似条件，I_R 为系统序参量
②	$q_1 = S_R$ $q_2 = I_R$	$S_R(k+1) = 0.095S_R(k) + 0.183S_R(k)I_R(k)$ 　　　(2.17**)　　　　　(8.86***) $I_R(k+1) = 0.899I_R(k) - 0.002S_R^2(k)$ 　　　(67.67***)　　　　(-1.71*) $\lambda_1 = 0.905,\ \lambda_2 = 0.101,\ a = -0.183,\ b = -0.002$	方程成立，不满足绝热近似条件，模型假设不成立
③	$q_1 = I_R$ $q_2 = P_R$	$I_R(k+1) = 0.097I_R(k) + 0.376I_R(k)P_R(k)$ 　　　(2.03**)　　　　　(6.24***) $P_R(k+1) = 0.878P_R(k) + 0.002I_R^2(k)$ 　　　(43.88***)　　　　(0.43) $\lambda_1 = 0.903,\ \lambda_2 = 0.122,\ a = -0.376,\ b = 0.002$	方程成立，不满足绝热近似条件，模型假设不成立
④	$q_1 = P_R$ $q_2 = I_R$	$P_R(k+1) = 0.064P_R(k) - 0.375P_R(k)I_R(k)$ 　　　(1.41*)　　　　　(-6.40***) $I_R(k+1) = 0.897I_R(k) - 0.0004P_R^2(k)$ 　　　(67.58***)　　　　(-0.15) $\lambda_1 = 0.936,\ \lambda_2 = 0.103,\ a = 0.375,\ b = -0.0004$	方程成立，不满足绝热近似条件，模型假设不成立
⑤	$q_1 = S_R$ $q_2 = P_R$	$S_R(k+1) = 0.140S_R(k) + 0.824S_R(k)P_R(k)$ 　　　(2.83***)　　　　　(6.18***) $P_R(k+1) = 0.878P_R(k) - 0.0005S_R^2(k)$ 　　　(43.92***)　　　　(-0.24) $\lambda_1 = 0.860,\ \lambda_2 = 0.122,\ a = -0.824,\ b = -0.0005$	方程不成立，不满足绝热近似条件，模型假设不成立

模型	模型假设	运动方程及参数	结论
⑥	$q_1 = P_R$ $q_2 = S_R$	$P_R(k+1) = 0.125P_R(k) - 1.097P_R(k)S_R(k)$ (2.98^{***}) (-8.69^{***}) $S_R(k+1) = 0.752S_R(k) + 0.0005P_R^2(k)$ (35.28^{***}) (0.11) $\lambda_1 = 0.875$, $\lambda_2 = 0.248$, $a = 1.097$, $b = 0.0005$	方程不成立，不满足绝热近似条件，模型假设不成立

6.3.3.1 序参量演化方程

根据模型①、模型②、模型③、模型④的结果可知，研发投入、政府补助与劳动生产率之间存在着显著的协同关系，三种因素能够对区块链产业生态系统的演化升级产生一定影响。但是只有模型①演化方程中的参数满足"绝热消去条件"，即 $\lambda_2 \gg \lambda_1$ 且 $\lambda_2 > 0$。可见研发投入是现阶段我国区块链产业生态系统演化发展的序参量。结合模型①中参数，得到反映 I_R 和 S_R 相互作用的微分方程组：

$$I_R' = -0.924I_R + 0.122I_R S_R \qquad (6.19)$$

$$S_R' = 1.027S_R + 0.0013I_R^2 \qquad (6.20)$$

引入绝热消去法，令 $S_R' = 0$，求得方程（6.20）的近似解为：

$$S_R \approx \frac{b}{\lambda_2}I_R^2 = \frac{0.0013}{1.027}I_R^2 = 1.2 \times 10^{-3}I_R^2 \qquad (6.21)$$

表示在一定程度上政府补贴随着研发投入的变化而变化，将式（6.21）代入式（6.19），进一步得到区块链产业生态系统演化方程：

$$I_R' = -0.924I_R + 1.5 \times 10^{-4}I_R^3 \qquad (6.22)$$

6.3.3.2 势函数求解

基于上述的分析结果，对式（6.22）的相反数进行积分，求得系统势函数为：

$$v = 0.462I_R^{\prime 2} - 3.75 \times 10^{-5}I_R^4 \tag{6.23}$$

令 $I_R' = 0$ 得到势函数的三个定态解：$I_R = 0$，$I_R = \pm \sqrt{-\lambda_1\lambda_2/ab} = \pm77.50$。

同时，势函数的二阶导数为：

$$v'' = 0.924 - 4.5 \times 10^{-4}I_R^2 \tag{6.24}$$

将 $I_R = \pm77.50$ 代入式（6.24），得 $v'' < 0$。由此可知，当 $I_R = \pm77.50$ 时，势函数存在极大值。通过分析系统演化势函数的结构特性可以反映出区块链产业生态系统的演化机制，当系统状态变量 q_1、q_2 以及参数 a、b、λ_1、λ_2 发生变化时，区块链产业生态系统原本处于稳定态的势函数会随之改变为不稳定态。在控制变量取值一定时，区块链产业生态系统中代表技术创新和政策环境的两个变量，即研发投入和政府补助之间的非零作用，使得系统生成新的稳定定态解 $I_R = \pm77.50$。即在新的定态解处，系统达到了新的有序状态，此时役使系统演化的序参量是企业研发投入 I_R。

6.3.4　演化机制分析

本节基于上述对价值共创下区块链产业生态系统演化机制的理论研究，并结合我国区块链产业实际运行情况，对区块链产业生态系统的构成及其演化过程进行解析，基于 A 股区块链板块 213 家上市公司的数据，运用哈肯模型分析我国区块链产业生态系统动态演化机制，以下分析内容将基于上述测算结果，主要结论如下所述。

6.3.4.1　企业研发投入是区块链产业生态系统演化发展的序参量

模型①中的区块链产业生态系统演化方程组揭示了其演化的特征：现阶段，在区块链产业生态系统演化过程的临界点上，支配系统有序演化的序参量是代表技术创新的研发投入。控制参数的值能够反映在前期发展阶段，产业发展需要大量的研发投入，才能够带动区块链产业实现质的突破。在产品创新、服务创新或技术突破等方面，研发投入能够为企业乃至产业带来经济效益的增加。原因在于，一方面，企业研发投入通过为创新活动提供资金和人员方面的保障，促进企业开发新产品，提升企业创新能力，最终达到企业绩效提升的目的；另一方面，研发投入能够形成累积效应，进一步提升企业及时捕捉、评估前沿技术的能力，即动态能力，促进企业及时吸收和学习外部环境中的前沿技术，并结合自身发展情况，促进企业经济增长。在政府补助的基础之上，企业在资金支出方面会具有更好的能动性，能够更自由地支配资金用于区块链产业的研发投入，从而促进区块链产业高质量发展。政府补贴作为企业重要的创新激励政策，对企业增加研发投入、降低创新活动过程中所存在的不确定性风险具有促进作用。在政府补贴的激励下，企业研发投入水平一定程度上会提高。政府更倾向于将补贴配置给承担较多政府社会目标的企业，进而提高企业核心竞争力，促进经济发展。

因此，为了使系统建立研发投入和政府补助互动发展的正反馈机制，应该要在政府补助的激励下，加大企业研发投入，使企业发明出更多高质量的创新成果，提升企业的利润效益和市场占有率。

6.3.4.2 区块链产业生态系统演化发展的市场驱动力不足

根据回归结果可知，代表市场驱动的劳动生产率尚不构成区块链产业生态系统演化的状态变量，部分原因是目前我国区块链产业尚处于发展初期，在创新成果转化与区块链项目落地方面还有很大提升空间，缺乏直观可用的成熟产品，市场化程度低，使得应用链与价值链"堵塞"，导致区块链产业系统演化发展市场动能不足。市场驱动主要是企业通过影响产品和市场层面的价值创新而演进的过程。产品层面的市场驱动是根据顾客的消费特征，重构现有产品。市场层面的市场驱动是企业通过改变顾客偏好和行为，重新界定行业细分市场，超越现有需求和增加可接近性，改善产品或服务的销售渠道。行业层面的市场驱动是企业将供应商、批发商、分销商等合作伙伴主体从价值链中清除出去，目的是为客户提供更多的价值。在市场激烈竞争的环境下，企业利用市场驱动可持续发展等方面值得进一步探究。企业可以通过洞悉客户的需求和偏好，加大创新成果转化，加强产品的技术性和客户导向性，创造更具市场竞争力的产品，满足客户隐形需求，有助于企业在现有市场中保持竞争优势。

6.3.4.3 政府补助对区块链产业生态系统演化发展影响程度降低

在本章建立的序参量方程中，控制参数能够进一步反映出区块链产业生态系统演化行为：（1）控制参数 a 为负值，反映来自政府的补助能够刺激企业增加研发投入，两者之间具有一定的协同效应，共同促进区块链产业生态系统演化升级；（2）控制参数 b 为正值，反映企业研发投入的增加也会反过来促进政府补助的增加，政府会对那些研发投入多的企业给予更多的支持，除了政府补助带来的直接资本效益外，政府补助也同时向市场传递了政府对企业科研项目及创新发展的积极态度，提升了企业融资渠道和市场信心，企业也因此会有更大的创新动力，进而加大研发强度；（3）控制参数 λ_1 为负值，表明系统内部已经形成企业研发投入驱动区块链产业生态系统向更高级有序演化的正反馈机制，但此时 λ_1 的绝对值不大，说明企业研发投入能使我国区块链产业生态系统产生的有序度还不是很高，要想进一步提升系统有序度，需要继续加大研发投入强度，推动技术创新，充分发挥其对区块链产业演化发展的主导作用；（4）方程参数 λ_2 为正值，表明政府补助能使我国区块链产业生态系统产生的有序度正在降低，部分原因在于政府补助的一味提升，会在一定程度上对企业其他研发资金投入产生"挤出效应"，不利于企业创新。因此，为了建立起研发投入和政府补助的正反馈机制，应该要适度看待政府补助的激励，进一步提高政府补助的支持力度，挖掘政府补助的孵化器作用和催化剂作用，扩大政府补助对企业的影响范畴，拓展政府补助激励作用的广度与深度，推动政府补助作用的充分发挥，提高政府补助的作用效率。同时在加强政府补助的同时，促进创新对企业的"良性循环"，关注研发投入的重要性，促进区块链产业生态系统向有序化、高级化方向发展。

6.4 价值共创视角下区块链产业生态系统演化协同测度

区块链产业生态系统的形成与演化是经历资源要素集聚、要素交互整合以及最后的主体协同进化的发展路径，当系统发展到一定程度后将是一个动态的协同演化过程。通过价值中枢、价值支持与价值融合三个子系统之间的协同交互以及同内外部环境不间断的信息交换，实现价值诉求与产业生态的不断调整与完善，进而推动区块链产业生态系统良好有序发展。各个子系统之间的有序程度决定着区块链产业生态系统的演进发展能否产生 $1 + 1 + 1 > 3$ 的协同效应。针对区块链产业生态系统价值演化过程的协同特性，本节构建了区块链产业生态系统协同发展指标体系，并引入系统协同度模型结合 2015 ~ 2020 年我国区块链产业的相关数据进行实证分析，以动态检验我国区块链产业生态系统协同发展现状，为推进区块链产业融合发展以及产业生态的进一步完善提供一定的参考。

6.4.1 模型选取与指标体系构建

6.4.1.1 复合系统协同度模型

依据以上对区块链产业生态系统构成与协同演化的分析，其系统协同度即指价值中枢、价值融合与价值支持三大子系统在演化过程中协调统一的程度。据此，参考沈颂东和亢秀秋（2018）及马慧、曹兴和李星宇（2019）引入复合系统协同度模型对区块链产业生态系统协同水平进行测度。设区块链产业生态系统为 S，$S = \{S_1, S_2, \cdots, S_j\}$，表示第 j 个子系统，$j \in [1, 3]$，其中价值融合子系统为 S_1、价值中枢子系统为 S_2、价值支持子系统为 S_3。在系统协同演化过程中，序参量的状态支配着整个区块链产业生态系统向高级、有序演化的趋势和程度，因此可进一步设定系统有序度模型。

（1）系统有序度模型。

设 $e_j = (e_{j1}, e_{j2}, \cdots, e_{jn})$，$n \geq 1$，$\alpha_{ji} \leq e_{ji} \leq \beta_{ji}$，$i \in [1, n]$ 为子系统 S_j 在协同演化过程中的序参量。若 $e_{j1}, e_{j2}, \cdots, e_{jk}$ 为正向指标，那么在临界点处将对系统造成正效应，当 e_j 增大时，系统有序程度也相应提升，反之则降低；若 $e_{jk+1}, \cdots, e_{jn}$ 为负向指标，则会对系统产生负效应，其值越高系统有序度越低。因而，子系统 S_j 的序参量分量 e_{ji} 有序度如下：

$$u_j(e_{ji}) = \begin{cases} \dfrac{e_{ji} - \alpha_{ji}}{\beta_{ji} - \alpha_{ji}} & i \in [1, k] \\[3mm] \dfrac{\beta_{ji} - e_{ji}}{\beta_{ji} - \alpha_{ji}} & i \in [k+1, n] \end{cases} \tag{6.25}$$

其中，α_{ji} 和 β_{ji} 分别代表子系统 j 在稳定态时序参量 e_{ji} 的上界和下界，$u_j(e_{ji}) \in [0, 1]$，此外，子系统有序度还取决于各个序参量 e_{ji} 的合理组合，目前通常用几何平均法或线性加权求和法对序参量的组合过程加以模拟：

$$u_j(S_j) = \sqrt[n]{\prod_{i=1}^{n} u_j(e_{ji})} \tag{6.26}$$

或

$$u_j(S_j) = \sum_{i=1}^{n} \omega_i u_j(e_{ji}), \ \omega \geq 0, \ \sum_{i=1}^{n} \omega_i = 1 \tag{6.27}$$

由式（6.26）、式（6.27）可知，$u_j(S_j) \in [0, 1]$，其值越大表明子系统的有序度越高，反之越低。

（2）系统协同度模型。

若 $u_j^0(s_j)$，$j = 1$，2，3 为系统初始状态 t_0 时子系统 S_j 的有序度，当系统发展演化到 t_1 时，有序度变为 $u_j^1(s_j)$，区块链产业生态系统各个子系统两两之间的协同度可表示为：

$$c_m(s_h, s_k) = \frac{1}{e-1}[e - exp(1 - \prod_{j=h,k} u_j^1(s_j) - u_j^0(s_j)] \qquad (6.28)$$

其中，$u_j^1(s_j) - u_j^0(s_j) \neq 0$，$c \in [0, 1]$，系统整体的协同度取决于所有子系统的共同作用。区块链产业生态系统整体协同度可表示为：

$$U(S) = \varepsilon \times \sqrt[3]{\prod_{j=1}^{3} c_m(s_h, s_k)} \begin{cases} \varepsilon = 1u_j^1(s_j) \geqslant u_j^0(s_j) \\ \varepsilon = -1u_j^1(s_j) \leqslant u_j^0(s_j) \end{cases} \qquad (6.29)$$

其中，参数 ε 可以判断子系统对复合系统的影响方向，当 $\varepsilon = 1$ 时，协同度 $U(S)$ 为正值，说明区块链产业生态系统处于协调有序发展状态，其值越大，系统协同有序程度越高，反之则越低。当前关于复合系统协同度等级的划分，学界并未达成一致标准，本章设定区块链产业生态系统发展协同度等级和划分标准如表 6.4 所示。

表 6.4   **协同度等级及划分标准**

协同度	0~0.4	0.4~0.5	0.5~0.6	0.6~0.7	0.7~0.8	0.8~0.9	0.9~1.0
等级标准	失调	调和	勉强协同	初级协同	中级协同	良好协同	优质协同

6.4.1.2　指标体系的构建

考虑到我国区块链产业正处于发展初期，相关数据的统计工作尚不够完善且统计指标不完全一致，遵循指标体系构建的科学系统性以及指标数据的可得性原则，本章构建了包括价值中枢、价值融合、价值支持三大子系统共22 个细分指标的区块链产业生态系统协同发展指标体系，如表 6.5 所示。其中价值融合子系统与价值支持子系统采用区块链产业整体层面数据，而价值中枢子系统的发展情况集中体现在区块链企业上，因此本章采用 A 股区块链板块 240 家上市公司作为初始样本，在剔除上市时间不足 6 年的企业、未涉及区块链领域投入或产出的企业，以及被特殊处理的 ST 类企业后，以余下的 178 家区块链上市企业整体指标来反映价值中枢子系统情况。

表 6.5　　　　　　　　区块链产业生态系统协同发展指标体系

系统	子系统	状态变量	序参量	权重（%）	数据来源
区块链产业生态系统协同发展指数	价值融合子系统	产业价值规模	X1：市场规模	31.54	《2020～2021 年中国区块链产业发展白皮书》
		产业集聚程度	X2：区块链产业园区数量	14.85	
		产业吸引力	X3：区块链企业数量	19.01	天眼查商业查询平台
		产业融合程度	X4：区块链应用领域专利	16.11	Innojoy 专利检索平台
			X5：区块链应用案例数	18.49	清华大学《2020～2021 中国区块链产业生态地图报告》
	价值中枢子系统	创新能力	Y1：研发人员数量	8.11	CSMAR 数据库、企业年报
			Y2：研发经费支出	11.86	
			Y3：企业科研项目	14.78	泛研全球科研项目数据库
			Y4：企业专利数量	15.51	Innojoy 专利检索平台
			Y5：企业学术论文数量	12.71	CNKI
		盈利能力	Y6：资产报酬率	8.71	CSMAR 数据库
		成长能力	Y7：总资产增长率	11.68	
		偿债能力	Y8：产权指数	6.64	
		营运能力	Y9：资产周转率	10.00	
	价值支持子系统	政府支持	Z1：政策数量	14.81	《中国区块链发展报告（2020）》
			Z2：政府补助	7.65	企业年报

系统	子系统	状态变量	序参量	权重（％）	数据来源
区块链产业生态系统协同发展指数	价值支持子系统	资本支持	Z3：融资笔数	13.28	《中国区块链产业投融资报告（2020）》
			Z4：融资数量	21.35	
		人才支持	Z5：开设区块链专业高校数	11.14	网络检索
		创新支持	Z6：非公司科研项目数	10.46	泛研全球科研项目数据库
			Z7：非企业区块链专利数量	11.36	Innojoy 专利检索平台
			Z8：非企业科研论文数量	9.95	CNKI

注：其中 X3 仅包含注册资本大于 1000 万元以上的区块链企业；X4 仅包含金融、互联网、供应链、医疗健康、物联网及游戏领域的专利数；企业层面指标 X6～X9 为平均值，其余为汇总值；Z1 仅包含国家级政策。

6.4.1.3　指标权重的确定

本章选用熵权法来对各项指标进行赋权，区别于其他赋权法，熵值法重点关注各指标间的差异程度，可以在赋权过程中剔除主观因素带来的偏差，客观地体现各细分指标对整体的"贡献"。设 X_{ij} 为第 i 年份第 j 个指标的数值，其中 $i = 1, 2, \cdots, n$；$j = 1, 2, \cdots, m$。n 表示年份个数，m 表示指标个数，具体过程如下。

（1）指标无量纲化处理：

$$正向指标：X'_{ij} = \frac{X_{ij} - X_j^{\min}}{X_j^{\max} - X_j^{\min}} \tag{6.30}$$

$$负向指标：X'_{ij} = \frac{X_j^{\max} - X_{ij}}{X_j^{\max} - X_j^{\min}} \tag{6.31}$$

（2）对指标体系进行规范化处理，为消除处理过程中出现的 0 值，同时尽可能减少平移对原始数据的影响，本章选择对无量纲化处理后的数据整体平移 0.01：

$$P_{ij} = (X'_{ij} + 0.01) \bigg/ \sum_{j=1}^{m} (X'_{ij} + 0.01) \qquad (6.32)$$

（3）计算第 j 个指标的熵值：

$$E_j = -\frac{1}{\ln(m)} \sum_{i=1}^{n} (P_{ij} \times \ln P_{ij}) \qquad (6.33)$$

（4）计算第 j 个指标的权重：

$$\omega_j = (1 - E_j) \big/ (m - \sum_{j=1}^{m} E_j) \qquad (6.34)$$

6.4.2 区块链产业生态系统协同度的测算及分析

6.4.2.1 子系统发展水平测算

根据构建的区块链产业生态系统协同发展指标体系，利用 matlab R2018a 软件运用熵值法计算出各指标权重，结果如表 6.5 所示，进一步对指标进行线性加权，得到 2015～2020 年区块链产业生态系统各子系统综合发展水平得分，如表 6.6 所示。

表 6.6　　　2015～2020 年区块链产业生态系统子系统综合发展水平

年份	价值融合子系统	价值中枢子系统	价值支持子系统
2015	0.0011	0.0358	0.0022
2016	0.0049	0.0402	0.0144
2017	0.0188	0.0389	0.0393
2018	0.0523	0.0576	0.1477
2019	0.0623	0.0690	0.0906
2020	0.1115	0.0818	0.1317

通过图 6.13 和表 6.6 可以看出，虽然我国区块链产业生态系统发展水平呈现明显的上升趋势，但整体水平仍然相对偏低。而从表 6.5 各序参量权重

来看，区块链产业价值规模、产业创新能力以及资本支持对区块链产业演化发展的贡献程度最大。此外，从图 6.13 中可以明显看出，在 2015～2016 年我国区块链产业一直处于缓慢上升状态。而在 2017 年迎来了一个转折点，三大子系统均在 2017 年得到了较大幅度的发展，其中价值支持子系统的增长幅度最大。而这与 2016 年 10 月工信部发布《中国区块链技术和应用发展白皮书（2016）》及 2016 年 12 月区块链首次被作为战略性前沿技术写入国务院发布的《国务院关于印发"十三五"国家信息化规划的通知》等一系列中央政策有着密切的关系，市场在政策的指引下带动资本、技术、人力等产业发展核心要素向区块链产业集聚，为区块链产业的发展布局提供了良好支撑。2018 年价值支持子系统的回落以及价值融合子系统的增速放缓，则可能是因为中央在 2018 年出台了一系列措施以加强对区块链产业的监管，市场逐渐回归理性但同时也催生了一批优质项目的沉淀。而在 2020 年，疫情暴发带来的"危"与"机"进一步凸显了区块链等新一代信息技术的重要性，加速了区块链技术与各行各业的深度融合与应用落地，区块链产业三大子系统水平均在 2020 年得到了较大幅度的提升，后疫情时代整体发展前景良好。

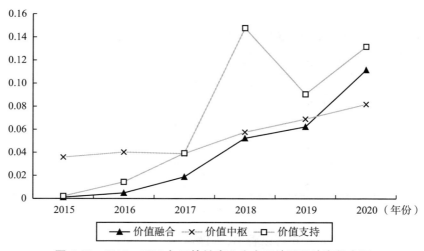

图 6.13　2015～2020 年区块链产业生态系统子系统发展水平

6.4.2.2 子系统有序度测算

将无量纲化处理后的数据代入式（6.30），其中上界 α_{ji} 取 2015～2020 年系统各序参量的最大值上浮 10%，下界 β_{ji} 则取各序参量最小值下调 10%。接着将计算得到的各序参量有序度代入式（6.31），进而得到区块链产业生态系统各子系统有序度，结果如表 6.7 所示。

表 6.7 2015～2020 年区块链产业生态系统子系统有序度

年份	价值融合子系统 $U_1(S_X)$	价值中枢子系统 $U_2(S_Y)$	价值支持子系统 $U_3(S_Z)$
2015	0.0017	0.0396	0.0030
2016	0.0343	0.2379	0.0544
2017	0.1645	0.3357	0.1681
2018	0.4873	0.4590	0.4640
2019	0.5769	0.4421	0.4221
2020	0.8937	0.2730	0.5111

从图 6.14 和表 6.7 可以看出，区块链产业生态系统各子系统有序度水平在 2015～2018 年一直保持着大致相同的增长趋势。但从 2018 年开始各子系统有序化水平出现差异，其中价值融合子系统仍保持着增长趋势，价值中枢子系统和价值支持子系统则出现有序度降低的情况。这其中的主要原因在于，区块链产业作为一项新兴产业，其初期大量研发资源和要素投入在 2017 年催生了区块链技术应用落地的第一波高潮。但其应用发展的回报周期较长，大多数企业的区块链业务还未产生实际效益，尚未达到自给自足的地步，仍需其他业务来覆盖区块链业务成本，从而造成区块链产业在应用领域"遍地开花"的情况下，位于价值中枢子系统的区块链企业却普遍处境艰难，进而导致子系统有序度降低。而 2020 年疫情肆虐，更进一步加剧了区块链企业的发展窘境，价值中枢子系统有序度水平大幅降低。而与此相反的是，价值支持

子系统特别是价值融合子系统在疫情环境下再次得到加速应用，导致各个子系统有序度水平出现较大差距。

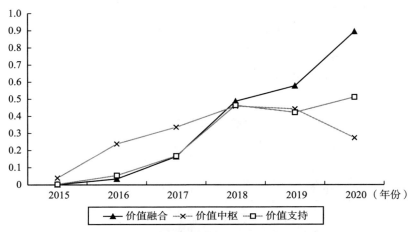

图 6.14　2015~2020 年区块链产业生态系统子系统有序度

6.4.2.3　区块链产业生态系统总体协同度测算

将表 6.7 中计算得到的价值融合、价值中枢和价值支持子系统有序度代入式 (6.33)，得出区块链产业生态系统三大子系统两两之间 2015~2020 的协同度 $c_m(s_x, s_y)$、$c_m(s_x, s_z)$、$c_m(s_y, s_z)$，将计算出的结果代入式 (6.34)，进而得到区块链产业生态系统 2015~2020 年的总体协同度 $U(S)$，结果如表 6.8 所示。

表 6.8　　　　　　　　2015~2020 年区块链产业生态系统协同度

年份	价值融合—价值中枢 $c_m(s_x, s_y)$	价值融合—价值支持 $c_m(s_x, s_z)$	价值中枢—价值支持 $c_m(s_y, s_z)$	总体协同度 $U(S)$
2015	0.008156863	0.002255	0.010949	0.005861143
2016	0.080397689	0.040931	0.100928	0.06925271

续表

年份	价值融合—价值中枢 $c_m(s_x, s_y)$	价值融合—价值支持 $c_m(s_x, s_z)$	价值中枢—价值支持 $c_m(s_y, s_z)$	总体协同度 $U(S)$
2017	0.219522472	0.163909	0.221055	0.199615408
2018	0.451287798	0.473139	0.439688	0.454494996
2019	0.481201416	0.490945	0.410736	0.459523289
2020	0.456263136	0.67332	0.344395	0.472967396

由图6.15和表6.8并结合协同度等级划分标准可知，尽管2015～2017年我国区块链产业生态系统协同度持续提升，但仍处于失调状态。从2018年开始转变为调和状态，但一直保持着相对平稳而没有实现系统的进一步协同。究其原因，主要是因为区块链产业生态系统的协同演化存在着"短板效应"，即价值中枢子系统相对较低的有序度制约了整个区块链产业生态系统的进一步协同演化。

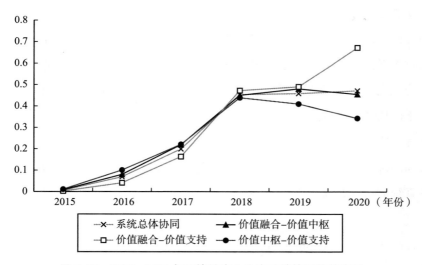

图6.15 2015～2020年区块链产业生态系统协同趋势变化

首先，从我国区块链产业生态系统协同趋势的动态演变过程来看，2015～2017 年区块链产业生态系统子系统有序度整体保持着稳定的增长趋势，因此系统总体协同度也不断提升；在 2018～2020 年，虽然价值支持子系统特别是价值融合子系统有序度实现了大幅增长，但价值中枢子系统有序程度却持续下降，处于较低水平，造成区块链产业生态系统总体协同度没有进一步提升。其次，从我国区块链产业生态系统协同演化的静态现状来看，在 2020 年，价值支持子系统特别是价值融合子系统有序度已经处于相对较高的水平，表明目前我国区块链产业在价值融合以及对区块链产业的外部支持已经处于一个良性状态，但价值中枢子系统的发展却越发无序，从而限制了整个产业系统的协同发展。因此，无论从我国区块链产业生态系统协同发展的动态视角还是静态视角来看，价值中枢子系统的有序发展已经是决定我国区块链产业生态系统未来协同演化趋势的关键。

更进一步地，从区块链产业生态系统各个子系统两两之间的协同发展来看，可以发现价值融合子系统与价值支持子系统的协同度保持着持续增长，协同度接近 0.7，价值中枢子系统与价值融合子系统从 2018 年开始一直保持着相对稳定的状态，但价值支持子系统与价值中枢子系统协同度却从 2018 年开始持续降低，从而导致系统总体协同度并未进一步提升。由此可以看出，位于价值支持子系统的政府、市场等宏观主体将区块链产业发展的重点过度倾斜于区块链技术的落地应用与价值融合上，而没有协调好与位于价值中枢子系统的区块链企业之间的关系，而要想进一步促进我国区块链产业生态系统协同演进，推进价值中枢子系统有序发展特别是价值中枢子系统与价值支持子系统的协同是重中之重。

6.4.3 演化协同小结

本节基于上述共生演化、演化路径以及演化动力机制的分析，结合我国区块链产业实际情况，从价值共创视角出发对区块链产业生态系统协同演化过程进行解析，并在此基础上利用系统协同度模型对 2015～2020 年我国区块链产业生态系统协同度进行了实证分析。主要结论如下：（1）我国区块链产业生态系统发展水平持续提升，但仍处于较低水平，政策驱动效应十分明显；（2）区块链产业生态系统各子系统有序度水平差距较大，产业融合与应用落地情况良好，位于产业中枢位置的区块链企业却相对处境艰难；（3）我国区块链产业生态系统整体处于调和状态，尚未形成协同效应。处理好政府、市场等价值支持主体与区块链企业之间的协同关系是进一步促进区块链产业生态系统协同演化的重中之重。

6.5 小 结

本章基于 Logistic 方程构建了区块链产业生态系统共生演化动力模型，深入分析了区块链产业生态系统价值种群之间独立共生、竞争共生、寄生共生、偏利共生以及互利共生五种共生演化方式；在共生基础上进一步构建演化过程方程，基于生命全周期理论分析价值共创下区块链产业生态系统的演化过程，并总结得出演化路径；在演化过程分析的基础上基于耗散结构理论对我国区块链产业生态系统的自组织演化进行分析，并利用哈肯模型从技术创新、政府政策、市场驱动三个方面实证分析了价值共创下区块链产业生态系统的自组织演化动力；最后构建了区块链产业生态系统协同发展指标体系，并引入系统协同度模型结合 2015～2020 年我国区块链产业的相关数据进行实证分析，以动态检验我国区块链产业生态系统协同发展现状。

第 7 章

结　语

7.1　研究结论

　　尽管对于区块链产业生态系统的研究刚起步，但学者们关于价值共创和产业生态系统等领域的成果为相关研究奠定了重要基础。不过，现有研究也存在需要完善的地方，主要局限性及亟待解决的主要问题如下：（1）价值共创视角下区块链产业生态系统的构建机制有待明晰。未来研究应从价值共创下的构建模式、动力体系和实现机制等深层次因素出发完善其构建及运行机制。（2）价值共创视角下区块链产业生态系统的绩效评价和演化路径有待探索。未来研究应考虑定性和定量相结合来构建价值共创下的区块链产业生态系统的评价体系，并揭示区块链产业生态系统的演化路径和机理。（3）价值共创视角下的区块链产业生态系统构建、评价与演化的机理性经验证据缺乏。未来研究应基于区块链产业生态系统的调研和数据分析，更深入研究价值共创视角下区块链产业生态系统构建与演化的独特要素、机理与规律。

基于以上考虑，本书结合了生态学理论、生态系统理论、生态位理论、价值共创理论、自组织理论、协同论等理论思想，构建了价值共创视角下区块链产业生态系统的结构组成，探索了价值共创视角下区块链产业生态系统的实现机制、绩效评价和演化机理。本书依次进行了案例研究、问卷调查、系统动力学、熵权 TOPSIS 法和哈肯模型等实证研究。基于案例研究和以往文献，构建了价值共创视角下区块链产业生态系统的结构模型，奠定了本书的理论研究基础；通过问卷调查和有序 Probit 模型构建，验证了区块链产业生态系统价值共创行为的驱动因素，在此基础上，又通过系统动力学模型，检验了区块链产业生态系统价值共创行为的实现机制；采用熵权法构建了价值共创视角下区块链产业生态系统的绩效水平评价模型，并运用 TOPSIS 法对我国 15 个省的区块链产业生态系统的绩效进行了综合评价；基于 Logistic 方程，利用软件对价值共创区块链产业生态系统在不同演化模式下的变化趋势进行仿真模拟，以揭示区块链产业生态系统共生演化过程；运用哈肯模型，以 A 股区块链板块的上市企业为研究样本，实证探讨价值共创下区块链产业生态系统的演化机制。

基于以上思路，本书得出的主要研究结论如下所述。

7.1.1　价值共创视角下区块链产业生态系统的结构模型

本书将价值共创视角下区块链产业生态系统界定为：以区块链技术为基础，由价值中枢、价值融合、价值服务三类价值层及其所处区域的技术环境、市场环境、政策环境、科技环境等环境因子共同构成，各系统层价值主体围绕区块链产业发展相互依存、协同演化的复杂系统。通过收集与整理相关背景资料，从市场规模、政策环境、产业生态、应用创新、技术研发等方面分析了我国区块链产业生态系统的发展现状；从企业、政府和市场三个方面分析了价值共创下区块链产业生态系统的形成动因。依据区块链产业特点和价值共创理论，从构建主体和价值层次两个方面构建区块链产业生态系统。区块链产业生态系统的构建主体包括三种：企业主导＋政府扶持、政府主导＋企业配合、市场主导＋创新推动；区块链产业生态系统的价值层次分为三层：价值中枢层、价值融合层和价值服务层。价值共创视角下区块链产业生态系统内的技术生产主体、技术应用主体、技术扩展主体、产业服务种群和产业环境，通过信息反馈与价值转换，共同组成区块链产业生态系统结构模型。

7.1.2　区块链产业生态系统价值共创行为的实现机制

区块链产业生态系统价值共创行为的推动力是基于系统内部各利益相关者的内外部发展需求。基于前文文献梳理，并结合我国区块链产业的发展现状，本书从价值共创的动力来源角度，将区块链产业生态系统价值共创的驱动因素分为内生动力因素和外生动力因素两大方面，构建了区块链产业生态系统价值共创行为影响因素的分析框架，通过有序 Probit 模型对三个种群相关的企业问卷调查数据进行实证分析发现，内生动力因素资源投入、种群合作、技术水平、制度规范、功能定位，以及外生动力因素区域资本、政策推动、应用环境，都对区块链产业生态系统价值共创行为产生正向影响。在此研究结果基础上，本书又运用系统动力学方法，构建了内生动力和外生动力影响区块链产业生态系统价值共创的系统动力学模型，并利用 Vensim PLE 软件对其进行模拟仿真和灵敏度分析。研究结果表明，区块链产业生态系统价值共创行为的影响因素可分为内生动力因素和外生动力因素，且内生动力和外生动力都能够正向影响区块链产业生态系统的价值共创，即两者都有利于提升区块链产业生态系统中价值服务层、价值融合层和价值中枢层的价值互动过程和效果，且外生动力和内生动力两者之间存在互补效应。

7.1.3　价值共创视角下区块链产业生态系统绩效评价体系的构建与实证研究

本书结合区块链产业生态系统的特征和绩效评价指标体系的构建原则，从区块链技术生产主体绩效、区块链技术扩展主体绩效、区块链技术应用主体绩效、区块链产业服务主体绩效和区块链产业环境绩效五个方面提出了五维度的绩效评价指标体系，然后基于 15 个省份的数据，采用典型相关分析，对五个维度进行相关性验证；再利用相关性分析与鉴别能力分析，删选优化五个维度细分指标；最后，形成五个维度 17 个细分指标的区块链产业生态系统绩效评价指标体系［区块链研发人员数量、区块链科研项目数量、区块链论文数量、区块链专利数量、区块链企业的总产值、区块链企业数量、区块链产品（服务）销售收入、区块链应用领域专利数、区块链应用案例数、区块链应用领域专利数量、区块链产业园区数量、政策数量、政府补助、区域研发人员增长率、区域研发经费增长率、区域专利增长率、区域经济总量增长率］。

然后，运用熵权法和 TOPSIS 法构建价值共创下区块链产业生态系统的绩效评价模型，并对我国 15 个省份在 2018～2020 年的绩效水平表现进行了实证分析。研究结果表明：（1）从区块链产业生态系统绩效评价各维度的绩效得分情况发现，区块链技术生产主体、区块链技术扩展主体和区块链产业服务主体的绩效水平呈现出显著提升的趋势，尤其是区块链产业服务主体的绩效增长幅度最为显著。（2）我国各省份区块链产业的发展水平存在较大差异，区块链产业主要集中在经济相对发达的地区，存在区域发展不平衡的问题。广东和北京区块链产业生态系统整体绩效水平一直处于全国领先地位，其次是浙江、江苏和上海排名前五，但与北京和广东的绩效水平有较大差距；湖南、湖北、河南、广西、安徽五省份的区块链产业生态系统整体绩效水平处于下游。（3）从各维度排名上看，各省份的区块链产业生态系统发展特征都大不相同。在区块链技术生产主体绩效和区块链产业服务主体绩效方面，北京一直保持着领先地位；广东在区块链技术的推广和应用方面处于全国领先地位。

7.1.4　价值共创视角下区块链产业生态系统的演化机制

价值共创视角下区块链产业生态系统的共生演化。本书基于价值共创理论，利用生态学中的 Logistic 方程构建区块链产业生态系统共生演化模型，分析区块链产业生态系统演化均衡点及均衡条件，揭示价值共创下区块链产业生态系统的共生演化规律。结果表明：（1）区块链产业生态系统是由价值中枢层、价值融合层和价值服务层三类价值主体组成的复杂系统，三者在一定的共生环境中围绕创新活动和价值获取共同创造价值；（2）价值主体间共生系数决定着区块链产业生态系统在共生演化过程中的均衡状态；（3）区块链产业生态系统中各价值主体之间的共生关系表现为由独立共存模式、竞争模式、寄生模式、偏利共生模式到互利共生模式的转变，随着系统内部各成员之间竞合关系及资源利用的改变，在共生系数的作用下，各价值主体的最大规模及增长率随着共生系数的变化而变化。

价值共创视角下区块链产业生态系统的演化路径。本书根据 Logistic 演化方程模拟了系统演化过程及演化趋势，分析了价值共创区块链产业生态系统演化过程的全周期，进而总结得到区块链产业生态系统价值主体之间形成"资源要素集聚—要素交互整合—主体协同进化"的价值共创视角下区块链产业生态系统的演化路径。

价值共创视角下区块链产业生态系统演化动力机制。本书结合我国区块链产业生态系统实际运行情况，对区块链产业生态系统的构成及其演化过程进行解析，以 A 股区块链板块的 213 家上市公司为样本，实证探索了我国区块链产业生态系统的演化机制。结果表明：（1）代表技术创新的企业研发投入是当前我国区块链产业生态系统演化发展的序参量；（2）我国区块链产业演化发展的市场驱动力不足，企业研发投入能够促进我国区块链产业生态系统有序度提升，而政府补助对产业演化发展的影响程度正在降低；（3）政府补助对区块链产业生态系统演化发展影响程度降低。企业研发投入与政府补助之间具有协同作用，两者的协同有助于推动区块链产业生态系统良好有序演化。

价值共创视角下区块链产业生态系统演化协同测度。从价值共创理论视角通过对系统协同演化过程解析，运用复合系统协同度模型对我国区块链产业生态系统 2015～2020 年演变协同度进行实证研究。结果显示：（1）我国区块链产业生态系统发展水平持续提升，但仍处于较低水平，政策驱动效应明显；（2）区块链产业生态系统各子系统有序度水平差距较大，产业融合与应用落地情况良好，位于价值中枢子系统的区块链企业却相对处境艰难；（3）我国区块链产业生态系统整体处于调和状态，尚未形成协同效应。处理好政府、市场和其他价值支持主体与区块链企业的协同关系，是深入推进区块链产业生态系统协同演化的重中之重。

7.2　政 策 建 议

7.2.1　加强顶层设计，完善价值生态

要切实强化区块链技术应用的顶层设计，有关部门应发挥统筹协同作用，

明确区块链与实体经济深度融合的具体领域，加强战略、标准、技术、人才、市场等多方面的协同对接，对资源要素进行整合优化并给予相应的顶层支持。此外，政府应领头部署平台化、标准化、组件化的区块链基础设施，布局区块链应用认证机制和标准体系，引导产业主体完成建链、上链、链改环节，充分发挥产业初期的政策驱动效应，以推动"区块链＋"模式科学、有序、协同发展，引导区块链产业生态完善。另外，政府还应加强对区块链产业发展的扶持力度，充分发挥政府补助与企业研发投入对区块链产业演化发展的协同效应，但不能仅仅通过一味地增加补助来寻求政策目标的实现，政府需要通过对不同的创新项目加以评估以确定合理的补助区间，以尽可能降低政府补助对企业研发投入的"挤出效应"，合理配置资源；同时完善政府补助申请、过程监管及成果审查等流程的相关制度，尽量杜绝腐败及寻租空间，并在必要的情况下对企业进行帮扶，提高研发资源的使用效率，促进技术创新，进而推动区块链产业生态系统的良好有序发展。

7.2.2　重视企业角色，转换价值动能

区块链企业在产业技术突破、应用融合、价值创造等许多方面都发挥着绝对的中枢作用，同时在面对市场波动时也始终站在产业的最前线。因此，在统筹产业全局的同时，要着手构建以企业机构为锚点，以跨域互动协作为网格的新型价值协同与传递架构十分重要。政府不能脱离企业现状，要适当将政策重点下移到企业层面，突出市场主体培育，引导市场要素向企业集聚，推动区块链企业规模化、集群化发展。考虑到区块链研发与应用回报期较长，企业试错难度大、成本高，政府可以对区块链应用先行先试的项目给予适当的资金补助，以减少企业区块链项目的开工难度与试错成本，继而加快行业的市场化与规模化发展，引导区块链产业从政策单核驱动向政策加市场双核驱动方向转变。

7.2.3　加大研发投入，提升创新能力

对于区块链产业生态系统而言，研发和创新投入是推动区块链产业生态系统健康发展和演进的主要因素；增加研发投入、提升创新能力也是区块链产业生态系统绩效提升与改善的关键环节。首先，国家应鼓励区块链企业，特别是骨干龙头企业加大研发创新投入，促进区块链技术成熟，放大技术创新突破带来的涨落因素，强化区块链产业生态系统中各层次价值主体间的深入合作，加速区块链产业市场化、规模化，引导市场需求提升，进而激发产业融合发展市场动能。其次，要加强企业、政府和科研机构的深度合作与研发投入。通过加大企业的研发投入，可以有效提高区块链企业在区块链产业生态系统中的技术创新能力，提升其从技术生产到技术扩展再到技术应用的转化效率；通过增加和联合区块链技术研发机构与高等院校，可以提高区块链产业的技术创新数量；通过联合人才培养等方式为区块链行业输送优质创新人才，切实推动区块链产业产品研发与项目推广，提升区块链行业及企业的研发水平和创新能力。

7.2.4　健全市场监管，促进价值协同

完善的监管机制为区块链与各产业融合发展提供了保障。政府在加强对区块链产业监管的同时要注重监管模式的创新，充分利用区块链技术本身及产业主体间的强协同性，共同健全区块链产业监管体系。此外，要加强对区块链平台的全生命周期管理，对平台的潜在风险进行判定，调整和完善区块链与实体经济融合领域的监管措施，建立以信任为基础的监管体系，推行"以链治链"，以技术优势补齐监管短板。以健全的监管体系打造理性健康的产业发展环境，减少区块链产业资本泡沫与市场波动，实现政府、市场、企业等多维价值主体的良性协同与价值共创。

7.3 研究局限与展望

本书虽然获取了一些有意义的研究成果，但也存在一些不足之处与有待改进的地方，主要表现在以下两个方面。

（1）研究样本有待进一步扩大。区块链产业发展还不够成熟，区块链产业生态系统的构建还处于初步发展阶段，区块链产业和企业的界定也有待进一步明确。部分企业在发展过程中加入了区块链的概念，但是并没有真正地投入到项目中去，这都对数据的统计与整理工作加大了难度。因此，由于研究对象所限，数据搜集的难度比较大，本书研究的样本量有限。在区块链产业生态系统价值共创行为驱动因素与实现机制的实证研究部分，调查问卷数量可以再适当增加；由于数据受限，区块链产业生态系统绩效评价部分只选取了 15 个省份的数据，未来的研究可以覆盖所有省份。

（2）统计数据有待进一步优化。当前文献对区块链产业生态系统的实证研究相对较少，相关的实证数据相对缺乏；且目前还没有较为规范的对于区块链产业和企业的相关统计标准，市面上所能搜集到的各方数据也有一些微小的出入。因此，在区块链产业生态系统绩效评价部分的实证研究中所收集的数据来源不统一。相信在未来的一段时间，伴随着区块链产业与企业的有关研究逐步提上议程，标准制定与统计优化问题将得到解决，区块链有关研究结论也将更为精准。

尽管本书对价值共创视角下区块链产业生态系统的构建、评价和演化机制的相关内容提供了新颖的思路，但涉及的相关领域尚需进一步深入研究，如其他视角下区块链产业生态系统的构建与机制研究、区块链产业生态系统运行机制的关联构建、不同类型的区块链产业生态系统的相关研究等问题，都是值得今后深入探索和研究的。

参 考 文 献

［1］白彦壮，张莹，薛杨. 社会性企业成长过程及其自组织演化机理——创业生态系统视角的研究［J］. 科技进步与对策，2017，34（4）：84-89.

［2］白玉娟，于丽英. 我国科技金融生态系统评价及空间演化趋势分析［J］. 科技管理研究，2019，39（23）：67-74.

［3］卜庆娟，金永生，李朝辉. 虚拟品牌社区顾客价值共创互动行为的测量及验证［J］. 当代财经，2016，378（5）：76-86.

［4］蔡文飞，王汉斌. 基于层次分析—模糊综合评价的煤矿应急管理风险评价［J］. 科技管理研究，2013，33（16）：30-33.

［5］蔡晓晴，邓尧，张亮，等. 区块链原理及其核心技术［J］. 计算机学报，2021，44（1）：84-131.

［6］蔡猷花，孟秋语，陈国宏. 价值共创视角下核心企业主导型众创空间的合作创新演化博弈研究［J］. 中国管理科学，2022，30（12）：52-62.

［7］曹海霞. 资源型区域产业生态系统的演化与治理［J］. 经济问题，2018（12）：88-93.

［8］曹霞，邢泽宇，张路蓬. 基于政府驱动的新能源汽车产业合作创新演化博弈研究［J］. 运筹与管理，2018，27（6）：21-30.

［9］曹阳春，刘贻新，张光宇. 基于政府驱动的区块链产业协同创新演化博弈研究［J］. 软科学，2021，35（11）：19-24.

[10] 陈畴镛，胡枭峰，周青. 区域技术创新生态系统的小世界特征分析 [J]. 科学管理研究，2010，28（5）：17－20.

[11] 陈春花，梅亮，尹俊. 数字化情境下组织价值主张的识别与开发：基于企业微信的案例研究 [J]. 管理评论，2021，33（1）：330－339.

[12] 陈洪海. 基于反映象相关矩阵的评价指标筛选方法研究 [J]. 中国管理科学，2022，12（25）：1－10.

[13] 陈菊红，同世隆，姚树俊. 服务型制造模式下价值共创流程机制研究——以技术革新为视角 [J]. 科技进步与对策，2014，31（1）：18－22.

[14] 陈菊红，王昊，张雅琪. 服务生态系统环境下利益相关者价值共创的演化博弈分析 [J]. 运筹与管理，2019，28（11）：44－53.

[15] 陈向东，刘志春. 基于创新生态系统观点的我国科技园区发展观 [J]. 中国软科学，2014（11）：151－161.

[16] 陈衍泰，孟媛媛，张露嘉，等. 产业创新生态系统的价值创造和获取机制分析——基于中国电动汽车的跨案例分析 [J]. 科研管理，2015，36（1）：68－75.

[17] 陈章旺，黄惠燕. 区域众创空间绩效评价——基于因子分析角度 [J]. 科技管理研究，2020，40（2）：73－78.

[18] 程毛林，韩云，易雅馨. 苏州工业园入园企业技术创新与入园效应的典型相关分析 [J]. 科技进步与对策，2013，30（6）：30－33.

[19] 程臻，薛惠锋. 基于模糊层次分析法的国防科技战略有效性评价 [J]. 科学管理研究，2019，37（2）：36－40.

[20] 代闯闯，栾海晶，杨雪莹，等. 区块链技术研究综述 [J]. 计算机科学，2021，48（S2）：500－508.

[21] 戴亦舒，叶丽莎，董小英. 创新生态系统的价值共创机制——基于腾讯众创空间的案例研究 [J]. 研究与发展管理，2018，30（4）：24－36.

[22] 邓富民，张金光，梁学栋. 基于协调度—管理熵的区域协同创新

能力测度［J］. 科技进步与对策，2014，31（5）：113 – 117.

［23］邓淇中. 区域金融生态系统运行效率及协调发展研究［D］. 武汉：武汉大学，2011.

［24］杜爽. 智能产业生态系统的结构性特征及发展路径［J］. 经济纵横，2021（4）：79 – 86.

［25］樊海林，程远. 产业生态：一个企业竞争的视角［J］. 中国工业经济，2004（3）：29 – 36.

［26］樊俊杰. 城市物流产业集群生态系统演化及评价研究［D］. 北京：北京交通大学，2018.

［27］樊霞，何昊，刘毅. 政府制度工作、价值共创与孵化器集群形成机制［J］. 科学学研究，2021，39（12）：2179 – 2190.

［28］樊自甫，陶友鹏，龚亚. 政府补贴能促进制造企业数字化转型吗？——基于演化博弈的制造企业数字化转型行为分析［J］. 技术经济，2022，41（11）：128 – 139.

［29］范德成，谷晓梅. 高技术产业技术创新生态系统健康性评价及关键影响因素分析——基于改进熵值 – DEMATEL – ISM 组合方法的实证研究［J］. 运筹与管理，2021，30（7）：167 – 174.

［30］范方志，虞拱辰，李海海. 区域文化环境与我国上市公司融资行为——基于分层线性模型的研究［J］. 中央财经大学学报，2015（9）：31 – 37.

［31］冯志军，陈伟. 技术来源与研发创新全要素生产率增长——基于中国区域大中型工业企业的实证研究［J］. 科学学与科学技术管理，2013，34（3）：33 – 41.

［32］高冲. 基于共生协同理论的微电网演化路径研究［D］. 北京：华北电力大学，2020.

［33］工信部. 2018 年中国区块链产业白皮书［R］. 2018.

［34］龚强，班铭媛，张一林．区块链、企业数字化与供应链金融创新［J］. 管理世界，2021，37（2）：22－34.

［35］郭燕青，何地．新能源汽车产业创新生态系统研究——基于网络关系嵌入视角［J］. 科技管理研究，2017，37（22）：134－140.

［36］Graedel T E，Allenby B R．产业生态学［M］. 北京：清华大学出版社，2004：41－45.

［37］郝晨，张卫国，李梦雅．国际社会创业的价值共创机制——基于社会网络视角的案例研究［J］. 管理评论，2021，33（8）：326－340.

［38］郝向举，薛琳．产学研协同创新绩效测度现状及方法改进［J］. 科技管理研究，2018，38（11）：1－5.

［39］胡登峰，冯楠，黄紫微，等．新能源汽车产业创新生态系统演进及企业竞争优势构建——以江淮和比亚迪汽车为例［J］. 中国软科学，2021，371（11）：150－160.

［40］胡海波，卢海涛，王节祥，等．众创空间价值共创的实现机制：平台视角的案例研究［J］. 管理评论，2020，32（9）：323－336.

［41］胡俊南，胡瑾．江西省战略性新兴产业企业绿色技术创新绩效评价研究［J］. 科技管理研究，2023，43（7）：33－41.

［42］胡宁宁，侯冠宇．区域创新生态系统如何驱动高技术产业创新绩效——基于 30 个省份案例的 NCA 与 fsQCA 分析［J］. 科技进步与对策，2023，40（10）：100－109.

［43］胡秋阳，张敏敏．抑制型产业政策推动了企业"脱虚返实"吗？——基于多期去产能政策的经验分析［J］. 产业经济研究，2022（3）：56－71.

［44］胡晓鹏．产业共生：理论界定及其内在机理［J］. 中国工业经济，2008（9）：18－128.

［45］贾品荣．北京"高精尖"产业生态系统发展评价［J］. 科技管理

研究，2023，43（2）：112-119.

［46］江积海，李琴. 平台型商业模式创新中连接属性影响价值共创的内在机理——Airbnb 的案例研究［J］. 管理评论，2016，28（7）：252-260.

［47］姜庆国. 中国创新生态系统的构建及评价研究［J］. 经济经纬，2018，35（4）：1-8.

［48］姜尚荣，乔晗，张思，等. 价值共创研究前沿：生态系统和商业模式创新［J］. 管理评论，2020，32（2）：3-17.

［49］蒋开东，詹国彬. 共生理论视角下高校协同创新模式与路径研究［J］. 科研管理，2020，41（4）：123-130.

［50］焦娟妮，范钧. 顾客——企业社会价值共创研究述评与展望［J］. 外国经济与管理，2019，41（2）：72-83.

［51］金晟. 制造业与生产性服务业共生演化动力机理探讨［J］. 统计与决策，2018，34（9）：59-61.

［52］李佳. 区域协同创新能力与文化创意产业生态系统演进之作用关系研究［D］. 杭州：中国美术学院，2022.

［53］李雷，简兆权，杨怀珍. 在电子服务环境下如何实现价值共创：一个有中介的交互效应模型［J］. 管理工程学报，2018，32（2）：34-43.

［54］李雷，简兆权，张鲁艳. 服务主导逻辑产生原因，核心观点探析与未来研究展望［J］. 外国经济与管理，2013，35（4）：2-12.

［55］李琳，刘莹. 中国区域经济协同发展的驱动因素——基于哈肯模型的分阶段实证研究［J］. 地理研究，2014，33（9）：1603-1616.

［56］李梅英. 基于生物学的企业生态系统共生模式研究［J］. 江海学刊，2007（6）：90-95.

［57］李明武，綦丹. 产业集群品牌生态系统的构成、特征及演化［J］. 企业经济，2017，36（3）：23-28.

［58］李其玮，顾新，赵长轶. 产业创新生态系统知识优势的演化阶段

研究 [J]. 财经问题研究, 2018 (2): 48 – 53.

[59] 李万, 常静, 王敏杰, 等. 创新3.0与创新生态系统 [J]. 科学学研究, 2014, 32 (12): 1761 – 1770.

[60] 李维梁, 高雅. 供需协同的产业创新生态系统构建及对策研究 [J]. 华东经济管理, 2016 (11): 180 – 184.

[61] 李小莉, 陈国丽, 张帆顺. 系统视角下基于"区块链＋物联网"的农业供应链金融体系构建 [J]. 系统科学学报, 2023, 31 (1): 78 – 82, 88.

[62] 李晓华, 刘峰. 产业生态系统与战略性新兴产业发展 [J]. 中国工业经济, 2013 (3): 20 – 32.

[63] 李妍. 创新生态系统下制造业产业安全评价体系的构建与实证研究 [J]. 中国科技论坛, 2018, 269 (9): 22 – 30.

[64] 李耀. 顾客单独创造价值的结果及途径——一项探索性研究 [J]. 管理评论, 2015, 27 (2): 120 – 127.

[65] 李宇, 刘乐乐. 创新生态系统的知识治理机制与知识共创研究 [J]. 科学学研究, 2022, 40 (8): 1505 – 1515.

[66] 李煜华, 武晓锋, 胡瑶瑛. 共生视角下战略性新兴产业创新生态系统协同创新策略分析 [J]. 科技进步与对策, 2014 (2): 47 – 50.

[67] 李元, 邓琪钰. 基于模糊综合评价法的老年长期照护保险制度实施效果分析 [J]. 人口与经济, 2019, 237 (6): 82 – 96.

[68] 李志军, 张世国, 李逸飞, 等. 中国城市营商环境评价及有关建议 [J]. 江苏社会科学, 2019 (2): 30 – 42.

[69] 梁正, 李佳钰. 商业价值导向还是公共价值导向? ——对数字创新生态系统的思考 [J]. 科学学研究, 2021 (6): 985 – 988.

[70] 廖民超, 金佳敏, 蒋玉石, 等. 数字平台能力与制造业服务创新绩效——网络能力和价值共创的链式中介作用 [J]. 科技进步与对策, 2023, 40 (5): 55 – 63.

［71］林艳，关瑜婷．区块链创业生态系统构成与运行机理［J］．理论探讨，2020，214（3）：171－176．

［72］林艳，张晴晴．构建区块链创新生态系统研究——发挥政府引导作用［J］．理论探讨，2019，206（1）：161－166．

［73］刘昌用．区块链：密码共识原理、产业与应用［M］．北京：电子工业出版社，2019：2－24．

［74］刘刚，张泠然，殷建瓴．价值主张、价值创造、价值共享与农业产业生态系统的动态演进——基于德青源的案例研究［J］．中国农村经济，2020，427（7）：24－39．

［75］刘国宜，胡振华，易经章，等．集群社会资本对企业自主创新能力影响的实证研究［J］．经济地理，2014，34（9）：105－111．

［76］刘浩，原毅军．中国制造业与生产性服务业的共生行为模式检验［J］．财贸研究，2010（3）：54－59．

［77］刘健，王小菲．基于层次分析法的高校图书馆网站用户满意度评价指标体系构建研究［J］．情报科学，2022，40（12）：80－87．

［78］刘亮，李斧头．考虑零售商风险规避的生鲜供应链区块链技术投资决策及协调［J］．管理工程学报，2022，36（1）：159－171．

［79］刘茜，肖玉贤，宁连举．多主体参与视角下的平台型企业创新能力系统动力学研究［J］．东北大学学报（社会科学版），2022，24（4）：35－43．

［80］刘伟红．城镇化进程中社区组织功能演化的行为策略分析——基于资源依赖理论的视角［J］．上海大学学报（社会科学版），2018，35（6）：132－140．

［81］刘文光，赵涛，边伟军．区域科技创业生态系统评价：框架与实例［J］．科技进步与对策，2013，30（1）：43－49．

［82］刘晓莉，张雷．数字出版生态系统：结构、特征、功能与策略

[J]. 数字图书馆论坛，2020（12）：38 – 44.

[83] 刘学理，王兴元. 高科技品牌生态系统的技术创新风险评价 [J]. 科技进步与对策，2011，28（8）：115 – 118.

[84] 刘越群. 区块链产业生态系统的演化机制与绩效评价研究 [D]. 杭州：杭州电子科技大学，2022.

[85] 刘志华，李林，姜郁文. 我国区域科技协同创新绩效评价模型及实证研究 [J]. 管理学报，2014，11（6）：861 – 868.

[86] 陆庆平. 公共财政支出的绩效管理 [J]. 财政研究，2003（4）：18 – 20.

[87] 吕鲲. 基于生态学视角的产业创新生态系统形成、运行与演化研究 [D]. 长春：吉林大学，2019.

[88] 马慧，曹兴，李星宇. 中部地区新兴技术产业创新网络的协同度研究 [J]. 经济地理，2019，39（9）：164 – 17.

[89] 马育军，黄贤金，肖思思，等. 基于 DEA 模型的区域生态环境建设绩效评价——以江苏省苏州市为例 [J]. 长江流域资源与环境，2007（6）：769 – 774.

[90] 梅亮，陈劲，刘洋. 创新生态系统：源起、知识演进和理论框架 [J]. 科学学研究，2014，32（12）：1771 – 1780.

[91] 欧忠辉，朱祖平，夏敏，等. 创新生态系统共生演化模型及仿真研究 [J]. 科研管理，2017，38（12）：50 – 58.

[92] 潘妍妍，张衔，张梦颖. 基于系统自组织理论的虚拟经济演化机制与政策启示研究 [J]. 系统科学学报，2020，28（4）：55 – 59.

[93] 庞博慧. 中国生产服务业与制造业共生演化模型实证研究 [J]. 中国管理科学，2012（4）：176 – 183.

[94] 裴学亮，邓辉梅. 基于淘宝直播的电子商务平台直播电商价值共创行为过程研究 [J]. 管理学报，2020，17（11）：1632 – 1641.

[95] 彭晓东，申光龙．虚拟社区感对顾客参与价值共创的影响研究——基于虚拟品牌社区的实证研究 [J]．管理评论，2016，28（11）：106 – 115.

[96] 戚学祥，黄新宇．国外区块链发展考察：逻辑、路径与启示 [J]．河海大学学报（哲学社会科学版），2020，22（6）：46 – 56.

[97] 曲超．生态补偿绩效评价研究 [D]．北京：中国社会科学院研究生院，2020.

[98] 任杰，董佳歆，姜楠．基于数据包络分析的小米手机网络营销绩效评价 [J]．中国软科学，2021（S1）：297 – 304.

[99] 任声策，胡迟．独角兽企业培育绩效的创业生态系统建设路径——基于模糊集定性比较分析的观点 [J]．技术经济，2019，38（7）：46 – 55.

[100] 邵奇峰，金澈清，张召，等．区块链技术：架构及进展 [J]．计算机学报，2018，41（5）：969 – 988.

[101] 单蒙蒙，尤建新，邵鲁宁．产业创新生态系统的协同演化与优化模式：基于张江生物医药产业的案例研究 [J]．上海管理科学，2017，39（3）：1 – 7.

[102] 沈颂东，亢秀秋．大数据时代快递与电子商务产业链协同度研究 [J]．数量经济技术经济研究，2018，35（7）：41 – 58.

[103] 史竹琴．科技型中小企业创新生态系统构建与运行机制研究 [D]．太原：太原理工大学，2017.

[104] 宋伻阳，徐海水．区块链关键技术与应用特点 [J]．网络安全技术与应用，2019（4）：18 – 23.

[105] 宋广蕊，马春爱，肖榕．研发投入同群效应促进了企业创新"增量提质"吗？[J]．外国经济与管理，2023，45（4）：137 – 152.

[106] 宋立丰，祁大伟，宋远方．"区块链 +"商业模式创新整合路径 [J]．科研管理，2019，40（7）：69 – 77.

[107] 苏屹，安晓丽，雷家骕．基于耦合度门限回归分析的区域创新系

统 R&D 投入对创新绩效的影响［J］. 系统管理学报，2018，27（4）：729 - 738.

［108］孙楚，曾剑秋，董豪. 价值共创视角下基础通信企业转型能力影响因素实证分析［J］. 中国科技论坛，2020（1）：96 - 106.

［109］孙国民，陈东. 战略性新兴产业集群：形成机理及发展动向［J］. 中国科技论坛，2018（11）：44 - 52.

［110］孙静林，穆荣平，张超. 创新生态系统价值共创：概念内涵、行为模式与动力机制［J］. 科技进步与对策，2023，40（2）：1 - 10.

［111］孙玮，王九云，成力为. 技术来源与高技术产业创新生产率——基于典型相关分析的中国数据实证研究［J］. 科学学研究，2010，28（7）：1088 - 1093.

［112］孙玉涛，刘凤朝. 基于哈肯模型的跨国技术流动网络演化机制——以航空航天领域为例［J］. 科研管理，2014，35（1）：41 - 47.

［113］孙元，吴梅丽，苏芳. 基于技术资源的创新生态系统演化及价值共创过程研究——以科大讯飞为例［J/OL］. 南开管理评论，2023，6（12）：1 - 18.

［114］谭智佳，魏炜，朱武祥. 商业生态系统的构建与价值创造——小米智能硬件生态链案例分析［J］. 管理评论，2019，31（7）：172 - 185.

［115］汤临佳，郑伟伟，池仁勇. 智能制造创新生态系统的功能评价体系及治理机制［J］. 科研管理，2019，40（7）：97 - 105.

［116］田虹，田佳卉，张亚秋. 顾客参与价值共创、顾客知识转移与企业双元创新［J］. 科技进步与对策，2022，39（8）：121 - 130.

［117］涂科，杨学成，苏欣，等. 共享经济中供应用户角色压力对持续价值共创行为的影响［J］. 南开管理评论，2020，23（6）：88 - 98.

［118］涂振洲，顾新. 基于知识流动的产学研协同创新过程研究［J］. 科学学研究，2013（9）：1381 - 1390.

［119］王发明，朱美娟．创新生态系统价值共创行为影响因素分析——基于计划行为理论［J］．科学学研究，2018，36（2）：370－377.

［120］王海龙，王敏昱，姜照华．专利引用和投入产出结合的企业间技术关联和竞合态势分析——以苹果公司生态系统为例［J］．情报学报，2018，37（3）：254－261.

［121］王昊，陈菊红，姚树俊，等．服务生态系统利益相关者价值共创分析框架研究［J］．软科学，2021，35（3）：108－115.

［122］王宏起，刘梦，武川，等．区域战略性新兴产业创新生态系统稳定水平评价研究［J］．科技进步与对策，2020，37（12）：118－125.

［123］王宏起，汪英华，武建龙，等．新能源汽车创新生态系统演进机理——基于比亚迪新能源汽车的案例研究［J］．中国软科学，2016（4）：81－94.

［124］王劲松，杨唯正，赵泽宁，等．基于有向无环图的区块链技术综述［J］．计算机工程，2022，48（6）：11－23.

［125］王娟娟，佘干军．我国数字经济发展水平测度与区域比较［J］．中国流通经济，2021，35（8）：3－17.

［126］王俊鹏，石秀．我国汽车产业创新生态系统演进的影响因素研究［J］．技术经济，2019，38（12）：97－104.

［127］王雷．区域农产品公用品牌建设绩效评价研究［D］．泰安：山东农业大学，2022.

［128］王琳，陈志军．价值共创如何影响创新型企业的即兴能力？——基于资源依赖理论的案例研究［J］．管理世界，2020，36（11）：96－110.

［129］王玲俊．中国光伏产业链系统自组织演化研究［D］．南京：南京航空航天大学，2020.

［130］王娜，李杰．基于AHP－熵值法的FAQ问答系统用户满意度评价研究——以高校图书馆问答型机器人为例［J］．情报科学，2023，22（12）：

1 – 17.

[131] 王鹏, 钟敏. 产业集群网络、技术创新与城市经济韧性 [J]. 城市问题, 2021 (8): 63 – 71.

[132] 王倩, 柳卸林. 企业跨界创新中的价值共创研究: 基于生态系统视角 [J]. 科研管理, 2023, 44 (4): 11 – 18.

[133] 王淑英, 常乐, 张水娟, 等. 创新生态系统、溢出效应与区域创新绩效——基于空间杜宾模型的实证研究 [J]. 哈尔滨商业大学学报 (社会科学版), 2019 (1): 107 – 116.

[134] 王伟光, 冯荣凯, 尹博. 产业创新网络中核心企业控制力能够促进知识溢出吗? [J]. 管理世界, 2015 (6): 99 – 109.

[135] 王亚男, 王宏起, 李永华. 区域战略性新兴产业人力资源生态系统评价指标体系设计 [J]. 统计与决策, 2016 (13): 33 – 37.

[136] 王昱, 盛旸, 薛星群. 区块链技术与互联网金融风险防控路径研究 [J]. 科学学研究, 2022, 40 (2): 257 – 268.

[137] 王珍珍, 鲍星华. 产业共生理论发展现状及应用研究 [J]. 华东经济管理, 2012, 26 (10): 131 – 136.

[138] 魏大威, 李志尧, 刘晶晶, 等. 基于区块链技术的智慧图书馆数字资源管理研究 [J]. 中国图书馆学报, 2022, 48 (2): 4 – 12.

[139] 温婧, 刘文郡, 杨子怡. 协作趋向与价值共创: 新时代中国税务话语体系的内涵与建构逻辑 [J]. 税务研究, 2021 (7): 141 – 145.

[140] 吴菲菲, 童奕铭, 黄鲁成. 中国高技术产业创新生态系统有机性评价——创新四螺旋视角 [J]. 科技进步与对策, 2020, 37 (5): 67 – 76.

[141] 吴雷. 装备制造业突破性创新机制的系统演化过程研究 [J]. 科学学与科学技术管理, 2014 (4): 121 – 128.

[142] 吴松强, 石肖然, 郑垂勇. 从环境外部性视角研究产业集群生态化发展策略 [J]. 科技进步与对策, 2009, 26 (8): 61 – 65.

[143] 吴卫红，冯兴奎，张爱美，等. 跨区域协同创新系统绩效测度与优化研究 [J]. 科研管理，2022，43 (7)：29 – 36.

[144] 吴瑶，肖静华，谢康，等. 从价值提供到价值共创的营销转型——企业与消费者协同演化视角的双案例研究 [J]. 管理世界，2017 (4)：138 – 157.

[145] 武文珍，陈启杰. 价值共创理论形成路径探析与未来研究展望 [J]. 外国经济与管理，2012，34 (6)：66 – 73.

[146] 项国鹏，高挺. 中国省域创业生态系统动态协同效应研究 [J]. 地理科学，2021，41 (7)：1178 – 1186.

[147] 谢凤燕，陈烨，林花. 制度环境、相对资源优势与企业对外直接投资股权进入模式 [J]. 财经科学，2020 (3)：66 – 79.

[148] 解学芳，臧志彭. "互联网 +" 背景下的网络文化产业生态治理 [J]. 科研管理，2016，37 (2)：80 – 89.

[149] 解学梅，王宏伟. 开放式创新生态系统价值共创模式与机制研究 [J]. 科学学研究，2020，38 (5)：912 – 924.

[150] 解学梅，余佳惠，唐海燕. 创新生态系统种群丰富度对创新生态效应影响机理研究 [J]. 科研管理，2022，43 (6)：9 – 21.

[151] 邢春晓，张桂刚. 中国区块链技术与产业发展报告 (2017) [M]. 北京：清华大学出版社，2018.

[152] 熊晓炼，樊健. "一带一路" 沿线省域金融生态系统协同演化机制与水平差异——基于哈肯模型的实证分析 [J]. 工业技术经济，2021，40 (12)：58 – 65.

[153] 徐嘉徽. 共享服务平台双边用户价值共创过程及影响因素研究 [D]. 长春：吉林大学，2019.

[154] 徐建中，王纯旭. 基于粒子群算法的产业技术创新生态系统运行稳定性组合评价研究——以电信产业为例 [J]. 预测，2016，35 (5)：30 – 36.

[155] 徐雪松，刘人春，杨胜杰．基于突变级数的中国"城市矿产"产业生态系统评价研究 [J]．中国人口·资源与环境，2017，27（S2）：14－16.

[156] 许冠南，王丽明，周源．新兴产业多重联动网络对知识流动网络影响机制 [J]．科学学研究，2021，39（3）：463－470.

[157] 薛立德．区块链共识算法及其应用研究 [D]．合肥：中国科学技术大学，2021.

[158] 闫晓勇，李烨，王刘伟，等．基于三方演化博弈的创新生态系统自组织集聚机制研究 [J]．科学学与科学技术管理，2023，44（3）：63－79.

[159] 颜永才．产业集群创新生态系统的构建及其治理研究 [D]．武汉：武汉理工大学，2013.

[160] 杨柏，陈银忠，李海燕．数字化转型下创新生态系统演进的驱动机制 [J]．科研管理，2023，44（5）：62－69.

[161] 杨慧琴，孙磊，赵西超．基于区块链技术的互信共赢型供应链信息平台构建 [J]．科技进步与对策，2018，35（5）：21－31.

[162] 杨剑钊．高技术产业创新生态系统运行机制及效率研究 [D]．哈尔滨：哈尔滨工程大学，2020.

[163] 杨秀云，李敏，李扬子．数字文化产业生态系统优化研究 [J]．西安交通大学学报（社会科学版），2021，41（5）：127－135.

[164] 姚金海，钟国辉．政府支持、金融环境对企业创新投入影响的实证分析 [J]．深圳大学学报（人文社会科学版），2022，39（4）：64－73.

[165] 叶斌，陈丽玉．区域创新网络的共生演化仿真研究 [J]．中国软科学，2015（4）：86－94.

[166] 叶立国．国内系统科学内涵与理论体系综述 [J]．统科学学报，2013，21（4）：28－33.

[167] 依绍华，梁威．传统商业企业如何创新转型——服务主导逻辑的价值共创平台网络构建 [J]．中国工业经济，2023（1）：171－188.

[168] 易靖韬, 何金秋. 基于生态系统竞争优势的平台出海战略研究: 基于猎豹移动轻游戏平台国际化的案例分析 [J]. 中国软科学, 2023, 389 (5): 118 - 133.

[169] 于滨铜, 王志刚. 关系治理、契约治理与农业产业生态系统演进 [J]. 管理世界, 2023, 39 (5): 54 - 78.

[170] 于晓宇. 企业创新战略决策的决定因素——基于区域文化的视角 [J]. 科技进步与对策, 2011, 28 (18): 69 - 74.

[171] 余典范, 王超, 陈磊. 政府补助、产业链协同与企业数字化 [J]. 经济管理, 2022, 44 (5): 63 - 82.

[172] 余平. 基于产业生态视角的产业竞争力分析 [D]. 上海: 东华大学, 2010.

[173] 袁增伟, 毕军, 张炳, 等. 传统产业生态化模式研究及应用 [J]. 中国人口·资源与环境, 2004 (2): 109 - 112.

[174] 曾国屏, 苟尤钊, 刘磊. 从 "创新系统" 到 "创新生态系统" [J]. 科学学研究, 2013, 31 (1): 4 - 12.

[175] 曾诗钦, 霍如, 黄韬, 等. 区块链技术研究综述: 原理、进展与应用 [J]. 通信学报, 2020, 41 (1): 134 - 151.

[176] 曾贤刚. 我国水务产业市场绩效评价及其影响因素 [J]. 中国环境科学, 2018, 38 (7): 2768 - 2776.

[177] 翟丽丽, 刘晓珊, 杨彩霞. 基于 Logistic - 熵的大数据产业生态系统演化路径研究 [J]. 科技进步与对策, 2023, 40 (1): 50 - 60.

[178] 詹志华, 王豪儒. 论区域创新生态系统生成的前提条件与动力机制 [J]. 自然辩证法研究, 2018, 34 (3): 43 - 48.

[179] 张斌, 米硕, 章昌平. 区块链 4.0 与数字政府底层部署 [J]. 中国行政管理, 2023 (1): 42 - 51.

[180] 张洪, 江运君, 鲁耀斌, 等. 社会化媒体赋能的顾客共创体验价

值：多维度结构与多层次影响效应 [J]. 管理世界，2022，38（2）：150 - 168.

[181] 张慧，刘婷，周泯非. 价值共创视角下区块链产业生态系统的共生演化研究：基于 Logistic 的实证分析 [J]. 科技管理研究，2022，42（12）：99 - 106.

[182] 张慧，熊欢欢，刘越群. 基于 TOPSIS 熵权法的我国区块链产业生态系统绩效评价研究 [J]. 科技管理研究，2023，43（5）：38 - 45.

[183] 张晶. 产业生态系统发展的评价指标体系与实证 [J]. 统计与决策，2016，45（7）：65 - 67.

[184] 张晶. 基于系统动力学的产业生态系统的限制因子的实证研究 [J]. 中国科技论坛，2014（3）：53 - 59.

[185] 张婧，邓卉. 品牌价值共创的关键维度及其对顾客认知与品牌绩效的影响：产业服务情境的实证研究 [J]. 南开管理评论，2013，16（2）：104 - 115.

[186] 张敬文，李晓园，徐莉. 战略性新兴产业集群协同创新发生机理及提升策略研究 [J]. 宏观经济研究，2016（11）：106 - 113.

[187] 张乐，王淑敏. 法定数字货币：重构跨境支付体系及中国因应 [J]. 财经问题研究，2021（7）：66 - 73.

[188] 张利飞. 高科技企业创新生态系统运行机制研究 [J]. 中国科技论坛，2009（4）：57 - 61.

[189] 张利庠，罗千峰. 中国生猪种业高质量发展的理论阐释、现实困境与路径探析——基于产业生态系统视角 [J]. 中国农村经济，2023（3）：66 - 80.

[190] 张亮，刘百祥，张如意，等. 区块链技术综述 [J]. 计算机工程，2019，45（5）：1 - 12.

[191] 张强，赵爽耀，蔡正阳. 高端装备智能制造价值链的生产自组织

与协同管理：设计制造一体化协同研发实践［J］.管理世界，2023，39（3）：127－139.

［192］张欣钰.中国制造业与生产性服务业协同演化实证研究［D］.沈阳：辽宁大学，2018.

［193］张秀娥，徐雪娇.创业生态系统研究前沿探析与未来展望［J］.当代经济管理，2017，25（12）：1－7.

［194］张雪梅.中国西部地区产业生态化的发展路径研究［D］.兰州：兰州大学，2009.

［195］张延平，冉佳森，黄敬伟，等.专业孵化器主导的创业生态系统价值共创：基于达安创谷的案例［J］.南开管理评论，2021，29（12）：1－28.

［196］张影，高长元，王京.跨界创新联盟生态系统共生演化模型及实证研究［J］.中国管理科学，2022（11）：1－14.

［197］张玉喜，张倩.区域科技金融生态系统的动态综合评价［J］.科学学研究，2018，36（11）：1963－1974.

［198］张越，潘春星，毛秀梅.信息交互对用户参与的价值共创影响机理研究——基于技术创新商业化情境［J］.情报科学，2022，40（9）：47－52，63.

［199］张运生.高科技产业创新生态系统耦合战略研究［J］.中国软科学，2009（1）：134－143.

［200］章建赛.基于区块链技术的信用治理研究［D］.北京：北京邮电大学，2021.

［201］赵长轶，刘海月，邓金堂，等.创新生态视角下对外技术引进与高技术产业创新效率关系［J］.软科学，2023，37（5）：8－16.

［202］赵琨，隋映辉.基于创新系统的产业生态转型研究［J］.科学学研究，2008（1）：191－198.

［203］赵喜洋，石磊，余谦．企业创新系统的序变协同演化模型与仿真研究［J］．管理学报，2021，18（3）：402－409．

［204］赵艺璇，成琼文，郭波武．创新生态系统情境下核心企业跨界扩张的实现机制——社会嵌入视角的纵向单案例分析［J］．南开管理评论，2022，25（6）：52－65．

［205］赵艺璇，成琼文，李紫君．共生视角下技术主导型与市场主导型创新生态系统价值共创组态路径研究［J］．科技进步与对策，2022，39（11）：21－30．

［206］赵艺璇，成琼文．知识网络嵌入、知识重组与企业中心型创新生态系统价值共创［J］．经济与管理研究，2021，42（10）：88－107．

［207］钟琦，杨雪帆，吴志樵．平台生态系统价值共创的研究述评［J］．系统工程理论与实践，2021，41（2）：421－430．

［208］周全，程梦婷，陈九宏，等．战略性新兴产业创新生态系统研究进展及趋势展望［J］．科学管理研究，2023，41（2）：57－65．

［209］周亚虹，蒲余路，陈诗一，等．政府扶持与新型产业发展——以新能源为例［J］．经济研究，2015，50（6）：147－161．

［210］周正，尹玲娜，蔡兵．我国产学研协同创新动力机制研究［J］．软科学，2013（7）：52－56．

［211］周钟，熊焰，张林刚．新兴技术产业应用生态系统构建与发展评价：以大数据为例［J］．中国科技论坛，2020（4）：65－73．

［212］朱良杰，何佳讯，黄海洋．数字世界的价值共创：构念、主题与研究展望［J］．经济管理，2017，39（1）：195－208．

［213］朱晓武，魏文石．区块链的共识与分叉：The DAO 案例对以太坊分叉的影响分析及启示［J］．管理评论，2021，33（11）：324－340．

［214］朱亚丽，郭长伟．基于计划行为理论的员工内部创业驱动组态研究［J］．管理学报，2020，17（11）：1661－1667．

［215］邹轶君. 区块链发展态势及应对策略研究［D］. 北京：北京邮电大学，2021.

［216］左文明，丘心心. 工业互联网产业集群生态系统构建——基于文本挖掘的质性研究［J］. 科技进步与对策，2022，39（5）：83 – 93.

［217］Adebowale B A，Oyelaran B. University，industry collaboration as a determinant of innovation in Nigeria［J］. International Journal of Institutions and Economics，2012（1）：21 – 26.

［218］Adner R，Kapoor R. Innovation ecosystems and the pace of substitution：Re-examining technology S-curves［J］. Strategic Management Journal，2016，37（4）：625 – 648.

［219］Adner R，Kapoor R. Value creation in innovation ecosystems：How the structure of technological interdependence affects firm performance in new technology generations［J］. Strategic Management Journal，2010，31（3）：306 – 333.

［220］Adner R. Match your innovation strategy to your innovation ecosystem［J］. Harvard Bussiness Review，2006，84（4）：98.

［221］Ajzen I. Perceived behavioral control，self efficacy，locus of control and the theory of planned behavior［J］. Journal of Applied Social Psychology，2002，32（4）：665 – 668.

［222］Akaka M A，Vargo S L. Extending the context of service：From encounters to ecosystems［J］. Journal of Services Marketing，2015（6）：453 – 462.

［223］Akaka M A，Vargo S L. Technology as an operant resource in service（eco）systems［J］. Information Systems and E-business Management，2014，12（3）：367 – 384.

［224］Akd B. Blockchain for sustainable e-agriculture：Literature review， architecture for data management, and implications [J]. Journal of Cleaner Production, 2021 (316): 1 – 17.

[225] Allenby B R, Cooper W E. Understanding industrial ecology from a biological systems perspective [J]. Environmental Quality Management, 1994, 3 (3): 343 – 354.

[226] Allen D G, Griffeth R W. Job performance and turnover: A review and integrative multi-route model [J]. Human Resource Management Review, 1999, 9 (4): 525 – 548.

[227] Angela R, Vasquez U, Andres B G. Science and technology parks and cooperation for innovation: Empirical evidence from Spain [J]. Research Policy, 2016, 45 (1): 137 – 147.

[228] Armstrong M, Baron A. Performance management: The new realities [M]. Institute of Personnel and Development, 1998, 258 (8): 15 – 16.

[229] Arouna A, Michler J D, Lokossou J C. Contract farming and rural transformation: Evidence from a field experiment in Benin [J]. Journal of Development Economics, 2021, 151 (5): 102 – 626.

[230] Becker B, Gerhart B. The impact of human resource management on organizational performance: Progress and prospects [J]. Academy of Management Journal, 1996, 39 (4): 779 – 801.

[231] Bemadin H J, Kane J S. Performance appraisal: A contingency approach to system development and evaluation [M]. Amazon. co. uk: Books, 1993: 92 – 112.

[232] Benitez G B, Néstor F A, Alejandro G F. Industry 4. 0 innovation ecosystems: An evolutionary perspective on value cocreation [J]. International Journal of Production Economics, 2020, 21 (5): 107 – 735.

[233] Bhat D A R, Sharma V. Enabling service innovation and performance:

The role of co-creation and technological innovation in hospitality industry [J]. Technology Analysis & Strategic Management, 2021, 25 (13): 1 – 13.

[234] Blaschke M, Riss U, Haki K, et al. Designprinciples for digital value co-creation networks: A service-dominant logic perspective [J]. Electron Markets, 2019 (29): 443 – 472.

[235] Boons F A, Baas L W, Lambert A J D. Industriële ecologie: Naar duurzame ketens en duurzame bedrijventerreinen [J]. SMO, 1999, 10 (12): 142 – 149.

[236] Boons F A, Lambert A J D, Baas L W. Het bedrijventerrein als ecosysteem: De noodzaak tot reflectie [J]. Industriële Ecosystemen, 1999, 2 (3): 91 – 103.

[237] Boons F, Chertow M, Park J. Industrial symbiosis dynamics and the problem of equivalence: Proposal for a comparative framework [J]. Journal of Industrial Ecology, 2017, 21 (4): 938 – 952.

[238] Borman W C, Motowidlo S J. Expanding the criterion domainto include elements of contextual performance [M]//Personnel Selection in Organizations. San Francisco: Jossey_Bass Publishers, 1993: 71 – 98.

[239] Bosch P M, Bosch J. Plays nice with others? Multiple ecosystems, various roles and divergent engagement model [J]. Technology Analysis & Strategic Management, 2015, 27 (8): 960 – 974.

[240] Bosch P M. Plays nice with others? Multiple ecosystems, various roles and divergent engagement models [J]. Technology Analysis & Strategic Management, 2015, 27 (8): 960 – 974.

[241] Boudreau K J, Jeepesen L B. Unpaid crowd complement or: The platform network effect mirage [J]. Strategic Management Journal, 2015, 36 (1): 1761 – 1777.

［242］ Bullinger H J, Auernhammer K, Gomeringer A. Managing innovation networksin the knowledge-driven economy ［J］. International Journal of Production Research, 2004, 42 （17）: 3337 – 3353.

［243］ Chandler J D, Vargo S L. Contextualization and value-in-context: How context frames exchange ［J］. Marketing Theory, 2011, 11 （1）: 35 – 43.

［244］ Chertow M, Ehrenfeld J. Organizing self-organizing systems ［J］. Journal of Industrial Ecology, 2012 （1）: 13 – 27.

［245］ Clarysse B, Wright M, Bruneel J, et al. Creating value in ecosystems: Crossing the chasm between knowledge and business ecosystems ［J］. Research Policy, 2014, 43 （7）: 1164 – 1176.

［246］ Cottrell C A, Neuberg S L, Li N P. What do people desire in others? A sociofunctional perspective on the importance of different valued characteristics ［J］. Journal of Personality and Social Psychology, 2007, 92 （2）: 208 – 231.

［247］ Dedehayir O, Mkinen S J, Roland J. Roles during innovation ecosystem genesis: A literature review ［J］. Technological Forecasting and Social Change, 2018, 136 （9）: 18 – 29.

［248］ Dirk G. Baur A, Ki H, Adrian D. Lee C. Bitcoin: Medium of exchange or speculative assets? ［J］. Journal of International Financial Markets, Institutions and Money, 2018, 54 （12）: 177 – 189.

［249］ Ehrenfeld J, Gertler N. Industrial ecology in practice: The evolution of interdependence at Kalundborg ［J］. Journal of industrial Ecology, 1997, 1 （1）: 67 – 79.

［250］ Ehrenfeld J. Putting a spotlight on metaphors and analogies in industrial ecology ［J］. Journal of Industrial Ecology, 2003, 7 （1）: 1 – 4.

［251］ Ehrlich P R, Raven P H. Butterflies and plants: A study in coevolution ［J］. Evolution, 1964, 18 （4）: 586 – 608.

［252］Esmat A，Vos M D，Ghiassi-Farrokhfal Y，et al. A novel decentral-ized platform for peer-to-peer energy trading market with blockchain technology ［J］. Applied Energy，2021，282（22）：116 – 123.

［253］Felicio M，Amaral D，Esposto K，et al. Industrial symbiosis indica-tors to manage eco-industrial parks as dynamic systems ［J］. Journal of Cleaner Pro-duction，2016（11）：54 – 64.

［254］Fransman M. Innovation in the new ict Eco-system ［J］. Communica-tions & Strategies，2009，68（5）：89 – 111.

［255］Frosch R A，Gallopoulos N E. Strategies for manufacturing ［J］. Sci-entific American，1989，261（3）：144 – 153.

［256］Frow P，Mccoll-Kennedy J R，Hilton T，et al. Value propositions ［J］. Marketing Theory，2014，14（3）：327 – 351.

［257］Gawer A. Bridging differing perspectives on technological platforms：Toward an integrative framework ［J］. Research Policy，2014，43（7）：1239 – 1249.

［258］George A S，Jo A S. Innovation in newly public firms：The influence of government grants，venture capital，and private equity ［J］. Australian Journal of Management，2019，44（2）：248 – 281.

［259］Gertler N. Industrial ecosystems：Developing sustainable industrial structures ［J］. Massachusetts Institute of Technology，1995，12（3）：57 – 65.

［260］Gomes T. Unpacking the innovation ecosystem construct：evolution，gaps and trends ［J］. Technological Forecasting and Social Change，2018，136（5）：30 – 48.

［261］Grima S，Spiter J，Romānova I. "A steep framework analysis of the key factors impacting the use of blockchain technology in the insurance industry"，The geneva papers on risk and insurance ［J］. Issues and Practice，2020，45

（3）：398 – 425.

［262］ Groth O J, Esposito M, Tse T. What Europe needs is an innovation-driven Entrepreneurship ecosystem：Introducing EDIE ［J］. Thunderbird International Business Review, 2015, 57（4）：263 – 269.

［263］ Guan J, Chen K. Modeling the relative efficiency of national innovation systems ［J］. Research Policy, 2012, 41（1）：102 – 115.

［264］ Gummesson E, Mele C. Marketing as value co-creation through network interaction and resource integration ［J］. Journal of Business Market Management, 2010, 4（4）：181 – 198.

［265］ Halachmi A. Governance and risk management：The challenge of accountability, transparency and social responsibility ［J］. International Review of Public Administration, 2003, 8（1）：67 – 76.

［266］ Han K, Oh W, Im K S, et al. Value cocreation and wealth spillover in open innovation alliances ［J］. Mis Quarterly, 2021, 36（1）：291 – 315.

［267］ Harleen K, Roshan J, Afshar A, et al. Securing and managing healthcare data generated by intelligent blockchain systems on cloud networks through DNA cryptography ［J］. Journal of Enterprise Information Management, 2023, 36（4）：861 – 878.

［268］ He M, Jin Y L, Zeng H X, et al. Pricing decisions about waste recycling from the perspective of industrial symbiosis in an industrial park：A game model and its application ［J］. Journal of Cleaner Production, 2023, 42（2）：251 – 272.

［269］ Holgersson M, Granstrand O, Bogers M. The evolution of intellectual property strategy in innovation ecosystems：Uncovering complementary and substitute appropriability regimes ［J］. Long Range Planning, 2017, 51（2）：303 – 319.

[270] Holotiuk F, Pisani F, Moormann J. Radicalness of blockchain: An assessment based on its impact on the payments industry [J]. Technology Analysis & Strategic Management, 2019, 31 (8): 915 – 928.

[271] Hoyer K, Chandy W D, Rajesh D, et al. Consumer cocreation in new product development [J]. Journal of Service Research, 2010, 13 (3): 283 – 296.

[272] Iansiti M, Levien R, Iansiti M, et al. The keystone advantage: What the newdynamics of business ecosystems mean for strategy, innovation, and sustainability [J]. Future Survey, 2004, 20 (2): 88 – 90.

[273] Johannes M, Christian R, Uschi B. Layers of co-existing innovation systems [J]. Research Policy, 2015, 44 (4): 888 – 910.

[274] Joseph A. Value creation in innovation ecosystems: How the structure of technological interdependence affects firm performance in new technology generations [J]. Strategic Management Journal, 2010, 23 (15): 31 – 25.

[275] Kohler T, Fueller J, Matzler K, et al. Cocreation in virtual worlds: The design of the user experience [J]. MIS Quarterly, 2011, 35 (3): 773 – 788.

[276] Korhonen J. Four ecosystem principles for an industrial ecosystem [J]. Journal of Cleaner Production, 2001, 9 (3): 253 – 259.

[277] Korhonen J, Okkonen L, Niutanen V. Industrial ecosystem indicators? Direct and indirect effects of integrated waste and by-product management and energy production [J]. Clean Technologies and Environmental Policy, 2004, 6 (3): 162 – 173.

[278] Korhonen J. Some suggestions for regional industrial ecosystems extended industrial ecology [J]. Eco-Management and Auditing, 2001, 8 (1): 57 – 69.

［279］Lambert D M, Enz M G. Managing and measuring value co-creation in business-to-business relationships ［J］. Journal of Marketing Management, 2012, 28 (13): 1588 – 1625.

［280］Lee A R, Kim K. Customer benefits and value co-creation activities in corporate social networking services ［J］. Behaviour and Information Technology, 2019, 37 (79): 675 – 692.

［281］Leone D F, Schiavone F P, Chiao B. How does artificial intelligence enable and enhance value co-creationin industrial markets? An exploratory case study in the healthcare ecosystem ［J］. Journal of Business Research, 2021, 129 (5): 849 – 859.

［282］Li S Y, Peng G C, Fei X, et al. Value co-creation in industrial AI: The interactive role of B2B supplier, customerand technology provider ［J］. Industrial Marketing Management, 2021, 98 (10): 105 – 114.

［283］Liu Y, Chen J, Wang L. Research on self-organizing evolution level of China's photovoltaic industry chain system ［J］. Sustainability, 2020, 12 (5): 1792.

［284］Li Y R. The technological roadmap of Cisco's business ecosystem ［J］. Technovation, 2009, 29 (5): 379 – 386.

［285］Luo J. Architecture and evolvability of innovation ecosystems ［J］. Technological Forecasting and Social Change, 2018, 136 (12): 132 – 144.

［286］Luoma-aho V, Paloviita A. Emerald article: Actor-networking stakeholder theory for today's corporate communications ［J］. Corporate Communications: An International Journal, 2010, 15 (1): 49 – 67.

［287］Macdonald E K, Kleinalten K M, Wilson H N. How business customers judge solutions: Solution quality and value in use ［J］. Journal of Marketing, 2016, 80 (3): 96 – 120.

［288］ Maghsoudi S, Duffield C, Wilson D. Innovation evaluation: Past and current models and aframework for infrastructure projects ［J］. International Journal of Innovation Science, 2015, 7 (4): 281 – 298.

［289］ Ma J J, Gans R T. Market Structure in Bitcoin Mining ［J］. NBER Working Paper Series, 2016 (11): 36 – 43.

［290］ Manson, JoAnn E, et al. Walking compared with vigorous exercise for the prevention of cardiovascular events in women ［J］. New England Journal of Medicine, 2002, 347 (10): 716 – 725.

［291］ Mark A P, Paavo R. A complex adaptive systems agenda for ecosystems research methodology ［J］. Technology Forecasting and Social Change, 2019, 148: 119739.

［292］ Mendez-Alva F, Hélène C, Krese G, et al. Industrial symbiosis profiles inenergy-intensive industries: Sectoral insights from open databases ［J］. Journal of Cleaner Production, 2021 (314): 128 – 131.

［293］ Mengelkamp E, Notheisen B, Beer C, et al. A blockchain-based smart grid: Towards sustainable local energy markets ［J］. Computer Science-Research and Development, 2018, 33 (12): 207 – 214.

［294］ Merz M A, Zaran T L, Grappi S. How valuable are your customers in the brand value co-creation process? The development of a customer Co-Creation Value (CCCV) scale ［J］. Journal of Business Research, 2018, 82 (6): 79 – 89.

［295］ Michele D, et al. Innovation as a critical success factor: An exploratory study about the partnership among university with pharmaceutical industry in Brazil ［J］. Journal of Technology Management & Innovation, 2012, 7 (3): 148 – 160.

［296］ Moore J F. Predators and prey: A new ecology of competition ［M］.

Harvard Business School Press, 1999.

［297］Moravska O V, Levytskyy T R, Velychko V O, et al. Innovations—the basis tools of development of agricultural and ecological management ［J］. Journal of Environmental Management and Tourism, 2022, 13 (1): 19 – 28.

［298］Moser K, Schuler H, Funke U. The moderating effect of raters' opportunities to observe ratees' job performance on the validity of an assessment centre ［J］. International Journal of Selection & Assessment, 1999, 7 (3): 133 – 141.

［299］Nambisan S, Baron R A. Entrepreneurship in innovation ecosystems: Entrepreneurs self-regulatory processes and their implications for new venture success ［J］. Entrepreneurship Theory and Practice, 2013, 37 (5): 1071 – 1097.

［300］Nambisan S, Nambisan P. How to profit from a better "virtual customer environment" ［J］. MIT Sloan Management Review, 2008, 49 (3): 53 – 61.

［301］Nysveen H, Pedersen P E. Influences of cocreation on brand experience ［J］. International Journal of Market Research, 2014, 56 (6): 807 – 832.

［302］Obrien I M, Jarvis W, Soutar G N. Integrating social issues and customer engagement to drive loyalty in a service organization ［J］. Journal of Services Marketing, 2015, 29 (67): 547 – 559.

［303］Oh D S, Phillips F, Park S, et al. Innovation ecosystems: A critical examination ［J］. Technovation, 2016, 54 (2): 1 – 6.

［304］Paci R, Usai S. Externalities, knowledge spillovers and the spatial distribution of innovation ［J］. Geo Journal, 1999, 49 (4): 112 – 126.

［305］Payne A F, Storbacka K, Frow P. Managing the co-creation of value ［J］. Journal of the Academy of Marketing Science, 2008, 36 (1): 83 – 96.

［306］Pelt R V, Jansen S, Baars D, et al. Defining blockchain governance: A framework for analysis and comparison ［J］. Information Systems Management, 2021, 38 (1): 21 – 41.

［307］ Pera R, Occhiocupo N, Clarke J. Motives andresources for value co-creation in a multi-stakeholder ecosystem: A managerial perspective ［J］. Journal of Business Research, 2016, 69 (10): 4033 - 4041.

［308］ Phan K. Decision-making tools: Innovation measurement framework ［J］. Innovation, Technology, and Knowledge Management, 2016, 245 (3): 321 - 336.

［309］ Philbin S. Process model for university-industry research collaboration ［J］. European Journal of Innovation Management, 2008, 11 (4): 488 - 521.

［310］ Pinho N, Gabriela B, Lia Patrício, et al. Understanding value co-creation in complex services with many actors ［J］. Journal of Service Management, 2014, 25 (4): 4 - 25.

［311］ Prahalad C K, Ramaswamy V. Coopting customer competence ［J］. Harvard Business Review, 2000, 78 (1): 79 - 90.

［312］ Prahalad C K, Ramaswamy V. The new frontier of experience innovation ［J］. MIT Sloan Management Review, 2003, 44 (4): 12 - 18.

［313］ Pu S, Lam J S L. Blockchain adoptions in the maritime industry: A conceptual framework ［J］. Maritime Policy & Management, 2021, 48 (6): 777 - 794.

［314］ Randall W S. Connection, trust, and commitment: Dimensions of co-creation? ［J］. Journal of Strategic Marketing, 2011, 19 (1): 3 - 24.

［315］ Rong K, Hu G, Lin Y, et al. Understanding business ecosystem using a 6C framework in Internet-of-Things-based sectors ［J］. International Journal of Production Economics, 2015, 159 (3): 41 - 55.

［316］ Rotundo M, Sackett P R. The relative importance of task, citizenship, and counterproductive performance to global ratings of job performance: A policy-capturing approach ［J］. Journal of Applied Psychology, 2002, 87 (1): 66 - 80.

［317］See-To E W K, Ho K W. Value co-creation and purchase intention in social network sites: The role of electronic Word-of-Mouth and trust—A theoretical analysis ［J］. Computers in Human Behavior, 2014, 31（5）: 182 – 189.

［318］Sergeeva N, Zanello C. Championing and promoting innovation in UK megaprojects ［J］. International Journal of Project Management, 2018, 36（8）: 1068 – 1081.

［319］Shahid A, Almogren A, Javaid N, et al. Blockchain-based agri-food supply chain: A complete solution ［J］. IEEE Access, 2020, 8（5）: 69230 – 69243.

［320］Sikorski J J, Haughton J, Kraft M. Blockchain technology in the chemical industry: Machine-to-machine electricity market ［J］. Applied Energy, 2017, 195（1）: 234 – 246.

［321］Sjödin D, Parida V, Kohtamäki M, et al. An agile co-creation process for digital servitization: A micro-service innovation approach ［J］. Journal of Business Research, 2020, 112（5）: 478 – 491.

［322］Storbacka K, Brodie R J, Böhmann T, et al. Actor engagement as a microfoundation for value cocreation ［J］. Journal of Business Research, 2016, 69（8）: 3008 – 3017.

［323］Storbacka N. Brand community: Drivers and outcomes ［J］. Psychology & Marketing, 2010, 27（5）: 347 – 368.

［324］Suominen A, Seppanen M, Dedehayir O. A bibliometric review on innovation systems and ecosystems: A research agenda ［J］. European Journal of Innovation Management, 2019, 22（2）: 335 – 360.

［325］Tsujimoto M, Kajikawa Y, Tomita J. A review of the ecosystem concept — Towards coherent ecosystem design ［J］. Technological Forecasting and Social Change, 2017（136）: 49 – 58.

［326］Valtanen K, Backman J, Yrjola S. Blockchain-powered value creation in the 5G and smart grid use cases [J]. IEEE Access, 2019 (35).

[327] Vargo S L, Akaka M A. Service-dominant logic as a foundation for service science: Clarifications [J]. Service Science, 2009, 1 (1): 32 – 41.

[328] Vargo S L, Koskela-Huotari K, Vink J. Service-dominant logic: Foundations and applications [J]. The Routledge Handbook of Service Research Insights and Ideas, 2020 (22): 3 – 23.

[329] Vargo S L, Lusch R F. Evolving to a new dominant logic for marketing [J]. Journal of Marketing, 2004 (68): 1 – 17.

[330] Vargo S L, Lusch R F. From goods to service (s): Divergences and convergences of logics [J]. Industrial Marketing Management, 2008, 37 (3): 254 – 259.

[331] Vargo S L, Lusch R F. From repeat patronage to value co-creation in service ecosystems: A transcending conceptualization of relationship [J]. Journal of Business Market Management, 2010, 4 (4): 169 – 179.

[332] Vargo S L, Lusch R F. Institutions and axioms: An extension and update of service-dominant logic [J]. Journal of the Academy of Marketing Science, 2016, 44 (1): 5 – 23.

[333] Vargo S L, Lusch R F. Service-dominant logic: Continuing the evolution [J]. Journal of the Academy of Marketing Science, 2008, 36 (1): 1 – 10.

[334] Walrave B, Talmarm, Podoynitsyna K S, et al. A multi-level perspective on innovation ecosystems for path-breakinginovation [J]. Technological Forecasting & Socialchange, 2017, 136: 1 – 41.

[335] Wazid M, Das A K, Odelu V, et al. Design of secure user authenticated key management protocol for generic iot networks [J]. Internet of Things Journal, 2018, 33 (8): 269 – 282.

[336] Wei M M, Xiao N L. Impact of government subsidy on the optimal

strategies of improving water use efficiency for a high-water-consumption manufacturer [J]. Kybernetes, 2023, 52 (6): 2092 – 2117.

[337] Williamson O E. The economic institutions of capitalism [M]. Free Press, New York, 1985.

[338] Xie X F, Xie X M, Martinez C C. Identifying the factors determining the entrepreneurial ecosystem of internet cultural industries in emerging economies [J]. International Entrepreneurship and Management Journal, 2019, 15 (2): 503 – 522.

[339] Yang Y, Qin H M A, Chen P, et al. Mechanism research on emotional labor strategies and customer value co-creation behaviors [J]. Journal of Industrial Engineering and Engineering Management, 2017, 31 (2): 112 – 123.

[340] Yermack D. Corporate governance and blockchains [R]. National Bureau of Economic Research, 2015, 218 (2): 165 – 182.

[341] Yi Y, Gong T. Customer value co-creation behavior: Scale development and validation [J]. Journal of Business Research, 2013, 66 (9): 1279 – 1284.

[342] Zahra S A, Nambisan S. Entrepreneurship and strategic thinking in business ecosystems [J]. Business Horizons, 2012, 55 (3): 219 – 229.

[343] Zhang A, Zhong R Y, Farooque M, et al. Blockchain-based life cycle assessment: An implementation framework and system architecture [J]. Resources Conservation and Recycling, 2019, 256 (6): 152 – 163.

[344] Zhang Y, Zheng H, Brian D. Ecological network analysis of an industrial symbiosis system: A case study of the shandong lubei eco-industrial park [J]. Ecological Modelling, 2015, 34 (6): 174 – 184.

附录1　调查问卷

尊敬的女士/先生：

本书目前正在进行一项有关"区块链产业生态系统价值共创行为的影响因素"的课题研究。在此希望能耽搁您一些时间参与我们的调查。您的意见没有对错之分，只要把您的看法告诉我们即可。此次问卷的内容不涉及您所在公司的具体管理事务和经营业务，更不会透露商业秘密，您的回答仅供学术研究之用，并不对外公开，请放心作答。感谢您在百忙之中抽空参与本次问卷调查，在此致以诚挚的谢意！

课题组

第一部分：以下问题是对贵企业基本信息的了解，请您按照实际情况，填写时请您在合适的答案前的"□"中打"√"。

题号	测量问项
1	贵企业名称（选填）：
2	贵企业性质： □. 国有投资或国有控股　□. 集体企业　□. 民营企业　□. 外资或合资企业　□. 其他
3	贵企业成立时间： □. 3 年以下　□. 3～5 年　□. 6～10 年　□. 11～15 年　□. 16 年以上
4	贵企业规模： □. <100 人　□. 100～499 人　□. 500～1999 人　□. 2000 人以上

题号	测量问项
5	贵企业是否从事区块链相关业务？ □. 是　□. 否
6	贵企业所属的领域： □. 电子信息技术；□. 生物与新医药技术；□. 航空航天技术；□. 新材料技术；□. 高技术服务业；□. 新能源及节能技术；□. 资源与环境技术；□. 高新技术改造传统产业； □. 其他
7	贵企业区块链技术创新活动中的主要障碍是（可多选）： □. 科技人才缺乏；□. 研究与开发经费不足；□. 购置技术设备经费不足； □. 制度创新缺失；□. 管理创新缺失；□. 企业创新文化缺失；□. 企业家精神不足； □. 其他

第二部分：以下问题用于测量"内生动力和外生动力因素对区块链产业生态系统价值共创行为的影响"，请您根据企业实际情况进行选择并打"√"。

赋值： ①5 = 非常同意；4 = 同意；3 = 一般；2 = 不同意；1 = 非常不同意； ②1 = 是；0 = 否。	非常不同意	不同意	一般	同意	非常同意
对区域提供的相关资源相当满意					
区块链产业生态系统成果转化在内部资源支持下能顺利实现					
了解区块链产业生态系统资源共享制度					
与系统内其他区块链企业互动过程中各个企业的权利和义务明确					
非常信任区块链产业生态系统内的核心企业					
区块链产业生态系统的价值共创可以降低企业的创新成本					
对区块链产业生态系统要求参与企业技术共享的决策非常支持					

赋值： ①5 = 非常同意；4 = 同意；3 = 一般；2 = 不同意；1 = 非常不同意； ②1 = 是；0 = 否。	非常不同意	不同意	一般	同意	非常同意
对区域内提供的相关基础设施满意					
对取得的技术突破成果满意					
企业所在地区有良好的区域合作环境					
了解区块链产业相关政策文件					
对区块链产业相关政策文件非常满意					
合作企业对产品或服务的偏好变化较快					
在区块链产业中能快速适应市场变化					
愿意加入区块链产业生态系统中进行价值共创					
愿意增加区块链相关技术的研发投入					
愿意维持区块链产业生态系统价值共创行为的持续稳定发展					
	是			否	
是否获得了技术溢出					
是否可自由退出					
是否为核心企业					

附录 2　区块链产业生态系统绩效评价指标数据标准化结果

附表 2-1　　2020 年区块链产业生态系统绩效评价指标数据标准化结果

省份	区块链研发人员数量	区块链专利申请数量	区块链科研项目数量	区块链学术论文数量
安徽	- 0.5255	- 0.4890	- 0.6596	- 0.4664
北京	2.2315	1.0557	- 0.7629	3.5063
福建	- 0.3671	- 0.4935	0.1800	- 0.6163
广东	1.5125	3.0844	2.7245	- 0.2165
广西	- 0.6136	- 0.6221	- 1.1633	- 0.4539
河北	- 0.5345	- 0.5991	- 0.6338	- 0.3415
河南	- 0.6773	- 0.5760	0.2316	- 0.5164
湖北	- 0.6852	- 0.5166	- 0.8404	- 0.4414
湖南	- 0.7322	- 0.5396	- 0.2463	- 0.1666
江苏	- 0.1072	0.2030	1.3941	0.3331
辽宁	- 0.4575	- 0.6162	- 0.4013	- 0.1791
山东	- 0.5630	- 0.3106	0.6450	- 0.2665
上海	0.1660	- 0.0274	- 0.2204	0.0583
四川	- 0.4885	- 0.3404	0.2962	- 0.1666
浙江	1.8416	0.7873	- 0.5434	- 0.0666

省份	区块链企业总产值	区块链企业数量	区块链产品（服务）销售收入
安徽	− 0.6994	− 0.3709	− 0.6352
北京	2.8137	0.3165	2.2270
福建	− 0.6085	− 0.2947	− 0.5738
广东	1.1820	3.5278	2.1689
广西	− 0.7233	− 0.3144	− 0.6445
河北	− 0.6363	− 0.0780	− 0.5727
河南	− 0.7122	− 0.4695	− 0.6483
湖北	− 0.7171	− 0.4577	− 0.6432
湖南	− 0.7397	− 0.3931	− 0.6633
江苏	0.5459	− 0.2091	0.9772
辽宁	− 0.4492	− 0.4209	− 0.5342
山东	0.0521	− 0.2346	− 0.2179
上海	− 0.1054	− 0.3208	− 0.5091
四川	− 0.1007	− 0.3881	0.0956
浙江	0.8980	0.1075	0.1734
省份	区块链产业园区数量	区块链应用案例数量	区块链应用领域专利数量
安徽	− 1.0337	− 0.4722	− 0.4019
北京	− 0.1477	2.5827	0.2171
福建	− 1.0337	− 0.3384	− 0.2404
广东	2.0674	2.2845	2.9890
广西	− 0.1477	− 0.3566	− 0.7786
河北	− 0.5907	− 0.4844	− 0.6979
河南	− 0.5907	− 0.2410	− 0.6172
湖北	− 0.5907	− 0.5270	− 0.6172
湖南	0.2953	− 0.5513	− 0.6172
江苏	− 0.1477	− 0.4540	1.1052

续表

省份	区块链产业园区数量	区块链应用案例数量	区块链应用领域专利数量
辽宁	− 0.5907	− 0.4053	− 0.8056
山东	− 0.1477	− 0.4114	− 0.5095
上海	1.1814	− 0.1619	0.3247
四川	− 0.5907	− 0.4540	0.0825
浙江	2.0674	− 0.0097	0.5669

省份	开设区块链专业高校数量	政策数量	政府补助
安徽	− 0.8731	− 0.1022	− 0.6127
北京	3.0206	1.0768	3.0123
福建	− 0.5192	− 0.2790	− 0.4274
广东	0.5428	1.6073	1.3963
广西	− 0.8731	− 0.5148	− 0.6639
河北	− 0.5192	− 0.5148	− 0.4019
河南	− 0.5192	− 0.9275	− 0.5259
湖北	− 0.5192	− 1.0453	− 0.6444
湖南	− 0.1652	− 1.0453	− 0.6314
江苏	0.5428	1.6073	0.2071
辽宁	− 0.8731	− 1.2811	− 0.4070
山东	− 0.1652	0.1336	− 0.2666
上海	0.8967	− 0.3380	− 0.3330
四川	− 0.1652	0.1336	− 0.2319
浙江	0.1888	1.4894	0.5305

省份	区域研发人员增长率	区域研发经费增长率	区域专利增长率	区域经济总量增长率
安徽	0.3219	0.6175	0.1574	0.7041
北京	− 0.7101	− 1.8480	− 1.9177	− 0.2605
福建	0.2272	0.8116	− 1.4976	0.4355
广东	− 0.1243	− 0.4669	− 0.1912	0.1547

续表

省份	区域研发人员增长率	区域研发经费增长率	区域专利增长率	区域经济总量增长率
广西	− 2.2464	− 0.2868	0.6718	0.7488
河北	0.4508	0.5355	0.8153	0.2645
河南	− 0.8032	1.2581	0.8108	− 0.4599
湖北	− 0.2390	− 1.8929	− 1.1257	− 3.1296
湖南	0.4664	1.0373	0.1423	1.0663
江苏	− 0.5038	− 0.4817	0.1195	0.2483
辽宁	0.6619	− 0.4349	0.8288	− 0.6756
山东	2.4089	1.3124	1.7825	0.1669
上海	− 0.1183	− 0.6479	0.1377	− 0.4314
四川	0.6632	0.3752	0.2617	0.7163
浙江	− 0.4551	0.1115	− 0.9957	0.4517

附表 2 - 2　　2019 年区块链产业生态系统绩效评价指标数据标准化结果

省份	区块链研发人员数量	区块链专利申请数量	区块链科研项目数量	区块链学术论文数量
安徽	− 0.5089	− 0.5229	− 0.5512	− 0.4276
北京	2.3395	2.0062	− 0.5904	3.5146
福建	− 0.3407	− 0.4998	− 0.0602	− 0.4611
广东	1.3740	2.6917	2.6891	− 0.2606
广西	− 0.6148	− 0.6108	− 1.3170	− 0.5112
河北	− 0.5119	− 0.6064	− 0.5904	− 0.0936
河南	− 0.6679	− 0.5668	0.5486	− 0.4945
湖北	− 0.6896	− 0.4789	− 0.9047	− 0.4945
湖南	− 0.7236	− 0.4789	− 0.0799	− 0.1604
江苏	0.1097	− 0.1219	1.3341	0.0735
辽宁	− 0.4719	− 0.5866	− 0.3155	0.1236
山东	− 0.5746	− 0.1504	0.7842	− 0.4611

续表

省份	区块链研发人员数量	区块链专利申请数量	区块链科研项目数量	区块链学术论文数量
上海	− 0.0926	− 0.0834	− 0.3155	− 0.3608
四川	− 0.4671	− 0.3812	− 0.0799	0.1403
浙江	1.8404	0.3901	− 0.5512	− 0.1270

省份	区块链企业总产值	区块链企业数量	区块链产品（服务）销售收入
安徽	− 0.6903	− 0.2543	− 0.6459
北京	2.8058	0.0090	2.3253
福建	− 0.5925	− 0.2805	− 0.5886
广东	1.1796	3.5740	1.9667
广西	− 0.7241	− 0.3974	− 0.6580
河北	− 0.6308	− 0.3590	− 0.5780
河南	− 0.7073	− 0.3823	− 0.6605
湖北	− 0.7142	− 0.3595	− 0.6525
湖南	− 0.7282	− 0.2907	− 0.6724
江苏	0.6952	− 0.2126	1.1150
辽宁	− 0.4415	− 0.3751	− 0.5323
山东	0.1116	− 0.1654	− 0.1718
上海	− 0.2707	− 0.3193	− 0.5285
四川	− 0.1109	− 0.3210	0.0897
浙江	0.8182	0.1341	0.1919

省份	区块链产业园区数量	区块链应用案例数量	区块链应用领域专利数量
安徽	− 0.9675	− 0.3249	− 0.5670
北京	0.1489	3.2463	− 0.0856
福建	− 0.9675	0.0736	0.0749
广东	2.3816	1.1388	3.2841
广西	− 0.4093	− 0.2790	− 1.0484
河北	− 0.4093	− 0.3709	− 0.7274

省份	区块链产业园区数量	区块链应用案例数量	区块链应用领域专利数量
河南	− 0. 9675	− 0. 0874	0. 0749
湖北	− 0. 4093	− 0. 5395	− 0. 8077
湖南	0. 7070	− 0. 6161	0. 0749
江苏	0. 1489	− 0. 5089	0. 0749
辽宁	− 0. 4093	− 0. 6085	− 0. 3263
山东	0. 1489	− 0. 5778	− 0. 1658
上海	0. 1489	− 0. 3173	0. 3958
四川	− 0. 9675	− 0. 3019	0. 2353
浙江	1. 8234	0. 0736	− 0. 4867
省份	开设区块链专业高校数量	政策数量	政府补助
安徽	− 0. 6479	− 0. 0931	− 0. 6763
北京	3. 3281	1. 3030	2. 7468
福建	− 0. 6479	− 0. 0931	− 0. 5298
广东	0. 2356	1. 3030	1. 2356
广西	− 0. 6479	− 0. 0931	− 0. 7366
河北	− 0. 6479	− 0. 4421	− 0. 4104
河南	− 0. 2062	− 1. 1401	− 0. 5387
湖北	− 0. 2062	− 0. 7911	− 0. 6918
湖南	− 0. 2062	− 1. 1401	− 0. 6821
江苏	0. 2356	0. 2559	− 0. 2442
辽宁	− 0. 6479	− 1. 1401	− 0. 4030
山东	− 0. 2062	− 0. 4421	− 0. 0794
上海	0. 6774	0. 2559	− 0. 3654
四川	− 0. 2062	− 0. 0931	0. 0029
浙江	− 0. 2062	2. 3500	1. 3723

省份	区域研发人员增长率	区域研发经费增长率	区域专利增长率	区域经济总量增长率
安徽	0.9860	− 0.6122	− 1.8330	1.5803
北京	− 0.0438	0.2998	0.4170	0.7650
福建	− 0.1656	0.2133	− 0.8637	0.9679
广东	− 0.2734	0.1073	− 0.0314	0.0714
广西	2.0876	1.7243	− 0.6243	− 0.6627
河北	0.3927	1.5434	1.5859	− 1.4594
河南	0.3228	− 0.3478	− 0.7478	0.3301
湖北	0.3776	0.3212	0.9608	0.7360
湖南	− 0.2044	0.6790	0.8602	− 0.1083
江苏	0.5108	− 0.5131	− 0.2648	− 0.2858
辽宁	− 0.7684	− 0.2953	0.3417	− 1.3527
山东	− 2.1156	− 2.3051	0.9761	− 1.9860
上海	− 1.3711	− 0.1990	1.1351	0.7754
四川	− 0.5313	− 1.1869	− 1.3661	0.5261
浙江	0.7961	0.5711	− 0.5456	0.1028

附表 2 − 3   2018 年区块链产业生态系统绩效评价指标数据标准化结果

省份	区块链研发人员数量	区块链专利申请数量	区块链科研项目数量	区块链学术论文数量
安徽	− 0.5371	− 0.4588	− 0.5747	− 0.3517
北京	2.7358	2.1121	− 0.4608	3.5499
福建	− 0.3444	− 0.2843	− 0.4228	− 0.4067
广东	1.7829	2.6014	2.7672	− 0.0769
广西	− 0.6609	− 0.6202	− 1.4102	− 0.4891
河北	− 0.4951	− 0.6347	− 0.6507	− 0.3517
河南	− 0.6597	− 0.6096	0.3747	− 0.4616
湖北	− 0.6744	− 0.4734	− 0.8405	− 0.4616

续表

省份	区块链研发人员数量	区块链专利申请数量	区块链科研项目数量	区块链学术论文数量
湖南	− 0. 7233	− 0. 5567	− 0. 1190	− 0. 2418
江苏	0. 0407	− 0. 2062	1. 2481	− 0. 0220
辽宁	− 0. 4711	− 0. 6149	− 0. 2709	0. 0055
山东	− 0. 4383	− 0. 4575	0. 7924	− 0. 4067
上海	0. 0202	0. 1429	− 0. 2709	− 0. 2967
四川	− 0. 1930	− 0. 2300	− 0. 0430	0. 0330
浙江	0. 6177	0. 2897	− 0. 1190	− 0. 0220

省份	区块链企业总产值	区块链企业数量	区块链产品（服务）销售收入
安徽	− 0. 6907	− 0. 1785	− 0. 6512
北京	2. 8139	− 0. 3072	2. 2917
福建	− 0. 6061	− 0. 3128	− 0. 5970
广东	1. 1511	3. 5988	2. 0026
广西	− 0. 7226	− 0. 3164	− 0. 6606
河北	− 0. 6185	− 0. 3053	− 0. 5746
河南	− 0. 6993	− 0. 3206	− 0. 6629
湖北	− 0. 7124	− 0. 3059	− 0. 6537
湖南	− 0. 7231	− 0. 1979	− 0. 6743
江苏	0. 5850	− 0. 2480	1. 1344
辽宁	− 0. 4242	− 0. 3232	− 0. 5352
山东	0. 1948	− 0. 1324	− 0. 1373
上海	− 0. 3458	− 0. 3455	− 0. 5023
四川	− 0. 0965	− 0. 3053	0. 0963
浙江	0. 8942	0. 0002	0. 1241

省份	区块链产业园区数量	区块链应用案例数量	区块链应用领域专利数量
安徽	− 0. 8359	− 0. 4578	− 0. 5455
北京	− 0. 8359	2. 6252	1. 0091

续表

省份	区块链产业园区数量	区块链应用案例数量	区块链应用领域专利数量
福建	− 0. 8359	− 0. 3176	− 0. 1364
广东	2. 1144	1. 3640	3. 2182
广西	− 0. 0984	− 0. 8782	− 0. 6273
河北	− 0. 0984	− 0. 8782	− 0. 4636
河南	− 0. 8359	− 0. 7380	− 0. 4636
湖北	− 0. 0984	− 0. 8782	− 0. 3818
湖南	0. 6393	− 0. 7380	− 0. 5455
江苏	− 0. 0984	− 0. 0374	− 0. 3818
辽宁	− 0. 0984	− 0. 3176	− 0. 4636
山东	− 0. 8359	0. 6633	− 0. 1364
上海	0. 6393	− 0. 3176	− 0. 6273
四川	− 0. 8359	0. 9436	0. 0273
浙江	2. 1144	− 0. 0374	0. 5182
省份	开设区块链专业高校数量	政策数量	政府补助
安徽	− 0. 4126	0. 1721	− 0. 7385
北京	3. 0260	1. 0328	2. 3913
福建	− 0. 4126	− 0. 2582	− 0. 4885
广东	− 0. 4126	0. 1721	1. 2458
广西	− 0. 4126	0. 1721	− 0. 7924
河北	− 0. 4126	− 0. 2582	− 0. 2974
河南	− 0. 4126	− 1. 1189	− 0. 6303
湖北	− 0. 4126	− 0. 6885	− 0. 6996
湖南	− 0. 4126	− 1. 1189	− 0. 6892
江苏	− 0. 4126	0. 6025	0. 0145
辽宁	− 0. 4126	− 1. 1189	− 0. 3968
山东	− 0. 4126	− 0. 6885	− 0. 4838
上海	1. 6506	0. 1721	− 0. 3471
四川	− 0. 4126	0. 1721	0. 0819
浙江	0. 2751	2. 7541	1. 8300

省份	区域研发人员增长率	区域研发经费增长率	区域专利增长率	区域经济总量增长率
安徽	− 0. 4184	0. 7766	0. 0668	1. 3968
北京	0. 3119	− 0. 8695	− 0. 2155	− 0. 1475
福建	0. 6254	1. 1731	0. 8556	1. 5016
广东	2. 6105	0. 6357	0. 6187	− 0. 0311
广西	− 0. 0919	− 1. 7648	− 2. 5541	0. 7501
河北	− 1. 8797	0. 0763	1. 2859	− 1. 4368
河南	− 0. 3678	0. 5028	0. 8158	− 0. 3466
湖北	0. 3558	0. 5117	− 0. 2561	1. 3412
湖南	0. 1386	0. 4893	0. 2823	− 0. 5761
江苏	− 0. 6962	0. 2862	− 0. 0140	− 0. 3630
辽宁	− 0. 0156	0. 1425	0. 9613	− 0. 1940
山东	− 0. 7995	− 2. 3694	− 0. 2514	− 1. 7534
上海	− 0. 7957	− 0. 7446	− 0. 1870	− 0. 9899
四川	0. 0534	0. 7348	− 1. 6613	0. 8179
浙江	0. 9691	0. 4193	0. 2530	0. 0308

附录3 价值共创视角下区块链产业生态系统的共生演化部分代码

```
function dy = fun1(t,x)
r1 = 0. 05;
r2 = 0. 1;
r3 = 0. 03;
N1 = 1000;
N2 = 1000;
N3 = 1000;
dy = [ r1 * x(1) * (1 - x(1)/N1);
r2 * x(2) * (1 - x(2)/N2);
r3 * x(3) * (1 - x(3)/N3) ];

function dy = fun2(t,x)
r1 = 0. 05;
r2 = 0. 1;
r3 = 0. 03;
N1 = 1000;
N2 = 1000;
N3 = 1000;
```

```
S12 = -0.2;
S13 = -0.1;
S21 = 0.3;
S23 = -0.2;
S31 = -0.1;
S32 = -0.4;
dy = [ r1 * (1 - x(1)/N1 + S12 * x(2)/N2 + S13 * x(3)/N3 ) * x(1) ;
r2 * (1 - x(2)/N2 + S21 * x(1)/N1 + S23 * x(3)/N3 ) * x(2) ;
r3 * (1 - x(3)/N3 + S31 * x(1)/N1 + S32 * x(3)/N3 ) * x(3) ;];


function dy = fun3(t,x)
r1 = 0.05;
r2 = 0.1;
r3 = 0.03;
N1 = 1000;
N2 = 1000;
N3 = 1000;
S12 = -0.1;
S13 = -0.1;
S21 = 0.3;
S23 = -0.1;
S31 = 0.2;
S32 = 0.1;
dy = [ r1 * (1 - x(1)/N1 + S12 * x(2)/N2 + S13 * x(3)/N3 ) * x(1) ;
r2 * (1 - x(2)/N2 + S21 * x(1)/N1 + S23 * x(3)/N3 ) * x(2) ;
r3 * (1 - x(3)/N3 + S31 * x(1)/N1 + S32 * x(3)/N3 ) * x(3) ;];
```

```
function dy = fun4(t,x)
r1 = 0. 05;
r2 = 0. 1;
r3 = 0. 03;
N1 = 1000;
N2 = 1000;
N3 = 1000;
S12 = 0. 2;
S13 = 0. 1;
S21 = 0;
S23 = 0;
S31 = 0;
S32 = 0;
dy = [ r1 * (1 - x(1)/N1 + S12 * x(2)/N2 + S13 * x(3)/N3) * x(1);
r2 * (1 - x(2)/N2 + S21 * x(1)/N1 + S23 * x(3)/N3) * x(2);
r3 * (1 - x(3)/N3 + S31 * x(1)/N1 + S32 * x(3)/N3) * x(3); ];


function dy = fun5(t,x)
r1 = 0. 05;
r2 = 0. 1;
r3 = 0. 03;
N1 = 1000;
N2 = 1000;
N3 = 1000;
S12 = 0. 3;
S13 = 0. 2;
```

```
S21 = 0. 2;
S23 = 0. 1;
S31 = 0. 1;
S32 = 0. 1;
dy = [r1 * (1 - x(1)/N1 + S12 * x(2)/N2 + S13 * x(3)/N3) * x(1);
r2 * (1 - x(2)/N2 + S21 * x(1)/N1 + S23 * x(3)/N3) * x(2);
r3 * (1 - x(3)/N3 + S31 * x(1)/N1 + S32 * x(3)/N3) * x(3);];


x0 = [100 100 100];
tspan = [0 800];
[t,y] = ode45('fun1',tspan,x0);
figure
plot(t,y(:,1),'-k');hold on
plot(t,y(:,2),'-k');hold on
plot(t,y(:,3),'-k');hold on
legend('y1:价值中枢层','y2:价值融合层','y3:价值服务层')
xlabel('t')
ylabel('y')


x0 = [100 100 100];
tspan = [0 800];
[t,y] = ode45('fun2',tspan,x0);
figure
plot(t,y(:,1),'-k');hold on
plot(t,y(:,2),'-k');holdon
plot(t,y(:,3),'-k');hold on
```

```
legend('y1:价值中枢层','y2:价值融合层','y3:价值服务层')
xlabel('t')
ylabel('y')


x0 = [100 100 100];
tspan = [0 800];
[t,y] = ode45('fun3',tspan,x0);
figure
plot(t,y(:,1),'-k');hold on
plot(t,y(:,2),'-k');hold on
plot(t,y(:,3),'-k');hold on
legend('y1:价值中枢层','y2:价值融合层','y3:价值服务层')
xlabel('t')
ylabel('y')


x0 = [100 100 100];
tspan = [0 800];
[t,y] = ode45('fun4',tspan,x0);
figure
plot(t,y(:,1),'-k');hold on
plot(t,y(:,2),'-k');hold on
plot(t,y(:,3),'-k');hold on
legend('y1:价值中枢层','y2:价值融合层','y3:价值服务层')
xlabel('t')
ylabel('y')
```

```
x0 = [100 100 100];
tspan = [0 800];
[t, y] = ode45('fun5', tspan, x0);
figure
plot(t, y(:,1), '-k');hold on
plot(t, y(:,2), '-k');hold on
plot(t, y(:,3), '-k');hold on
legend('y1:价值中枢层','y2:价值融合层','y3:价值服务层')
xlabel('t')
ylabel('y')
```

附录4 价值共创视角下区块链产业生态系统演化动力机制部分代码

```
//政府补助(sub)研发投入(rd)劳动生产率(scl)
egen std_lsub = std(lsub)
egen std_sub = std(sub)
egen std_lrd = std(lrd)
egen std_rd = std(rd)
egen std_lscl = std(lscl)
egen std_scl = std(scl)


genx1 = std_sub * std_rd
gen x2 = std_sub * std_scl
gen x3 = std_sub * std_sub
gen x4 = std_rd * std_sub
gen x5 = std_rd * std_scl
gen x6 = std_rd * std_rd
gen x7 = std_scl * std_sub
gen x8 = std_scl * std_rd
gen x9 = std_scl * std_scl
//sub 是序参量 q1
```

```
//rd 是 q2
reg std_lsub std_rd x1
reg std_lrd std_rd x3
//scl 是 q2
reg std_lsub std_scl x2
reg std_lscl std_scl x3
//rd 是序参量 q1
//sub 是 q2
reg std_lrd std_sub x4
reg std_lsub std_sub x6
//scl 是 q2
reg std_lrd std_scl x5
reg std_lscl std_scl x6
//scl 是序参量 q1
//sub 是 q2
regstd_lscl std_sub x7
reg std_lsub std_sub x9
//rd 是 q2
reg std_lscl std_rd x8
reg std_lrd std_rd x9
```

附录5　演化动力机制中区块链
上市公司名单

序号	股票代码	股票简称	序号	股票代码	股票简称
1	002610.SZ	爱康科技	21	002660.SZ	茂硕电源
2	000040.SZ	东旭蓝天	22	002103.SZ	广博股份
3	300208.SZ	青岛中程	23	300674.SZ	宇信科技
4	000034.SZ	神州数码	24	002153.SZ	石基信息
5	002321.SZ	华英农业	25	002663.SZ	普邦股份
6	000488.SZ	晨鸣纸业	26	300561.SZ	汇金科技
7	600590.SH	泰豪科技	27	002191.SZ	劲嘉股份
8	300477.SZ	合纵科技	28	300155.SZ	安居宝
9	601222.SH	林洋能源	29	300675.SZ	建科院
10	002656.SZ	ST摩登	30	300562.SZ	乐心医疗
11	300645.SZ	正元智慧	31	600588.SH	用友网络
12	002808.SZ	恒久科技	32	600570.SH	恒生电子
13	300096.SZ	易联众	33	002386.SZ	天原集团
14	002657.SZ	中科金财	34	002276.SZ	万马股份
15	300287.SZ	飞利信	35	002235.SZ	安妮股份
16	300448.SZ	浩云科技	36	300324.SZ	旋极信息
17	300051.SZ	三五互联	37	002374.SZ	丽鹏股份
18	002298.SZ	中电兴发	38	600070.SH	浙江富润
19	300525.SZ	博思软件	39	601298.SH	青岛港
20	603383.SH	顶点软件	40	002177.SZ	御银股份

续表

序号	股票代码	股票简称	序号	股票代码	股票简称
41	300235.SZ	方直科技	69	300531.SZ	优博讯
42	002269.SZ	美邦服饰	70	300608.SZ	思特奇
43	002152.SZ	广电运通	71	300077.SZ	国民技术
44	002822.SZ	中装建设	72	300067.SZ	安诺其
45	300736.SZ	百邦科技	73	603366.SH	日出东方
46	300356.SZ	光一科技	74	300059.SZ	东方财富
47	300018.SZ	中元股份	75	300478.SZ	杭州高新
48	600763.SH	通策医疗	76	300245.SZ	天玑科技
49	300712.SZ	永福股份	77	002488.SZ	金固股份
50	300202.SZ	聚龙股份	78	002416.SZ	爱施德
51	002401.SZ	中远海科	79	600986.SH	科达股份
52	601880.SH	大连港	80	300459.SZ	金科文化
53	300579.SZ	数字认证	81	000889.SZ	中嘉博创
54	600446.SH	金证股份	82	300510.SZ	金冠股份
55	000948.SZ	南天信息	83	601598.SH	中国外运
56	603232.SH	格尔软件	84	002012.SZ	凯恩股份
57	002044.SZ	美年健康	85	002195.SZ	二三四五
58	002722.SZ	金轮股份	86	600050.SH	中国联通
59	300137.SZ	先河环保	87	002421.SZ	达实智能
60	300130.SZ	新国都	88	300148.SZ	天舟文化
61	002279.SZ	久其软件	89	000606.SZ	顺利办
62	601811.SH	新华文轩	90	300249.SZ	依米康
63	300377.SZ	赢时胜	91	600718.SH	东软集团
64	002131.SZ	利欧股份	92	002929.SZ	润建股份
65	002474.SZ	榕基软件	93	300188.SZ	美亚柏科
66	002467.SZ	二六三	94	002369.SZ	卓翼科技
67	002303.SZ	美盈森	95	601789.SH	宁波建工
68	002024.SZ	苏宁易购	96	300541.SZ	先进数通

续表

序号	股票代码	股票简称	序号	股票代码	股票简称
97	300532. SZ	今天国际	125	002668. SZ	奥马电器
98	300427. SZ	红相股份	126	300300. SZ	海峡创新
99	000836. SZ	富通鑫茂	127	300253. SZ	卫宁健康
100	300420. SZ	五洋停车	128	002583. SZ	海能达
101	300078. SZ	思创医惠	129	002104. SZ	恒宝股份
102	002642. SZ	荣联科技	130	300047. SZ	天源迪科
103	600271. SH	航天信息	131	300170. SZ	汉得信息
104	300386. SZ	飞天诚信	132	002869. SZ	金溢科技
105	300634. SZ	彩讯股份	133	300550. SZ	和仁科技
106	300002. SZ	神州泰岳	134	300052. SZ	中青宝
107	300352. SZ	北信源	135	300676. SZ	华大基因
108	000555. SZ	神州信息	136	300075. SZ	数字政通
109	300085. SZ	银之杰	137	000676. SZ	智度股份
110	002316. SZ	亚联发展	138	000793. SZ	华闻集团
111	600633. SH	浙数文化	139	002010. SZ	传化智联
112	300079. SZ	数码科技	140	002183. SZ	怡亚通
113	603000. SH	人民网	141	002280. SZ	*ST联络
114	002400. SZ	省广集团	142	002331. SZ	皖通科技
115	000711. SZ	京蓝科技	143	603106. SH	恒银科技
116	002622. SZ	融钰集团	144	603825. SH	华扬联众
117	002224. SZ	三力士	145	300166. SZ	东方国信
118	300311. SZ	任子行	146	002585. SZ	双星新材
119	300195. SZ	长荣股份	147	002065. SZ	东华软件
120	601360. SH	三六零	148	300020. SZ	银江股份
121	000158. SZ	常山北明	149	002777. SZ	久远银海
122	000038. SZ	深大通	150	002268. SZ	卫士通
123	002296. SZ	辉煌科技	151	002063. SZ	远光软件
124	603888. SH	新华网	152	002352. SZ	顺丰控股

续表

序号	股票代码	股票简称	序号	股票代码	股票简称
153	300339.SZ	润和软件	184	300465.SZ	高伟达
154	600410.SH	华胜天成	185	300007.SZ	汉威科技
155	000066.SZ	中国长城	186	002799.SZ	环球印务
156	600839.SH	四川长虹	187	002168.SZ	惠程科技
157	300688.SZ	创业黑马	188	300205.SZ	天喻信息
158	600797.SH	浙大网新	189	000851.SZ	高鸿股份
159	002229.SZ	鸿博股份	190	300089.SZ	文化长城
160	300168.SZ	万达信息	191	002530.SZ	金财互联
161	000607.SZ	华媒控股	192	300542.SZ	新晨科技
162	300469.SZ	信息发展	193	000061.SZ	农产品
163	300368.SZ	汇金股份	194	600179.SH	*ST安通
164	002587.SZ	奥拓电子	195	002537.SZ	海联金汇
165	600093.SH	易见股份	196	603636.SH	南威软件
166	000021.SZ	深科技	197	603716.SH	塞力医疗
167	300418.SZ	昆仑万维	198	300379.SZ	东方通
168	002447.SZ	*ST晨鑫	199	300099.SZ	精准信息
169	300663.SZ	科蓝软件	200	300638.SZ	广和通
170	600598.SH	北大荒	201	300248.SZ	新开普
171	300220.SZ	金运激光	202	300612.SZ	宣亚国际
172	002123.SZ	梦网集团	203	300682.SZ	朗新科技
173	300180.SZ	华峰超纤	204	002803.SZ	吉宏股份
174	300383.SZ	光环新网	205	300297.SZ	蓝盾股份
175	002769.SZ	普路通	206	002118.SZ	紫鑫药业
176	002117.SZ	东港股份	207	002649.SZ	博彦科技
177	002670.SZ	国盛金控	208	300223.SZ	北京君正
178	002049.SZ	紫光国微	209	300451.SZ	创业慧康
179	300468.SZ	四方精创	210	002647.SZ	仁东控股
180	000681.SZ	视觉中国	211	300496.SZ	中科创达
181	300678.SZ	中科信息	212	002699.SZ	美盛文化
182	002405.SZ	四维图新	213	300038.SZ	数知科技
183	300271.SZ	华宇软件			

附录6 演化协同测度中区块链
上市公司名单

序号	股票代码	股票简称	序号	股票代码	股票简称
1	000021.SZ	深科技	21	002024.SZ	苏宁易购
2	000034.SZ	神州数码	22	002044.SZ	美年健康
3	000038.SZ	深大通	23	002049.SZ	紫光国微
4	000040.SZ	东旭蓝天	24	002063.SZ	远光软件
5	000061.SZ	农产品	25	002065.SZ	东华软件
6	000066.SZ	中国长城	26	002103.SZ	广博股份
7	000158.SZ	常山北明	27	002104.SZ	恒宝股份
8	000488.SZ	晨鸣纸业	28	002117.SZ	东港股份
9	000555.SZ	神州信息	29	002118.SZ	紫鑫药业
10	000607.SZ	华媒控股	30	002123.SZ	梦网科技
11	000676.SZ	智度股份	31	002131.SZ	利欧股份
12	000681.SZ	视觉中国	32	002137.SZ	实益达
13	000711.SZ	京蓝科技	33	002152.SZ	广电运通
14	000793.SZ	华闻集团	34	002153.SZ	石基信息
15	000851.SZ	高鸿股份	35	002168.SZ	惠程科技
16	000889.SZ	中嘉博创	36	002177.SZ	御银股份
17	000948.SZ	南天信息	37	002183.SZ	怡亚通
18	000961.SZ	中南建设	38	002191.SZ	劲嘉股份
19	002010.SZ	传化智联	39	002195.SZ	二三四五
20	002012.SZ	凯恩股份	40	002224.SZ	三力士

序号	股票代码	股票简称	序号	股票代码	股票简称
41	002229.SZ	鸿博股份	69	002587.SZ	奥拓电子
42	002235.SZ	安妮股份	70	002589.SZ	瑞康医药
43	002268.SZ	卫士通	71	002610.SZ	爱康科技
44	002269.SZ	美邦服饰	72	002622.SZ	融钰集团
45	002276.SZ	万马股份	73	002642.SZ	荣联科技
46	002279.SZ	久其软件	74	002647.SZ	仁东控股
47	002280.SZ	联络互动	75	002657.SZ	中科金财
48	002296.SZ	辉煌科技	76	002660.SZ	茂硕电源
49	002298.SZ	中电兴发	77	002670.SZ	国盛金控
50	002303.SZ	美盈森	78	002699.SZ	美盛文化
51	002316.SZ	亚联发展	79	002707.SZ	众信旅游
52	002331.SZ	皖通科技	80	002722.SZ	金轮股份
53	002352.SZ	顺丰控股	81	002740.SZ	爱迪尔
54	002369.SZ	卓翼科技	82	002769.SZ	普路通
55	002374.SZ	中锐股份	83	002777.SZ	久远银海
56	002386.SZ	天原股份	84	002797.SZ	第一创业
57	002400.SZ	省广集团	85	002799.SZ	环球印务
58	002401.SZ	中远海科	86	002803.SZ	吉宏股份
59	002405.SZ	四维图新	87	002808.SZ	恒久科技
60	002416.SZ	爱施德	88	002822.SZ	中装建设
61	002421.SZ	达实智能	89	002869.SZ	金溢科技
62	002467.SZ	二六三	90	002929.SZ	润建股份
63	002474.SZ	榕基软件	91	002987.SZ	京北方
64	002488.SZ	金固股份	92	003029.SZ	吉大正元
65	002530.SZ	金财互联	93	300002.SZ	神州泰岳
66	002537.SZ	海联金汇	94	300007.SZ	汉威科技
67	002583.SZ	海能达	95	300018.SZ	中元股份
68	002585.SZ	双星新材	96	300020.SZ	银江股份

续表

序号	股票代码	股票简称	序号	股票代码	股票简称
97	300036. SZ	超图软件	125	300245. SZ	天玑科技
98	300047. SZ	天源迪科	126	300248. SZ	新开普
99	300052. SZ	中青宝	127	300249. SZ	依米康
100	300059. SZ	东方财富	128	300253. SZ	卫宁健康
101	300067. SZ	安诺其	129	300271. SZ	华宇软件
102	300075. SZ	数字政通	130	300287. SZ	飞利信
103	300077. SZ	国民技术	131	300297. SZ	蓝盾股份
104	300078. SZ	思创医惠	132	300300. SZ	海峡创新
105	300079. SZ	数码视讯	133	300311. SZ	任子行
106	300085. SZ	银之杰	134	300324. SZ	旋极信息
107	300089. SZ	文化长城	135	300339. SZ	润和软件
108	300096. SZ	易联众	136	300352. SZ	北信源
109	300099. SZ	精准信息	137	300377. SZ	赢时胜
110	300130. SZ	新国都	138	300379. SZ	东方通
111	300137. SZ	先河环保	139	300383. SZ	光环新网
112	300148. SZ	天舟文化	140	300386. SZ	飞天诚信
113	300155. SZ	安居宝	141	300418. SZ	昆仑万维
114	300166. SZ	东方国信	142	300420. SZ	五洋停车
115	300168. SZ	万达信息	143	300427. SZ	红相股份
116	300170. SZ	汉得信息	144	300448. SZ	浩云科技
117	300180. SZ	华峰超纤	145	300451. SZ	创业慧康
118	300188. SZ	美亚柏科	146	300459. SZ	金科文化
119	300195. SZ	长荣股份	147	300465. SZ	高伟达
120	300205. SZ	天喻信息	148	300468. SZ	四方精创
121	300208. SZ	青岛中程	149	300469. SZ	信息发展
122	300220. SZ	金运激光	150	300472. SZ	新元科技
123	300223. SZ	北京君正	151	300477. SZ	合纵科技
124	300235. SZ	方直科技	152	300531. SZ	优博讯

续表

序号	股票代码	股票简称	序号	股票代码	股票简称
153	300532. SZ	今天国际	166	300674. SZ	宇信科技
154	300541. SZ	先进数通	167	300675. SZ	建科院
155	300542. SZ	新晨科技	168	300676. SZ	华大基因
156	300550. SZ	和仁科技	169	300678. SZ	中科信息
157	300561. SZ	汇金科技	170	300682. SZ	朗新科技
158	300562. SZ	乐心医疗	171	300688. SZ	创业黑马
159	300579. SZ	数字认证	172	300712. SZ	永福股份
160	300608. SZ	思特奇	173	300736. SZ	百邦科技
161	300612. SZ	宣亚国际	174	300773. SZ	拉卡拉
162	300634. SZ	彩讯股份	175	300872. SZ	天阳科技
163	300638. SZ	广和通	176	300996. SZ	普联软件
164	300645. SZ	正元智慧	177	600050. SH	中国联通
165	300663. SZ	科蓝软件	178	600070. SH	浙江富润